Europäisches Wirtschaftsrecht

Begründet von

Prof. em. Dr. Dr. h.c. Jürgen Basedow
Prof. em. Dr. Dr. Dr. h.c. Klaus Hopt
Prof. em. Dr. Wulf-Henning Roth

Herausgegeben von

Prof. Dr. Thomas Ackermann, LL.M.
Prof. Dr. Christian Heinze, LL.M.
Prof. Dr. Patrick C. Leyens, LL.M.
Prof. Dr. Rupprecht Podszun
Prof. Dr. Wolfgang Wurmnest, LL.M.

Band 67

Laura Marie Bolz

Kartellrechtliche Grenzen der Preisberatung

Zugleich eine Analyse der kartellrechtlichen Behandlung von Dreieckskonstellationen

Nomos

C.H.BECK

Onlineversion
Nomos eLibrary

Die Deutsche Nationalbibliothek verzeichnet diese Publikation in der Deutschen Nationalbibliografie; detaillierte bibliografische Daten sind im Internet über http://dnb.d-nb.de abrufbar.

Zugl.: Bonn, Univ., Diss., 2020

ISBN 978-3-8487-8031-0 (Print)
ISBN 978-3-7489-2423-4 (ePDF)

1. Auflage 2021

Vorwort

Die vorliegende Arbeit wurde im Wintersemester 2020/2021 von der Juristischen Fakultät der Rheinischen Friedrich-Wilhelms-Universität Bonn als Dissertation angenommen. Für die Veröffentlichung konnten Rechtsprechung und Literatur bis einschließlich Oktober 2020 berücksichtigt werden.

Mein erster und ganz herzlicher Dank gilt meinem Doktorvater, Herrn Prof. Dr. Daniel Zimmer, LL.M. (UCLA), nicht nur für die Betreuung meiner Promotion und die Idee zu dieser Arbeit, sondern auch für die lehrreiche Zeit an seinem Lehrstuhl und die Unterstützung meines zwischenzeitlichen LL.M.-Studiums. Herrn Prof. Dr. Wulf-Henning Roth, LL.M. (Harvard) danke ich sehr herzlich für die Erstellung des Zweitgutachtens und seine wertvollen Hinweise, von denen diese Arbeit vor der Drucklegung ebenfalls profitiert hat. Den Herausgebern der Schriften zum Europäischen Wirtschaftsrecht danke ich für die Aufnahme meiner Dissertation in diese Schriftenreihe.

Besonderer Dank gebührt ferner meinen Kolleginnen und Kollegen am Lehrstuhl, insbesondere Frau Dr. Gianna Perino und Frau Kristina Stomper, für den fachlichen Austausch und die Unterstützung beim Lektorat.

Schließlich danke ich herzlichst meiner Familie und meinen Freunden, vor allem jedoch meiner Mutter Andrea Bolz und meinen Großeltern Katharina und Hans Bolz, ohne deren immerwährende Unterstützung die Erstellung dieser Arbeit nicht möglich gewesen wäre.

Bonn, im November 2020 Laura Marie Bolz

Inhaltsverzeichnis

Abkürzungsverzeichnis

a.A.	andere Auffassung
ABA	American Bar Association
ABl.	Amtsblatt
Abs.	Absatz
AEUV	Vertrag über die Arbeitsweise der Europäischen Union
AG	Aktiengesellschaft
Alt.	Alternative
Art.	Artikel
Az.	Aktenzeichen
BDU	Bundesverband Deutscher Unternehmensberater e.V.
BGH	Bundesgerichtshof
BGHZ	Entscheidungen des Bundesgerichtshofs in Zivilsachen
BKartA	Bundeskartellamt
BMWi	Bundesministerium für Wirtschaft und Energie
BORA	Berufsordnung für Rechtsanwälte
BRAO	Bundesrechtsanwaltsordnung
bzw.	beziehungsweise
CAT	Competition Appeal Tribunal
CCZ	Corporate Compliance Zeitschrift
CMLR	Common Market Law Review
CPI	Competition Policy International
d.h.	das heißt
DB	Der Betrieb
e.V.	eingetragener Verein
ECJ	European Competition Journal
ECLR	European Competition Law Review
EER	European Economic Review
EG	Europäische Gemeinschaft
ELR	European Law Review
engl.	Englisch
et al.	und andere

EU	Europäische Union
EU-WirtschaftsR-HdB	Handbuch des EU-Wirtschaftsrechts
EuG	Gericht der Europäischen Union
EuGH	Europäischer Gerichtshof
EUGrCh	Charta der Grundrechte der Europäischen
EuR	Europarecht
EUV	Vertrag über die Europäische Union
EuZW	Europäische Zeitschrift für Wirtschaftsrecht
EuZW	Europäische Zeitschrift für Wirtschaftsrecht
EWCA	Court of Appeal (England and Wales)
EWiR	Entscheidungen zum Wirtschaftsrecht
EWS	Europäisches Wirtschafts- und Steuerrecht
f.	folgende
F.A.Z.	Frankfurter Allgemeine Zeitung
ff.	fortfolgende
FK-KartR	Frankfurter Kommentar zum Kartellrecht
FS	Festschrift
GA	Generalanwalt
GCLR	Global Competition Litigation Review
GRUR	Gewerblicher Rechtsschutz und Urheberrecht
GVO	Gruppenfreistellungsverordnung
GWB	Gesetz gegen Wettbewerbsbeschränkungen
GWR	Gesellschafts- und Wirtschaftsrecht
Herv. d. Verf.	Hervorhebung der Verfasserin
Hrsg.	Herausgeber
HS.	Halbsatz
i.E.	im Ergebnis
i.V.m.	in Verbindung mit
JECLAP	Journal of European Competition Law and Practice
K&R	Kommunikation und Recht
KG	Kammergericht
KölnKomm-KartR	Kölner Kommentar zum Kartellrecht
KOMM.	Europäische Kommission
KSzW	Kölner Schrift zum Wirtschaftsrecht
lit.	Buchstabe

m.w.N.	mit weiteren Nachweisen
MIT	Massachusetts Institute of Technology
Mrd.	Milliarde
MünchKomm-BGB	Münchener Kommentar zum Bürgerlichen Gesetzbuch
MünchKomm-StGB	Münchener Kommentar zum StGB
MünchKomm-WettbR	Münchener Kommentar Europäisches und Deutsches Wettbewerbsrecht
NJW	Neue Juristische Wochenschrift
Nr.	Nummer
NZKart	Neue Zeitschrift für Kartellrecht
OECD	Organisation for Economic Cooperation and Development
OFT	Office of Fair Trading
OLG	Oberlandesgericht
OWiG	Gesetz über Ordnungswidrigkeiten
ÖZK	Österreichische Zeitschrift für Kartellrecht
PKW	Personenkraftwagen
RefE	Referentenentwurf
RegE	Regierungsentwurf
Rn.	Randnummer
Rs.	Rechtssache
S.	Seite
S.p.A.	Società per Azioni
Slg.	Sammlung
sog.	sogenannt
StGB	Strafgesetzbuch
stRspr	ständige Rechtsprechung
u.a.	unter anderem
UAbs.	Unterabsatz
UCL	University College London
US/USA	Vereinigte Staaten von Amerika
verb. Rs.	verbundene Rechtssachen
VerfVO	Verfahrensverordnung
vgl.	Vergleiche
VO	Verordnung
WRP	Wettbewerb in Recht und Praxis

WuW	Wirtschaft und Wettbewerb
z.B.	zum Beispiel
ZEuP	Zeitschrift für Europäisches Privatrecht
ZfRV	Zeitschrift für Europarecht, Internationales Privatrecht und Rechtsvergleichung
ZWeR	Zeitschrift für Wettbewerbsrecht
ZWH	Zeitschrift für Wirtschaftsstrafrecht und Haftung im Unternehmen

Einleitung

A. *Problemstellung*

In jüngerer Vergangenheit sind Beratungsunternehmen zunehmend in den Fokus der europäischen Kartellverfolgung geraten.[1] Bislang wurde die kartellrechtliche Verantwortlichkeit solcher Unternehmen primär unter dem Stichwort der Kartellgehilfen diskutiert und umfasste Konstellationen, in denen ein Beratungsunternehmen oder ein sonstiges Drittunternehmen, das nicht selbst auf dem kartellierten Markt tätig ist, bewusst ein fremdes Kartell durch Unterstützungshandlungen förderte.[2] Während im Schrifttum eine kartellrechtliche Haftung von Kartellgehilfen seit jeher überwiegend abgelehnt wurde,[3] beschritt die Praxis der Unionsorgane einen anderen Weg. Nachdem die Europäische Kommission wiederholt eine Mitverantwortlichkeit von Beratungsunternehmen festgestellt hat,[4] wurde diese Praxis sowohl durch das EuG[5] als auch zuletzt am 22.10.2015 durch den EuGH[6] in der Sache „*AC Treuhand*" bestätigt. Infolgedessen ist die kartellrechtliche Haftung von Beratungsunternehmen für Kartelle auf

---

1 Siehe insbesondere EuGH, Urteil vom 22.10.2015, Rs. C-194/14 P „*AC Treuhand*" und EuGH, Urteil vom 21.7.2016, Rs. C-542/14 „*VM Remonts*"; vgl. auch *Howe/Lawrence/Whiteford*, GCLR 2009, 83, 87.

2 EuGH, Urteil vom 22.10.2015, Rs. C-194/14 P „*AC Treuhand*".

3 *Biermann*, in: Immenga/Mestmäcker, Vor Art. 23 f. VO 1/2003 Rn. 137; *Dannecker*, ÖZK 2010, 171; *Dannecker/Müller*, KSzW 2015, 281, 288 ff., 291; *Koch*, ZWeR 2009, 370 ff.; *Otto*, S. 297 f., 399; *Otto*, WuW 2016, 454, 456 ff.; *Tiedemann*, in: FS Jescheck 1985, 1411, 1419 ff.; *Weitbrecht/Baudenbacher*, EuR 2010, 230, 235 ff.

4 Erstmals KOMM. 17.12.1980, IV/29.869, Abl. 1980, L 383, 19, 23 f. „*Gußglas in Italien*"; KOMM. 17.10.1983, IV/30.064, ABl. 1983, L 317, S. 1 ff. „*Gußeisen und Gußstahlwalzen*"; KOMM. 23.4.1986, IV/31.149, ABl. 1986, L 230, S. 1 „*Polypropylen*"; KOMM. 21.12.1988, IV/31.866, ABl. 1989, L 74, S. 21 ff. „*LDPE*"; KOMM. 13.7.1994, IV/C/33.833, ABl. 1994, L 243, S. 1 ff. „*Karton*". Zwar stellte die Kommission eine Verantwortlichkeit der Beratungsunternehmen fest, jedoch verhängte sie erstmals ein Bußgeld in KOMM. 10.12.2003, 2005/349/EG „*AC Treuhand I*"; KOMM. 11.11.2009, K(2009) 8682 final „*AC Treuhand II*"; zuletzt KOMM. 4.2.2015, AT.39861, C(2015) 432 final „*Yen Interest Rate Derivatives*".

5 EuG, Urteil vom 8.7.2008, Rs. T-99/04 „*AC Treuhand I*"; EuG, Urteil vom 6.2.2014, Rs. T-27/10 „*AC Treuhand II*"; EuG, Urteil vom 10.11.2017, Rs. T-180/15 „*ICAP*".

6 EuGH, Urteil vom 22.10.2015, Rs. C-194/14 P, Rn. 33 ff. „*AC Treuhand*".

Märkten, auf denen sie selbst nicht tätig sind, in der Praxis prinzipiell eröffnet.

Der Sache „*AC Treuhand*" lag dabei der Fall zugrunde, dass das Beratungsunternehmen AC Treuhand AG durch diverse Maßnahmen der Kartellmoderation, unter anderem durch Organisation von Sitzungen, Erstellung koordinierter Preisvorschläge und sogar Streitschlichtung innerhalb des Kartells, eine Kartellierung auf dem Markt für Wärmestabilisatoren förderte.[7] Davon ausgehend stellt sich die Frage, welche weiteren Verhaltensweisen von Beratungsunternehmen möglicherweise einen Verstoß gegen Art. 101 Abs. 1 AEUV (bzw. § 1 GWB) darstellen können.[8] Dabei erscheint die Preisberatung als Unterform der allgemeinen Unternehmensberatung besonders problematisch. Preisberater beraten ihre Mandanten gezielt zu Fragen der Preissetzung, unverbindlichen Preisempfehlungen und Rabattsystemen. In der modernen Preisberatung kommt nun auch Preissoftware zum Einsatz, die entweder seitens des Preisberaters als Instrument in der Bearbeitung des Mandats verwendet wird oder die dieser seinen Mandanten zur Anwendung im Unternehmen zur Verfügung stellt.[9]

Problematisch erscheint die Preisberatung insbesondere dann, wenn ein Beratungsunternehmen mehrere Unternehmen berät, die derselben Branche angehören und auf sachlich und räumlich relevanten Märkten miteinander in Wettbewerb stehen. Eine zeitgleiche Beratung von Wettbewerbern zur Bepreisung vergleichbarer Produkte birgt dabei möglicherweise die Gefahr einer horizontalen Koordinierung.

Die noch Anfang 2017 veröffentlichten Referenzen eines führenden Preisberatungsunternehmens veranschaulichten diese Bedenken, wurden jedoch zwischenzeitlich von der Internetseite gelöscht. So wurden etwa al-

---

7 EuGH, Urteil vom 22.10.2015, Rs. C-194/14 P, Rn. 37 „*AC Treuhand*".

8 Vgl. *Chan*, ECLR 2016, 133, 137; *Vallery/Schell*, JECLAP 2016, 254, 256.

9 Vgl. *Neuscheler*, Die Stunde der Algorithmen, F.A.Z. vom 22.02.2018, abrufbar unter: https://www.faz.net/aktuell/beruf-chance/beruf/werden-unternehmensberater-von-algorithmen-ersetzt-15463001.html#void (letzter Aufruf: 25.04.2019); vgl. auch *Nickler*, Strategieentwicklung 4.0 und die notwendige Transformation der Beraterbranche (14.08.2017), abrufbar unter: https://www.bdu.de/fachthemenportal/strategie-und-innovation/strategieentwicklung-40-und-die-notwendige-transformation-der-beraterbranche/ (letzter Aufruf: 25.04.2019).

le relevanten Automobilhersteller[10], zahlreiche Banken[11], Versicherungen[12] und führende Transport- und Logistikunternehmen[13] beraten. Weiterhin zählten 40 der 50 führenden Unternehmen im Bereich der Medizintechnik[14], „24 der 25 führenden pharmazeutischen Unternehmen“ sowie „3 der 4 größten Impfstoffhersteller“ zu den Mandanten des Beratungsunternehmens.[15] Ebenso ergab sich anhand der Referenzen, dass Unternehmen verschiedener Marktstufen derselben Branche gleichermaßen zu den Mandanten des Beratungsunternehmens zählten. So wurden neben den genannten Automobilherstellern auch zahlreiche Automobilzulieferer[16] und neben Adidas[17] als Sportartikelhersteller (mit eigenem Direktvertrieb) unter anderem auch verschiedene Einzelhändler beraten, die Adidas-Produkte im Sortiment führen.[18]

Was die genannten Beispiele angeht, bestehen in tatsächlicher Hinsicht jedoch erhebliche Unsicherheiten. So ließ sich auch den Referenzlisten nicht entnehmen, ob die genannten Unternehmen tatsächlich zur Preissetzung für vergleichbare Produkte beraten wurden und damit, ob die Beratung denselben Markt betraf. Nimmt man das Beispiel der Automobilhersteller, wäre es denkbar, dass ein Hersteller nur im Bereich der Transportfahrzeuge, ein anderer nur im Bereich der Ersatzteile und ein weiterer Wettbewerber ausschließlich im Bereich der PKW, dort wiederum nur beschränkt auf Mittelklassewagen beraten wurde. Ferner ist fraglich, ob die Beratung zeitgleich oder sukzessiv erfolgte.

---

10 Vgl. https://www.simon-kucher.com/de/inhalt/automobilhersteller (letzter Aufruf: 18.01.2017). Mittlerweile verzichtet Simon Kucher & Partners auf die namentliche Nennung beratener Unternehmen als Referenzen.

11 Vgl. https://www.simon-kucher.com/de/inhalt/banken-finanzdienstleister (letzter Aufruf: 18.01.2017).

12 Vgl. https://www.simon-kucher.com/de/inhalt/versicherungen (letzter Aufruf: 18.01.2017).

13 Vgl. https://www.simon-kucher.com/de/inhalt/transport-logistik (letzter Aufruf: 18.01.2017).

14 Vgl. https://www.simon-kucher.com/de/inhalt/medizintechnik (letzter Aufruf: 18.01.2017).

15 Vgl. https://www.simon-kucher.com/de/inhalt/pharmazeutika-biotechnik (letzter Aufruf: 18.01.2017).

16 Vgl. https://www.simon-kucher.com/de/inhalt/automobilzulieferer (letzter Aufruf: 18.01.2017).

17 Vgl. https://www.simon-kucher.com/de/inhalt/konsumguter (letzter Aufruf: 18.01.2017).

18 Vgl. https://www.simon-kucher.com/de/inhalt/handel (letzter Aufruf: 18.01.2017).

Ausgehend von „*AC Treuhand*“ stellt sich zunächst die Frage nach einer Haftung von Preisberatungsunternehmen als Kartellgehilfen. Daneben wirft auch das Horizontalverhältnis, also das Verhältnis der Wettbewerber untereinander, Probleme auf. Der gemeinsame Preisberater wird zum Verbindungspunkt der Wettbewerber. Kartellrechtlich problematisch erscheint eine parallele Beratung von Wettbewerbern insbesondere unter dem Gesichtspunkt des indirekten Informationsaustauschs. Während eine eigenständige Marktbeobachtung und eigenverantwortliche Anpassung an das Verhalten der Konkurrenten gerade Ausdruck des Selbstständigkeitspostulats und damit kartellrechtlich zulässig ist,[19] stellt sich bei der Konsultation desselben Preisberaters die Frage, ob bzw. unter welchen Voraussetzungen hierin bereits eine unzulässige Fühlungnahme liegt. Eine ständige Marktbeobachtung ist mit einigem Aufwand verbunden. So sollen im Lebensmitteleinzelhandel bereits Mitarbeiter konkurrierender Einzelhändler systematisch die Preise für 600 Eckartikel bei Aldi erfasst haben.[20] Im Rahmen der Preisberatung wird dieser Aufwand der Marktbeobachtung nicht nur professionell ausgelagert. Kommt es tatsächlich zu einer gleichzeitigen Beratung von Wettbewerbern, ist nicht einmal mehr eine umständliche Preisbeobachtung erforderlich, vielmehr erlangt der Preisberater die relevanten Daten bereits unmittelbar von seinen Mandanten. Der Preisberater wird zu einer Preisinformationssammelstelle mit umfassendem Marktwissen.

Im Rahmen dieser Arbeit erfolgt, losgelöst von den genannten, in tatsächlicher Hinsicht bestehenden Unsicherheiten, eine Auseinandersetzung mit verschiedenen Fallkonstellationen der Preisberatung. Denkbar ist zunächst, dass die Koordinierung über den Preisberater als dem gemeinsamen Dritten auf einer Initiative der Wettbewerber beruht. Wie die Entscheidung des EuGH in „*VM Remonts*“ zeigt, kann eine solche Koordinierungsinitiative jedoch auch einseitig von dem beratenden Dritten und ohne Wissen der Mandanten ausgehen.[21] In dogmatischer Hinsicht sind sodann die Haftung im Horizontalverhältnis einerseits sowie im Vertikalverhältnis andererseits zu unterscheiden. Ausgehend von der Grundkonstella-

---

19 EuGH, Urteil vom 16.12.1975, Rs. 40/73 u.a., Rn. 173 f. „*Suiker Unie*“; EuGH, Urteil vom 14.07.1981, Rs. 172/80, Rn. 13 f. „*Züchner*“; EuGH, Urteil vom 28.05.1998, Rs. C-7/95 P, Rn. 86 f. „*Deere*“; EuGH, Urteil vom 04.06.2009, Rs. C-8/08, Rn. 33 „*T-Mobile Netherlands*“; siehe außerdem *Füller* in: KölnKomm-KartR, Art. 101 AEUV Rn. 143; *Grave/Nyberg*, in: Loewenheim et al., Art. 101 Abs. 1 AEUV Rn. 311 ff.

20 *Simon*, Preisheiten, S. 63.

21 EuGH, Urteil vom 21.7.2016, Rs. C-254/14, Rn. 5 ff. „*VM Remonts*“.

tion, dass ein Preisberater mehrere Mandanten zu Produkten berät, die demselben sachlichen und räumlichen Markt zuzuordnen sind, stellt sich im Horizontalverhältnis, also im Verhältnis der Wettbewerber untereinander, die Frage, ob und unter welchen Voraussetzungen eine Vereinbarung oder möglicherweise eine aufeinander abgestimmte Verhaltensweise vorliegt. Im Vertikalverhältnis besteht die Möglichkeit einer Haftung des Preisberaters nach den Grundsätzen der Kartellgehilfenhaftung.

B. Gang der Untersuchung

Zunächst erfolgt im ersten Teil dieser Arbeit eine Betrachtung der Preisberatung als Sonderform der allgemeinen Unternehmensberatung. Neben den Zielen und Methoden der Preisberatung wird auch die Entwicklung von der traditionellen Preisberatung zur modernen Preisberatung unter Einsatz von Preissoftware erörtert. Im Rahmen dieser Arbeit wird Preissoftware jedoch allein als ein mögliches Instrument in der Bearbeitung von Mandaten relevant. Hingegen wird sich die nachfolgende Analyse nicht allgemein mit der Anwendung von Art. 101 Abs. 1 AEUV bzw. § 1 GWB auf algorithmische Preiskoordinierungen befassen. Insoweit wird auf die laufende Diskussion verwiesen.[22] Im Kontext der Erörterung der Preisberatung soll zudem eine Auseinandersetzung mit den einschlägigen berufsständischen Regelungen und beratungsethischen Grundsätzen erfolgen. Dabei wird der Frage nachgegangen, inwieweit diese außerhalb des Kartellrechts verorteten Regelungen eine parallele Beratung von Mandanten zulassen und ob sie bereits eine hinreichende disziplinierende Wirkung auf Unternehmensberater entfalten.

Anschließend werden im zweiten Teil Fallgruppen der Preisberatung definiert, die sodann Gegenstand der nachfolgenden Analyse sein werden. Fallkonstellationen lassen sich zum einen anhand des Verhältnisses, in dem die Mandanten untereinander zueinander stehen, differenzieren. Relevant sind ferner die Frage, welcher Beteiligte die Koordinierungsinitiative ergreift, sowie der subjektive Kenntnisstand der Beteiligten.

---

22 BKartA/Autorité de la Concurrence, Algorithms and Competition (2019); Monopolkommission, XXII. Hauptgutachten (2018), S. 62 ff.; grundlegend *Ezrachi/Stucke*, Virtual Competition, 2016; *Ebers*, NZKart 2016, 554; *Picht/Freund*, Competition (law) in the era of algorithms, Max Planck Institute for Innovation and Competition Research Paper No. 18-10; *Zimmer*, in: FS Schroeder 2018, 999 ff.

Vor dem Einstieg in die Analyse dieser Fallgruppen ist zunächst auf die rechtsökonomischen Grundlagen (Teil 3) einzugehen. Ausgangspunkt dieser Arbeit ist der Vorwurf, dass es durch die parallele Beratung mehrerer Unternehmen durch denselben Preisberater möglicherweise zu einer horizontalen Preiskoordinierung kommen kann. Dieser Vorwurf hat jedoch von vornherein nur dann Bestand, wenn bestimmte Marktbedingungen vorliegen, auf die in diesem Abschnitt einzugehen sein wird.

Im Anschluss an die rechtsökonomischen Grundlagen erfolgt im vierten Teil eine Auseinandersetzung mit den bereits existierenden kartellrechtlichen Grundlagen der Behandlung von Dreieckskonstellationen („hub and spoke"). Anhand einer Auswertung von Entscheidungen aus der Anwendungspraxis sowie Stellungnahmen in der Literatur wird zunächst untersucht, unter welchen Voraussetzungen zwischen den Beteiligten derselben Marktstufe eine Vereinbarung oder aufeinander abgestimmte Verhaltensweise angenommen werden kann (Teil 4.B.). Davon zu trennen ist die Frage nach den Voraussetzungen einer eigenen Haftung des Dritten als Mittäter des Art. 101 Abs. 1 AEUV (Teil 4.C.). Von grundlegender Bedeutung sind insoweit die Entscheidungen des EuGH in „*AC Treuhand*" und „*VM Remonts*".

Schließlich werden die im vierten Teil herausgearbeiteten Kriterien zur Behandlung von Dreieckskonstellationen auf die im zweiten Teil definierten Fallgruppen der Preisberatung angewandt (Teil 5).

Teil 1: Gegenstand und Ziel der Preisberatung

A. *Ziel der Preisberatung*

Die Preisberatung ist eine auf die Preisgestaltung spezialisierte Form der Unternehmensberatung. Preisberater identifizieren die Gewinnmaximierung – und gerade nicht die Maximierung von Marktanteilen, Absatzmengen oder Gewinnmargen – als das primäre langfristige Ziel der Preisberatung.[23]

I. Unternehmensziele und Preisgestaltung

Ausschlaggebend für die Preisgestaltung – und damit grundsätzlich auch für die Zielrichtung der Preisberatung – sind zunächst die von dem beratenen Unternehmen definierten Ziele.[24] So können Unternehmen etwa eine Steigerung ihrer Absatzmengen, eine Vergrößerung des eigenen Marktanteils, soziale Ziele, wie die Erhaltung von Arbeitsplätzen, oder Rentabilitätsziele, wie die Gewinnmaximierung, erreichen wollen.[25] Zielkonflikte können insbesondere zwischen Wachstumszielen einerseits und dem Ziel der Gewinnmaximierung andererseits entstehen: Während sich eine Steigerung der Absatzmenge zwar durch niedrigere Preise erreichen lässt, wirkt sich dies negativ auf die erzielbaren Gewinne aus.[26]

Aus Literaturbeiträgen von Preisberatern geht hervor, dass häufig Wachstumsziele – z.B. eine Maximierung der Absatzmenge oder eine Vergrößerung des Markanteils – im Fokus der Unternehmen stehen.[27] Dies beruhe auf der Annahme vieler Unternehmen, dass hohe Marktanteile zu hohen Renditen führen werden.[28] Die zitierten Preisberater stellen diesen Zusammenhang von Marktanteil und Rendite jedoch in Frage.[29] Gerade

---

23 *Simon*, Preisheiten, S. 34 ff.; *Simon/Fassnacht*, S. 33 ff., 40.

24 Vgl. *Simon/Fassnacht*, S. 33.

25 Ausführlich zu in der Praxis verbreiteten Unternehmenszielen *Simon/Fassnacht*, S. 34 ff.

26 *Simon/Fassnacht*, S. 34 f.

27 *Simon/Fassnacht*, S. 36.

28 *Simon/Fassnacht*, S. 36 f.

29 Dazu ausführlich *Simon/Fassnacht*, S. 37 ff.

langfristig gesehen sei die Gewinnmaximierung das relevante Beratungsziel.[30]

Bei diesem Verständnis setzt die Preisberatung primär an der Festlegung von Preisen an, um das mit der Preissetzung verbundene Gewinnmaximierungspotenzial voll auszuschöpfen. In der Praxis können für Unternehmen freilich auch anderweitige Faktoren eine mittel- und langfristig wichtige – wenn nicht sogar wichtigere – Rolle spielen, seien es die zu erwartenden Entwicklungen auf Belieferungs- und Absatzmärkten, mögliche Innovationen oder die Reaktionen aktueller und potenzieller Wettbewerber.

II. Das Ziel der Gewinnmaximierung

Mit dem Ziel der Gewinnmaximierung im Fokus ist die Preisberatung auf die Ermittlung des „optimale[n] Preis[es]"[31] gerichtet. Dieser wird in der Literatur von Preisberatern als der Preis beschrieben, der von Abnehmern (noch) akzeptiert wird.[32]

Die Ermittlung dieses optimalen Preises erfordert im Ausgangspunkt eine Prognose des zu erwartenden Zusammenhangs von Preis und Nachfrage.[33] In der Mikroökonomie wird dieser Zusammenhang anhand der Nachfragefunktion bzw. der inversen Nachfragefunktion ermittelt. Die Nachfragefunktion gibt für jeden möglichen Preis eines Produktes an, welche Menge des Produktes nachgefragt wird.[34] Typischerweise werden Konsumenten größere Mengen eines Produktes konsumieren je geringer der Preis ist.[35] Die Umkehrfunktion der Nachfragefunktion – die sog. inverse Nachfragefunktion oder auch Preisabsatzfunktion – gibt demgegenüber an, welchen Preis ein Unternehmen verlangen kann, um eine bestimmte

30 *Simon*, Preisheiten, S. 34 ff.; *Simon/Fassnacht*, S. 39 f.

31 *Simon*, Preisheiten, S. 112; siehe auch *Hoberg*, DB 2017, 1937.

32 *Simon*, Preisheiten, S. 112.

33 *Ferreira/Lee/Simchi-Levi*, S. 6 ff.; *Hoberg*, DB 2017, 1937; *Simchi-Levi*, MIT Sloan Management Review 2017, 22 f.; grundlegend *Talluri/Van Ryzin*, S. 4 f., 175 ff., 301 ff.

34 *Varian*, S. 4 f., 123; *Pindyck/Rubinfeld*, S. 50.

35 *Hoberg*, DB 2017, 1937; *Pindyck/Rubinfeld*, S. 50 f.; *von der Gathen*, S. 325.

Menge zu verkaufen.[36] Dies entspricht der mit der Preisberatung verfolgten Fragestellung.[37]

Zu ermitteln ist insbesondere, wie empfindlich die Konsumenten auf Preiserhöhungen reagieren werden. Dies wird durch die Preiselastizität der Nachfrage gemessen.[38] Bewirkt eine Preisänderung eine deutliche Änderung der nachgefragten Menge, so spricht man von einer elastischen Nachfrage. Wirken sich Preisänderungen hingegen nur unmerklich auf die nachgefragte Menge aus, so liegt eine unelastische Nachfrage vor.[39]

Preisberater weisen darauf hin, dass die Ermittlung der Preisabsatzfunktion in der Beratungspraxis häufig mit großen Unsicherheiten behaftet sei.[40] Dies lässt sich zum einen auf die Komplexität der – hier nur vereinfacht dargestellten – Analyse zurückführen. So wird darauf hingewiesen, dass im Rahmen der Preisabsatzfunktion Präzisierungen vorzunehmen seien. Insbesondere sei auf den Nettopreis, also auf den Preis abzüglich aller Posten, die den Erlös schmälern (z.B. gewährte Rabatte, Steuern) abzustellen.[41] Ebenso komme der Festlegung des zu analysierenden Zeitintervalls besondere Bedeutung zu.[42] Zudem sei im Fall von Handelsketten eine doppelte Analyse erforderlich: Zunächst sei die Analyse der Preisabsatzfunktion auf der Ebene des Endverbrauchers durchzuführen, um die Resultate dieser Analyse sodann in den Kalkulationen auf der vorgelagerten Handelsebene zu berücksichtigen.[43] Schließlich erfordert eine erfolgreiche Analyse der Preisabsatzfunktion möglichst umfassende Marktinformationen.[44]

---

36 *Hoberg*, DB 2017, 1937 ff.; *Talluri/Van Ryzin*, S. 313 ff.; *Varian*, S. 123 f.; siehe auch aus der Literatur von Preisberatern *Simon/Fassnacht*, S. 105 ff., sowie *von der Gathen*, S. 325 f.

37 *Simon/Fassnacht*, S. 105; grundlegend zur Preisoptimierung, ausgehend von der Festlegung des Preises als unabhängige Variable *Hoberg*, DB 2017, 1937 sowie *Talluri/Van Ryzin*, S. 175 ff., 313 ff.

38 *Mankiw/Taylor*, S. 95 ff.; *Talluri/Van Ryzin*, S. 313.

39 *Mankiw/Taylor*, S. 95 f.; *Pindyck/Rubinfeld*, S. 62.

40 *Simon/Fassnacht*, S. 105.

41 *Hoberg*, DB 2017, 1937.

42 *Hoberg*, DB 2017, 1937 ff., 1939.

43 *Hoberg*, DB 2017, 1937, 1938.

44 *Talluri/Van Ryzin*, S. 407, die u.a. auf eine Untersuchung von Pölt (1998) hinweisen, der zufolge in bestimmten Branchen zur damaligen Zeit geschätzt wurde, dass eine Reduzierung von Prognosefehlern im Rahmen der Preisoptimierung um 20 % eine Umsatzsteigerung von 1 % bedeuten kann.

B. Informationsbedürfnis

Eine fundierte Prognose des gewinnmaximierenden Preises erfordert umfassende Informationen aus verschiedenen Informationssphären.[45] Je präzisere und umfassendere Informationen dem Berater vorliegen, desto fundierter fällt die Prognose aus.[46]

Von zentraler Bedeutung sind dabei Informationen aus drei Bereichen: (I.) Informationen über das zur Preissetzung beratene Unternehmen selbst, (II.) Informationen aus der Sphäre der Marktgegenseite und (III.) Informationen zu dem aktuellen sowie dem zu erwartenden Verhalten der Wettbewerber.[47]

I. Informationen aus der Sphäre des beratenen Unternehmens

Aus der Sphäre des beratenen Unternehmens sind zunächst insbesondere Informationen zu den Produktionskosten erforderlich. Diese bilden die Preisuntergrenze des produzierten Gutes, [48] während die Preisobergrenze durch die Zahlungsbereitschaft der Abnehmer einerseits und die Preissetzung der Wettbewerber andererseits mitbestimmt wird.[49] Ferner kann bisherigen Verkaufsmengen und Verkaufspreisen Aussagekraft zukommen.[50]

II. Informationen aus der Sphäre der Marktgegenseite

Von besonderer Relevanz für die Prognose des gewinnmaximierenden Preises sind – ausgehend von den soeben dargestellten mikroökonomischen Grundlagen – Informationen aus der Sphäre der Marktgegenseite.[51] Zu ermitteln sind insbesondere die Zahlungsbereitschaft der Kunden und ihre Empfindlichkeit gegenüber Preisänderungen.[52]

---

45 *Simchi-Levi*, MIT Sloan Management Review 2017, 22 f.; *Simon/Fassnacht*, S. 98 ff.; grundlegend *Talluri/Van Ryzin*, S. 408 f.

46 *Talluri/Van Ryzin*, S. 407 ff., 412: „Data is the life-blood of a forecasting system".

47 *Simon/Fassnacht*, S. 98 ff.

48 *Simon/Fassnacht*, S. 98 ff.

49 *Simon/Fassnacht*, S. 98 ff., 155.

50 *Simchi-Levi*, MIT Sloan Management Review 2017, 22 f.; *Talluri/Van Ryzin*, S. 412.

51 *Talluri/Van Ryzin*, S. 407.

52 Vgl. *Simon/Fassnacht*, S. 101 f., 108 ff.; *Talluri/Van Ryzin*, S. 407 ff., 411.

Ferner sind mögliche Produktsubstitute zu identifizieren, auf die Kunden im Falle einer Preiserhöhung ausweichen könnten. Die Auswirkungen der Preisänderungen eines Gutes auf die Nachfrage eines anderen Gutes wird sodann durch die Kreuzpreiselastizität der Nachfrage gemessen.[53]

Die notwendigen Daten können beispielsweise durch direkte und indirekte Kundenbefragungen, Expertenurteile oder Marktbeobachtungen gewonnen werden.[54] Auch eine Untersuchung der bisherigen Preis-Nachfrage-Zusammenhänge desselben oder vergleichbarer Produkte kommt in Betracht.[55]

III. Informationen aus der Sphäre der Wettbewerber

Schließlich erfordert eine erfolgreiche Prognose des optimalen Preises Informationen aus der Sphäre der Wettbewerber des beratenen Unternehmens.[56] In der Literatur von Preisberatern wird in diesem Zusammenhang insbesondere auf die Relevanz dieser Informationen für die Ermittlung von Kreuzpreiselastizitäten hingewiesen. Zudem sei eine Prognose der Reaktionselastizität, also der voraussichtlichen Reaktion der Wettbewerber auf Preiserhöhungen des beratenen Unternehmens, erforderlich.[57] Insoweit ist das Preissetzungsverhalten der Wettbewerber – neben der Zahlungsbereitschaft der Abnehmer – bedeutsam für die Ermittlung der Preisobergrenze.[58]

Die benötigten Preisdaten lassen sich auf kartellrechtlich grundsätzlich unproblematischem Weg durch Marktbeobachtungen erlangen. Unter bestimmten Markt- oder Branchengegebenheiten ist das Verhalten der Wettbewerber unschwer vorhersehbar, etwa im klassischen Fall der Preisführerschaft.[59] Preisberater raten in von ihnen veröffentlichten Literaturbeiträgen zu einer „systematische[n] Wettbewerbsbeobachtung".[60]

---

53 *Talluri/Van Ryzin*, S. 321, 411.

54 *Simon/Fassnacht*, S. 123 ff.; *von der Gathen*, S. 333.

55 *Talluri/Van Ryzin*, S. 411.

56 *Simchi-Levi*, MIT Sloan Management Review 2017, 22; *Simon/Fassnacht*, S. 103; *Talluri/Van Ryzin*, S. 412.

57 *Simon/Fassnacht*, S. 103.

58 *Simon/Fassnacht*, S. 98 ff., 103 f.

59 Vgl. dazu *Varian*, S. 577 ff.

60 *Simon/Fassnacht*, S. 103.

C. Strategien und Instrumente der Preisberatung

Der von Preisberatern veröffentlichten Literatur lassen sich verschiedene Strategien und Instrumente entnehmen, die im Rahmen der Preisberatung Anwendung finden. Dabei sind zunächst traditionelle Methoden zu erwähnen, wie etwa Fragen der Produktplatzierung, der Preis- und Produktdifferenzierung sowie des Marketings. Heutzutage kommt in der modernen Preisberatung zudem Preissoftware und Algorithmen eine besondere Bedeutung zu.

I. Traditionelle Strategien und Instrumente

Preisberater zeigen in der Literatur die Vielzahl notwendiger Entscheidungen auf, die auf dem Weg zu einer optimalen Preisgestaltung zu treffen sind. Unter Berücksichtigung der Besonderheiten des Vertriebsweges bzw. der Marktstufe (z.B. Entwicklung einer Preisstrategie für Industriegüter, Güter für den Verkauf im Einzelhandel oder im Internethandel, Bepreisung von Dienstleistungen)[61] sowie branchenspezifischer Besonderheiten[62] ist beispielsweise über die Preispositionierung oder Preiskonzepte zu entscheiden.[63]

Im Rahmen der Preispositionierung ist abzuwägen, ob das Gut in das Luxus-, Premium-, Mittel-, Niedrig- oder sogar Ultraniedrigpreissegment fallen soll.[64] Beispiele denkbarer Preiskonzepte sind etwa das Verlangen eines Grundpreises nebst Zuschlägen für Sonderausstattungen, Flatrate-Modelle, differenzierte Preise oder Bündelpreise für kombinierte Produkte.[65] Das Instrument der Preisdifferenzierung (bzw. Preisdiskriminierung), bei der das Gut verschiedenen Kundengruppen zu jeweils unterschiedlichen Preisen angeboten wird, ist geeignet, die individuelle Zahlungsbereitschaft

---

61 Vgl. die verschiedenen Preisparameter bei *Simon/Fassnacht*, S. 6. So seien einerseits verschiedene Preiskonzepte zu bedenken (Grundpreis und Zuschläge für Sonderausstattung, Flatrate, differenzierte Preise, mehrdimensionale Preise, Bündelpreise), andererseits aber auch die Besonderheiten des Vertriebsweges bzw. der Marktstufe (Industriegüter, Einzelhandel, Internethandel, Dienstleistungen), vgl. *Simon/Fassnacht*, S. 431 ff.

62 *Özer/Phillips*, in: Özer/Phillips (Hrsg.), The Oxford Handbook of Pricing Management, S. 4, 13 ff.; *Simon/Fassnacht*, S. 431 ff.

63 *Simon/Fassnacht*, S. 6, 52 ff.

64 *Simon/Fassnacht*, S. 52 ff.

65 Vgl. die verschiedenen Preisparameter bei *Simon/Fassnacht*, S. 6.

der Kunden und das damit verbundene Gewinnpotenzial auszuschöpfen.[66] Gerade in der Luftfahrtindustrie hat diese Praxis eine lange Tradition.[67]

Schließlich verweisen Preisberater in der Literatur auf die Relevanz des Marketings – insbesondere unter Berücksichtigung verhaltensökonomischer Erkenntnisse – als einem zentralen Eckpfeiler der Preisoptimierung. Dies betreffe zunächst die Preiswahrnehmung durch die Marktgegenseite.[68] Im Rahmen der Preissetzung gehe es im Kern darum, den Wert eines Produkts zu beziffern und die Marktgegenseite von der Wertigkeit des Produkts zu überzeugen, um so eine entsprechende Zahlungsbereitschaft zu erreichen.[69] Die Preiswahrnehmung könne dabei sowohl durch Marketing als auch durch sog. „behavioral pricing"[70] beeinflusst werden.

Unter dem Begriff des „behavioral pricing" verorten die Autoren auf verhaltensökonomischen Annahmen beruhende Preissetzungsstrategien, die geeignet seien, die Kauf- und Zahlungsbereitschaft der Kunden zu steuern und zu steigern. Als Beispiele werden neben Preisschwelleneffekten (z.B. Setzung eines Preises von 9,99 € anstelle von 10,00 €)[71] oder Eckartikeleffekten auch Preisankereffekte angeführt.[72] So würden Verbraucher im Rahmen ihrer Kaufentscheidung nicht nur Kosten und Nutzen eines Produkts abwägen, sondern den vorgefundenen Preis auch mit ihnen bekannten Referenzpreisen abgleichen.[73] Durch das geschickte Setzen eines Preisankers (sog. Anchoring) könne der Vergleichsprozess beeinflusst und eine höhere Zahlungsbereitschaft erzielt werden. Als Preisanker könnten zum Beispiel auf dem Produkt abgedruckte unverbindliche Preisempfehlungen, Wettbewerbspreise, frühere Preise oder auch die Präsentation höherpreisiger Produkte im Rahmen von Verkaufsgesprächen wirken.[74] Nicht zuletzt

---

66 *Von der Gathen*, S. 325 f.; *Weber*, in: Özer/Phillips (Hrsg.), The Oxford Handbook of Pricing Management, S. 312.

67 *Dempsey/Gesell*, S. 464; siehe auch das folgende Zitat von Ben Vinod, dem leitenden Wissenschaftler von Sabre, einem der führenden Vertriebssysteme für Flugbuchungen, vgl. *Vinod*, Ascend 2005, 73: „Revenue management [is] selling the right seat to the right customer at the right price at the right time to maximize system-wide revenues and profitability".

68 *Simon/Fassnacht*, S. 161 ff.

69 *Simon*, Preisheiten, S. 22 ff., 25.

70 *Simon/Fassnacht*, S. 169 ff.

71 *Simon/Fassnacht*, S. 175 ff.; siehe dazu auch *Hoberg*, DB 2017, 1937, 1938 f.

72 *Simon/Fassnacht*, S. 178 f.

73 *Beck*, S. 147.

74 *Simon/Fassnacht*, S. 167 f.; *Simon*, Preisheiten, S. 92; *Beck*, S. 145 ff.; auch pure Scheininformationen können einen solchen Preisanker setzen, *Varian*, S. 649 f.; grundlegend *Tversky/Kahnemann*, Science 1974, 1124, 1128 ff.

könne Verbrauchern durch geschickte Werbemaßnahmen der Eindruck von Warenknappheit vermittelt werden, um so einen „Kaufzwang“[75] auszulösen. Es handelt sich in diesen Fällen nicht um eine tatsächliche Mengenbeschränkung, sondern um das bloße Vortäuschen einer solchen. So könnten beispielsweise Angebotsschilder oder Werbeprospekte mit dem Zusatz gedruckt werden, dass maximal zehn Stück pro Person abgegeben werden, was wiederum suggeriert, dass üblicherweise eine hohe Stückzahl gekauft wird.[76]

Unter Berücksichtigung dieser verhaltensökonomischen Effekte kann gezieltes Marketing dazu beitragen, die Kauf- und Zahlungsbereitschaft der Abnehmer zu steigern.[77] Dadurch kann wiederum eine höhere Preisobergrenze und letztlich ein höherer Preis erzielt werden.

II. Moderne Preisberatung unter Einsatz von Preissoftware

In der jüngeren Vergangenheit hat schließlich der zunehmende Einsatz von Preisalgorithmen die Preisberatung revolutioniert. Je nach Ausgestaltung der Preissoftware erleichtert sie die Marktbeobachtung, die Erstellung von Marktanalysen und ermöglicht sogar eine automatisierte Preisanpassung in Echtzeit.[78] Manuelle Marktbeobachtungen, etwa durch Mitarbeiter des Unternehmens, werden überflüssig.[79]

Die professionelle, computergestützte Preisoptimierung hat ihren Ursprung in der Luftfahrtindustrie.[80] Eine Gewinnmaximierung erfordert in

---

75 *Simon*, Preisheiten, S. 94.

76 *Simon*, Preisheiten, S. 94.

77 Vgl. *Simon*, Preisheiten, S. 94.

78 Ausführlich zum technischen Hintergrund von Preisanpassungsalgorithmen *Ezrachi/Stucke*, Virtual Competition, S. 14 ff.; *Deng*, What do we know about algorithmic tacit collusion? (2018), abrufbar unter: https://papers.ssrn.com/sol3/papers.cfm?abstract_id=3171315; *Ittoo/Petit*, Algorithmic Pricing Agents and Tacit Collusion: A Technological Perspective (2017), abrufbar unter: https://ssrn.com/abstract=3046405; *Klein*, Assessing Autonomous Algorithmic Collusion: Q-learning under Sequential Pricing, Amsterdam Center for Law & Economics Working Paper No. 2018-05; *Picht/Freund*, Competition (law) in the era of algorithms, Max Planck Institute for Innovation and Competition Research Paper No. 18-10, S. 3 ff.; siehe auch *Ballard/Naik*, CPI Antitrust Chronicle 2017 (2), 29 f.; *Gal*, CPI Antitrust Chronicle 2017 (2), 22, 24.

79 Vgl. *Mehra*, CPI Antitrust Chronicle 2017 (2), 36, 37, der insoweit eine Kostenersparnis in der Erlangung von „competitive intelligence“ annimmt.

80 *Simchi-Levi*, MIT Sloan Management Review 2017, 22; *Talluri/Van Ryzin*, S. 6 ff.

dieser Branche zunächst, dass Fluggesellschaften möglichst einen Ausverkauf aller verfügbaren Sitzplätze erzielen und damit einen „Verderb“ des angebotenen Gutes („spoilage“) vermeiden.[81] Insoweit ist das Kapazitätsmanagement in der Luftfahrtindustrie von besonderer Bedeutung.[82] Ein Ausverkauf der Sitzplätze zu einem einheitlich (günstigen) Flugpreis bewirkt jedoch allein noch keine Gewinnmaximierung. Vielmehr greifen Fluggesellschaften stets auf das Instrument der Preisdifferenzierung zurück, um auf die stark unterschiedlichen Zahlungsbereitschaften einzelner Kundengruppen (z.B. besonders preisempfindliche Freizeitreisende einerseits und zahlungskräftige Geschäftsreisende andererseits) zu reagieren und das daraus resultierende Gewinnpotenzial auszuschöpfen.[83] Während dieses Kapazitäts- und Preismanagement in den 1930er Jahren noch händisch und per Telefon erfolgte, wurde 1946 erstmals der sog. „Availability Reservisor“ als maschinelle Unterstützung eingesetzt. 1976 nahm das Computerreservierungssystem „Sabre“ den Betrieb auf.[84]

Heutzutage ist die computergestützte Preisoptimierung so weit fortgeschritten, dass auch andere Branchen profitieren können. Während die Preisoptimierung früher einen langwierigen Prozess darstellte – wenn etwa eine manuelle Marktbeobachtung im Handel erforderlich wurde – und dieser Aufwand nur für eine Handvoll von Produkten realisierbar war, ermöglichen moderne Preisalgorithmen eine kontinuierliche, professionelle Preisoptimierung in Echtzeit für eine Vielzahl von Produkten und Branchen.[85]

Die aktuelle juristische Diskussion befasst sich schwerpunktmäßig mit Konstellationen des Einsatzes von Algorithmen unmittelbar durch Unternehmen.[86] So ergab die im Jahr 2017 abgeschlossene Sektoruntersuchung der Europäischen Kommission zum elektronischen Handel, dass bereits

---

81 *Dempsey/Gesell*, S. 473. Man spricht insoweit auch von einem hohen „traffic load factor“.

82 *Dempsey/Gesell*, S. 492.

83 *Dempsey/Gesell*, S. 464 ff.

84 Für einen Überblick über die Entwicklung von Computerreservierungssystemen in der US-amerikanischen Luftfahrtindustrie siehe *Dempsey/Gesell*, S. 492 ff.

85 *Simchi-Levi*, MIT Sloan Management Review 2017, 22.

86 Grundlegend *Ezrachi/Stucke*, Virtual Competition, 2016; *Ebers*, NZKart 2016, 554; Monopolkommission, XXII. Hauptgutachten (2018), S. 62 ff.; *Picht/Freund*, Competition (law) in the era of algorithms, Max Planck Institute for Innovation and Competition Research Paper No. 18-10; *Zimmer*, in: FS Schroeder 2018, 999 ff. In der Literatur werden verschiedene Fallkonstellationen des Einsatzes von Algorithmen diskutiert. Dabei liegt der Schwerpunkt regelmäßig auf Fällen algorithmenbasierter „hub and spoke“-Kartelle, in denen davon ausgegangen wird,

zwei Drittel der Unternehmen, die ihre Wettbewerber beobachten, dies mittels einer Preissetzungssoftware umsetzen.[87] Studien zeigten zudem, dass Online-Händler durch den Einsatz von Preisanpassungsalgorithmen in der Tat höhere Umsätze erzielen können.[88] Die genauen Funktionen der Preissoftware sind von der Programmgestaltung abhängig.[89] Gängig sind in diesem Bereich jedoch Funktionen wie die Erstellung von Marktanalysen oder eine automatisierte Preisanpassung, wobei sogar konkrete Wettbewerber als relevante Preisführer von dem Verwender identifiziert werden können.[90]

Zwar hat die Digitalisierung die Preisberatung verändert, jedoch ersetzt sie diese nicht.[91] Vielmehr wird derartige Software in der Literatur als „decision-support tool“[92] eingeordnet, das lediglich vorbereitende Analysen ausführen soll, die sodann Grundlage der zu treffenden Preisentscheidung werden.

Die moderne Preisberatung beruht bereits aktuell auf einem Zusammenspiel von traditionellen Beratungsmethoden und dem Einsatz von Algorithmen. Zum einen finden die Grundlagen der Preisberatung Eingang

---

dass die Nutzung desselben Algorithmus eine Preiskoordinierung bewirkt, sowie auf Fällen der „algorithmic tacit collusion“, vgl. dazu insbesondere auch OECD, Policy Roundtable – Algorithms and Collusion – Note from the European Union, DAF/COMP/WD(2017)12; *Ballard/Naik*, CPI Antitrust Chronicle 2017 (2), 29; *Gal*, CPI Antitrust Chronicle 2017 (2), 22; *Göhsl*, WuW 2018, 121; *Heinemann/Gebicka*, JECLAP 2016, 431; *Johnson*, CPI Antitrust Chronicle 2017 (2), 10; *Käseberg/von Kalben*, WuW 2018, 2; *Mehra*, JECLAP 2016, 470; *Mehra*, CPI Antitrust Chronicle 2017 (2), 36; *Salaschek/Serafimova*, WuW 2018, 8; *Ylinen*, NZKart 2018, 19.

87 KOMM., Abschlussbericht über die Sektoruntersuchung zum elektronischen Handel, COM(2017) 229 final (2017) Rn. 13.

88 *Chen/Mislove/Wilson*, S. 1339, 1345 ff., 1348.

89 Vgl. insbesondere *Deng*, What do we know about algorithmic tacit collusion? (2018), S. 3 ff., abrufbar unter: https://papers.ssrn.com/sol3/papers.cfm?abstract_id=3171315.

90 Vgl. etwa https://www.informed.co (letzter Aufruf: 24.7.2018), https://feedvisor.com/de/ (letzter Aufruf: 24.7.2018) sowie https://www.sellerexpress.com (letzter Aufruf: 24.7.2018); vgl. auch *Mehra*, JECLAP 2016, 470, 472.

91 Zur Wandlung der Unternehmensberatung im Zuge der Digitalisierung siehe *Neuscheler*, Die Stunde der Algorithmen, F.A.Z. vom 22.02.2018, abrufbar unter: https://www.faz.net/aktuell/beruf-chance/beruf/werden-unternehmensberater-von-algorithmen-ersetzt-15463001.html#void; vgl. auch *Nickler*, Strategieentwicklung 4.0 und die notwendige Transformation der Beraterbranche (14.08.2017), abrufbar unter: https://www.bdu.de/fachthemenportal/strategie-und-innovation/strategieentwicklung-40-und-die-notwendige-transformation-der-beraterbranche/.

92 Vgl. *Simchi-Levi*, MIT Sloan Management Review 2017, 22, 26.

in die Programmierung von Preisalgorithmen. Zum anderen zeigen aktuelle Beispiele aus der Praxis, dass Preisberatungsunternehmen ihrerseits Algorithmen als Instrument in der Bearbeitung von Mandaten verwenden oder ihren Mandanten sogar eigene, das heißt intern entwickelte Preisalgorithmen, als Teil der Beratungsleistung zur Verfügung stellen.[93]

Beispielhaft dafür sind nicht zuletzt die in jüngerer Zeit gegen die Unternehmensberatung Accenture erhobenen Vorwürfe. Die französische Presse deckte auf, dass Accenture mehreren Mandanten aus der Automobilbranche, unter anderem Renault, PSA und Nissan, eine hauseigene Preissoftware („Partneo“) bereitgestellt haben soll. Deren Einsatz durch die Mandanten soll über Jahre zu gleichförmigen Preiserhöhungen für bestimmte Kfz-Ersatzteile um ca. 15 % geführt haben.[94] Für einzelne Ersatzteile wird sogar von Preiserhöhungen um 264 % berichtet.[95] Der volkswirtschaftliche Schaden in diesem Fall wird auf 1,5 Mrd. Euro geschätzt.[96]

---

93 So etwa die Aussagen bei *Simon Kucher & Partners*, vgl. https://www.simon-kucher.com/en-us/pricing (letzter Aufruf: 5.12.2018) und *Pricing Solutions*, vgl. https://www.pricingsolutions.com (letzter Aufruf: 5.12.2018).

94 Der Fall wurde aufgedeckt durch die französische Presse, vgl. *Philippin*, How Renault and PSA Peugeot Citroën secretly hiked global cost of spare parts by €1.5bn (31.05.2018), abrufbar unter: https://www.mediapart.fr/en/journal/international/310518/how-renault-and-psa-peugeot-citroen-secretly-hiked-global-cost-spare-parts-15bn (letzter Aufruf: 9.10.2018); siehe auch *Bergin/Frost*, Software and stealth: how carmakers hike spare parts prices (3.6.2018), abrufbar unter: https://www.reuters.com/article/us-autos-software-pricing-insight/software-and-stealth-how-carmakers-hike-spare-parts-prices-idUSKCN1IZ07L (letzter Aufruf: 09.10.2018).

95 *Van Roy*, French car makers kept spare part prices artificially high, (31.05.2018), abrufbar unter: https://newmobility.news/2018/05/31/french-car-makers-kept-spare-part-prices-artificially-high/ (letzter Aufruf: 09.10.2018).

96 *Philippin*, How Renault and PSA Peugeot Citroën secretly hiked global cost of spare parts by €1.5bn (31.05.2018), abrufbar unter: https://www.mediapart.fr/en/journal/international/310518/how-renault-and-psa-peugeot-citroen-secretly-hiked-global-cost-spare-parts-15bn (letzter Aufruf: 09.10.2018). Mittlerweile wird in der Presse über ein Aufgreifen des Falles durch die Europäische Kommission berichtet. Jedoch hat die Europäische Kommission (noch) keine Pressemitteilung oder ähnliches veröffentlicht, vgl. nur *Gnirke*, Mögliches Autokartell, 195 Euro für einen Außenspiegel, der nur zehn Euro wert ist (22.02.2019), abrufbar unter: https://www.spiegel.de/auto/aktuell/eu-kommission-prueft-moegliches-autoteilekartell-um-renault-psa-und-nissan-a-1254515.html (letzter Aufruf: 16.4.2019).

D. Berufsständische Regelungen und beratungsethische Grundsätze

Der Bundesverband Deutscher Unternehmensberater e.V. (kurz „BDU") ist der maßgebliche Berufsverband für deutsche Beratungsunternehmen und leistet einen Beitrag zur Selbstverwaltung dieser Berufsgruppe. Erklärtes Ziel des Verbandes ist es, einen gemeinsamen Rahmen für die Unternehmensberatung zu erreichen, insbesondere mit Blick auf Qualitäts- und Verhaltensstandards.[97] Unter anderem stellte der BDU einen Katalog grundlegender Berufsgrundsätze und damit einen Verhaltenskodex für Unternehmensberater auf.[98]

Dieser Verhaltenskodex findet gemäß § 1 des Regelwerks Anwendung auf alle Unternehmens- und Personalberater, worunter auch die Preisberatung als Sonderform der allgemeinen Unternehmensberatung fallen dürfte. Aus § 2 Abs. 2 des BDU-Verhaltenskodex folgt zunächst ein Verbot der Annahme oder Ausführung von Aufträgen, die rechtswidriges oder unlauteres Verhalten erfordern würden. § 3 verpflichtet Unternehmensberater zur Verschwiegenheit und schließlich statuiert § 4 ein Verbot der Annahme von Aufträgen, sofern ein Interessenkonflikt zwischen mehreren Mandaten besteht, es sei denn die Auftraggeber haben ihr Einverständnis erteilt.

Sollten sich etwa zwei miteinander in Wettbewerb stehende Unternehmen an einen Preisberater wenden und ausdrücklich um kartellfördernde Handlungen bitten, so würde dies bereits gegen § 2 Abs. 2 der BDU-Grundsätze verstoßen. Das Gebot der Verschwiegenheit gemäß § 3 der BDU-Grundsätze steht zudem einer Weitergabe von Informationen eines Mandanten an dessen Konkurrenten entgegen.

Allerdings sind die Vorschriften des BDU-Verhaltenskodex lediglich privatrechtlicher Natur. Im Rahmen der Selbstverwaltung etablierte der BDU ein unabhängiges Verbandsgericht, das sich aus einem ehemaligen Richter als dem Vorsitzenden und zwei gewählten Vertretern von Mitgliedsunternehmen des BDU als Beisitzern zusammensetzt. Das Verbandsgericht befasst sich mit Beschwerden – insbesondere von Kunden oder Wettbewerbern – hinsichtlich der Einhaltung der vom BDU statuierten Berufsgrundsätze. Im Falle der Feststellung eines Verstoßes kann das Verbandsgericht

---

97 BDU, Unser Anspruch, abrufbar unter: https://www.bdu.de/der-bdu/unser-anspruch/ (letzter Aufruf: 8.12.2018).

98 BDU, Berufsgrundsätze des BDU e.V., abrufbar unter: https://www.bdu.de/media/3767/berufsgrundsaetze.pdf (letzter Aufruf: 8.12.2018).

„Strafen bis zu einem Ausschluss aus dem BDU empfehlen".[99] Demgegenüber ist die Unternehmensberatung allgemein – und die Preisberatung im Speziellen – gerade nicht formalgesetzlich im Sinne eines Berufsrechts reguliert.

Anwendungsbeispiele aus der kartellrechtlichen Praxis deuten jedoch darauf hin, dass derartigen beratungsethischen Grundsätzen allein keine nennenswerte, disziplinierende Wirkung zukommt. Die Kommission befasste sich erstmals 1980 mit der Kartellverantwortlichkeit von Beratungsunternehmen, die kartellfördernde Handlungen vornahmen. In der Sache „*Gußglas in Italien*" (1980) stellte die Kommission ausdrücklich eine Mitverantwortlichkeit der FIDES-Unione Fiduciaria S.p.A („FIDES") fest, sah jedoch von der Verhängung eines Bußgeldes ab, da „bisher noch niemals eine Entscheidung nach Artikel 85 Absatz 1 an Unternehmen gerichtet [wurde], die sich in einer derartigen Lage der Mitverantwortlichkeit befunden haben".[100] Aus der Fides Trust AG ging schließlich infolge eines Management-Buy-Out die AC Treuhand AG hervor,[101] gegen die die Kommission sodann erstmals Bußgelder verhängte.[102] Eine disziplinierende Wirkung dürfte erst mit der höchstrichterlichen Bestätigung der Kartellgehilfenhaftung durch den EuGH im Jahr 2015 eingetreten sein.[103] Schließlich wurden beratungsethische Grundsätze auch in „*VM Remonts*" missachtet. In dem dortigen Fall hatte ein Rechtsberater mehrere Aufträge zur Erstellung an sich konkurrierender Angebote für ein öffentliches Ausschreibungsverfahren angenommen, erstellte sodann jedoch im Namen seiner Mandanten und ohne ihr Wissen koordinierte Angebote.[104]

---

99 BDU, Unser Qualitätsverständnis, abrufbar unter: https://www.bdu.de/der-bdu/unser-anspruch/unser-qualitaetsverstaendnis/ (letzter Aufruf: 7.9.2019).

100 KOMM. 17.12.1980, IV/29.869, ABl. 1980, L 383, S. 19, 26 „*Gußglas in Italien*". Die FIDES war ferner beteiligt in KOMM. 23.4.1986, IV/31.149, ABl. 1986, L 230, S. 1 „*Polypropylen*"; KOMM. 21.12.1988, IV/31.866, ABl. 1989, L 74, S. 21 ff. „*LDPE*" und KOMM. 13.7.1994, IV/C/33.833, ABl. 1994, L 243, S. 1 ff. „*Karton*".

101 KOMM. 11.11.2009, K(2009), 8682final Rn. 67 „*Wärmestabilisatoren*".

102 KOMM, 10.12.2003, COMP/E-2/37.857, C(2003) 4570 Rn. 454 „*Organische Peroxide*", bestätigt durch EuG 8.7.2008, T-99/04, Rn. 112 ff. „*AC Treuhand I*"; KOMM. 11.11.2009, K(2009), 8682final „*Wärmestabilisatoren*", bestätigt durch EuG, Urteil vom 6.2.2014, Rs. T-27/10 „*AC Treuhand II*" und EuGH, Urteil vom 22.10.2015, Rs.C-194/14 P „*AC Treuhand*".

103 Dazu näher unten Teil 4.C.

104 So wies etwa Generalanwalt Wathelet in seinen Schlussanträgen ausdrücklich darauf hin, dass das Beratungsunternehmen den Minimalstandard beratungsethischer Grundsätze missachtet hatte, vgl. GA Wathelet, Schlussanträge vom 3.12.2015, Rs. C-542/14, Rn. 59 „*VM Remonts*".

Teil 2: Fallgruppenbildung

Im Folgenden sollen zunächst verschiedene Fallgruppen der Preisberatung definiert werden, die sodann Gegenstand der nachfolgenden Analyse sein werden.

A. Relevante Differenzierungskriterien in der Fallgruppenbildung

Zunächst sind Differenzierungskriterien herauszuarbeiten, die für die Fallgruppenbildung von Bedeutung sein können. Nachfolgend soll insoweit zunächst näher auf das Verhältnis der Mandanten untereinander eingegangen werden sowie auf die Frage, welcher Beteiligte die Koordinierungsinitiative ergreift. Die Initiativergreifung ist ihrerseits mit der Frage nach dem Kenntnisstand der Beteiligten verbunden.

I. Verhältnis der Mandanten zueinander

Ausgangspunkt der Sachverhaltsbildung sowie der nachfolgenden Analyse soll zunächst der Fall sein, dass es sich bei den Mandanten um Unternehmen handelt, die miteinander in Wettbewerb stehen. Das setzt zunächst voraus, dass die Mandanten auf demselben sachlich und räumlich relevanten Markt bzw. mehreren gemeinsamen sachlich und räumlich relevanten Märkten tätig sind. Berät der Preisberater zu den entsprechenden Produkten dieses gemeinsamen Marktes, so droht möglicherweise eine horizontale Preiskoordinierung, sofern die weiteren Marktbedingungen eine Koordinierung begünstigen.[105]

Darüber hinaus wird zu fragen sein, inwieweit die Preisberatung ein wettbewerbsrelevantes Risiko setzt, wenn es sich bei den Mandanten nicht um Wettbewerber handelt, sondern wenn diese auf vor- bzw. nachgelagerten Märkten tätig sind. Gemeint sind Fälle, in denen der Preisberater pa-

---

105 Dazu ausführlich Teil 3. Zur Auslagerung strategischer Entscheidungen auf einen gemeinsamen Dritten im Kontext von Preisalgorithmen und Plattformen siehe etwa BKartA/Autorité de la Concurrence, Algorithms and Competition (2019), S. 32 ff., insbesondere S. 40 f.

rallel beispielsweise einen Hersteller sowie einen oder mehrere Händler berät, die von diesem Hersteller Ware beziehen.[106]

II. Koordinierungsinitiative und Kenntnis der Umstände

1. Koordinierungsinitiative

Ein weiteres relevantes Kriterium in der Fallgruppenbildung stellt die Koordinierungsinitiative dar. Dies geht der Frage nach, welcher Beteiligte den späteren Koordinierungserfolg durch sein Verhalten initiierte und welche Anreize für ein solches Verhalten bestehen. Dabei ist danach zu differenzieren, ob die Mandanten miteinander in Wettbewerb stehen oder ob es sich um eine Lieferbeziehung handelt.

a) Koordinierungsinitiative in Fällen der parallelen Beratung von Wettbewerbern

Ausgehend von dem Fall, dass die Mandanten miteinander in Wettbewerb stehen, ist zunächst an Konstellationen zu denken, in denen die Mandanten gemeinschaftlich die Koordinierungsinitiative ergreifen. So könnten sie etwa vereinbaren, denselben Preisberater aufzusuchen, um sich über diesen und mit dessen Hilfe künftig zu koordinieren. Der Preisberater wird in diesen Plan eingeweiht und ist seinerseits einverstanden. Ein so gelagerter Fall weist große Ähnlichkeit mit dem der Sache „*AC Treuhand*" zugrundeliegenden Sachverhalt auf.[107]

Denkbar ist jedoch auch, dass der letztendlich zustande kommende Koordinierungserfolg auf einer Initiative des Preisberaters beruht. So ist es etwa möglich, dass die Mandanten, die ihrerseits miteinander in Wettbe-

---

106 Dazu ausführlich Teil 5.B. Auch im Kontext des Einsatzes von Preisalgorithmen werden vereinzelt solche vertikalen Fallkonstellationen diskutiert, vgl. OECD, Policy Roundtable – Algorithms and Collusion – Note from the European Union, DAF/COMP/WD(2017)12, Rn. 12 ff.

107 EuGH, Urteil vom 22.10.2015, Rs. C-194/14 P „*AC Treuhand*". Eine ähnliche Konstellation wird auch im Kontext von Preisalgorithmen diskutiert. Dort wird von dem Fall ausgegangen, dass Wettbewerber vereinbaren, denselben Algorithmus zu verwenden, um auf diese Weise eine Preiskoordinierung zu erzielen oder eine bereits getroffene Preisabrede am Markt umzusetzen oder zu überwachen, vgl. *Ezrachi/Stucke*, Virtual Competition, S. 36, 39 ff.

werb stehen, nichts von den jeweiligen Parallelmandanten ahnen.[108] Der Preisberater, der dennoch alle Mandate annimmt, könnte nun, um jedem einzelnen Mandanten und dem jeweiligen, individuellen Ziel der Gewinnmaximierung gerecht zu werden, jeweils eine Preiserhöhung empfehlen, ohne dass die Mandanten Kenntnis von der Abgabe entsprechender Empfehlungen an ihre Konkurrenten haben.

Man könnte nun anzweifeln, ob und inwieweit ein solches Szenario überhaupt realistisch erscheint.[109] So könnte man in einer solchen Konstellation aus Sicht des Preisberaters etwa bereits einen Interessenkonflikt seiner verschiedenen Auftraggeber annehmen, der zu einer Ablehnung der weiteren Mandate führen muss (vgl. § 4 der BDU-Grundsätze).[110] Da die Preisberatung jedoch gerade nicht auf eine Ausdehnung des Marktanteils des jeweiligen Mandanten abzielt, die sich in einer solchen Konstellation automatisch zulasten der weiteren Auftraggeber auswirken würde, sondern vielmehr auf eine Optimierung des erzielbaren Preises abzielt, widersprechen sich die Interessen der verschiedenen Mandanten nicht von vornherein.[111]

Schafft es der Preisberater vielmehr im Wege der bereits dargestellten Methoden und Instrumente[112] die Zahlungsbereitschaft der gemeinsamen Marktgegenseite seiner Mandanten, also der Abnehmer, zu steigern, so steigt das Preisniveau eines Marktes insgesamt, wovon wiederum alle Wettbewerber gleichermaßen profitieren würden. Abhängig von den Marktbedingungen und Produkteigenschaften lässt sich ein solcher Effekt schließlich gerade auch durch eine einheitliche Preiserhöhung der Anbieter herbeiführen.[113] Insoweit ist es dem Preisberater möglich, seinen Pflichten aus allen Mandaten gerecht werden.

Zweifelt man an dieser Stelle immer noch an der Realitätsnähe des hier unterstellten Szenarios, so sei auf die Entscheidung des EuGH in der Sache

---

108 Vgl. etwa den Sachverhalt in EuGH, Urteil vom 21.7.2016, Rs. C-542/14, Rn. 4 ff. „*VM Remonts*".

109 Siehe dazu auch BKartA/Autorité de la Concurrence, Algorithms and Competition (2019), S. 41 f., die – in Bezug auf parallele Fallgestaltungen im Kontext von Preisalgorithmen – zu verstehen geben, dass eine kartellrechtliche Erörterung der Fragestellungen trotz aller Zweifel erforderlich ist.

110 Zum BDU-Verhaltenskodex und der ohnehin nur geringfügigen, disziplinierenden Wirkung dieser Grundsätze siehe bereits oben Teil 1.D.

111 Vgl. *Simon*, Preisheiten, S. 34, 51.

112 Siehe dazu bereits Teil 1.C.

113 Zu den notwendigen Marktbedingungen siehe sogleich Teil 3.

„*VM Remonts*“ verwiesen.[114] In dem dieser Entscheidung zugrundeliegenden Sachverhalt handelte es sich um ein in der Rechtsberatung tätiges Unternehmen, das von mehreren Auftraggebern mit der Erstellung und Einreichung von Angeboten im Rahmen eines öffentlichen Ausschreibungsverfahrens beauftragt wurde. Die Sachverhaltsdarstellung legt nahe, dass die drei Auftraggeber jeweils autonom handelten und sich weder über ihre Angebotspreise noch über die Beauftragung desselben Rechtsberaters verständigt hatten. Ausgehend von einem Angebotsentwurf eines der betroffenen Mandanten erstellte der beauftragte Rechtsberater drei koordinierte Angebote, die sodann im Ausschreibungsverfahren eingereicht wurden. Die Mandanten hatten keine Kenntnis von der durch den Rechtsberater herbeigeführten Koordinierung ihrer Angebote.

b) Koordinierungsinitiative in Fällen der parallelen Beratung entlang der Lieferkette

Ähnliche Erwägungen zur Frage nach der Koordinierungsinitiative lassen sich anstellen, wenn die Auftraggeber nicht miteinander in Wettbewerb stehen, sondern auf vor- bzw. nachgelagerten Märkten tätig sind, es sich etwa um eine Lieferbeziehung handelt.

Im Vertikalverhältnis zwischen Hersteller und Händler besteht prinzipiell ein Interessenkonflikt.[115] Der Händler erwirbt die Ware vom Hersteller zum sog. Herstellerabgabepreis und gibt sie seinerseits weiter an die Verbraucher zum Endpreis.[116] Die Spanne zwischen Herstellerabgabepreis und Endpreis stellt die Handelsspanne dar.[117]

Ob eine horizontale Preiskoordinierung auf der Einzelhandelsebene auf Initiative des Herstellers oder der Händler zustande kommt, hängt unter anderem von der Machtverteilung entlang der Lieferkette ab.[118] Verfügt der Hersteller über eine starke Verhandlungsposition, so kann er möglicherweise gegenüber den Händlern erfolgreich Preispflegemaßnahmen durchsetzen, während sich die Händler dem möglicherweise nur fügen, um die Lieferbeziehung aufrechtzuerhalten.[119] Gemeint sind all solche

---

114 Auch zu der nachfolgenden Sachverhaltsbeschreibung siehe EuGH, Urteil vom 21.7.2016, Rs. C-542/14, Rn. 4 ff. „*VM Remonts*“.

115 *Simon/Fassnacht*, S. 450 f.

116 *Simon/Fassnacht*, S. 433.

117 *Simon/Fassnacht*, S. 433.

118 Vgl. *Mattioli*, JECLAP 2016, 261, 262; *Whelan*, ECJ 2009, 823, 838 f.

119 Vgl. *Stöcker*, WuW 2012, 935, 940.

Maßnahmen, mit denen ein Hersteller versucht, beispielsweise durch Druckausübung oder das Inaussichtstellen von Anreizen, den Händler in seiner Preissetzung, etwa mit Blick auf die Einhaltung unverbindlicher Preisempfehlungen, zu beeinflussen.[120]

Eine horizontale Koordinierung kann jedoch auch auf eine Initiative der Händler zurückgehen. Denkbar ist etwa, dass ein Händler seine Preise erhöhen möchte und den Hersteller um eine entsprechende Einflussnahme auf weitere Händler bittet, um auf diese Weise die wettbewerbstypischen Risiken auszuschalten.[121]

Im Vertikalverhältnis zwischen Hersteller und Händlern sind sodann insbesondere zwei Szenarien denkbar, in denen der Preisberater eine koordinierungsfördernde Rolle übernimmt.

Zum einen könnte der Hersteller, sofern er sich der parallelen Beratung seiner Abnehmer durch den Preisberater bewusst ist, versuchen, durch den Preisberater auf die Preissetzung der Händler Einfluss zu nehmen. Berät der Preisberater zunächst den Hersteller zu der Festlegung unverbindlicher Preisempfehlungen, kann er sodann auch eine entscheidende Rolle in darauffolgenden Preispflegemaßnahmen gegenüber den Händlern einnehmen.

Berät der Preisberater zugleich mehrere Händler des betroffenen Herstellers, so könnte der Preisberater die Einhaltung der unverbindlichen Preisempfehlungen gegenüber den Händlern bestärken. Legt der Preisberater den Händlern seine Verbindung zu dem Hersteller nicht offen, so könnte der Preisberater insoweit im Interesse des Herstellers verdeckt mittelbar Druck ausüben. Denkbar ist jedoch auch, dass der Preisberater die Verbindung zu dem Hersteller offenlegt und sodann als Bote und damit als Forum indirekter Kommunikation zwischen Hersteller und Händler dient. Schließlich kann der Preisberater, der zugleich Hersteller und Händler berät, schlicht die Rolle einer Preisüberwachungsstelle für den Hersteller übernehmen und Preisabweichungen der Händler melden.[122]

---

120 *Wegner/Johannsen*, in: KölnKomm-KartR, Art. 4 Vertikal-GVO Rn. 25 f.

121 Vgl. *Mattioli*, JECLAP 2016, 261, 262; *Röhling/Haus*, KSzW 2011, 32, 35; *Van Cayseele*, JECLAP 2014, 164, 165: *Whelan*, ECJ 2009, 823, 838 f.

122 Siehe auch die parallelen Erwägungen zum Einsatz von Preissoftware in der Überwachung der Einhaltung unverbindlicher Preisempfehlungen, vgl. OECD, Policy Roundtable – Algorithms and Collusion – Note from the European Union, DAF/COMP/WD(2017)12, Rn. 12 ff. Die Europäische Kommission geht unter anderem davon aus, dass der Einsatz von Algorithmen die Überwachung der Einhaltung von unverbindlichen Preisempfehlungen erleichtert, was den Herstellern wiederum eine Sanktionierung von Abweichungen ermöglicht.

Angesichts der in diesem Szenario grundsätzlich gegenläufigen Interessen von Herstellern und Händlern liegt hier, mit Blick auf beratungsethische Grundsätze, zunächst ein Interessenkonflikt im Sinne des § 4 Abs. 2 der BDU-Grundsätze vor. Zum anderen ist die Annahme eines Interessenverrats[123] zulasten der beratenen Händler naheliegend, insbesondere, wenn diese nicht wissen, dass auch der Hersteller durch denselben Preisberater beraten wird, und dessen Preissetzungsempfehlungen vertrauen. Ein in dieser Weise agierender Preisberater setzt sich folglich wissentlich über beratungsethische Grundsätze hinweg. Aus kartellrechtlicher Sicht ist fraglich, inwieweit ein solches Verhalten einen Verstoß gegen das Verbot der vertikalen Preisbindung und damit eine vertikale Wettbewerbsbeschränkung darstellt.[124]

Das zweite denkbare Szenario betrifft demgegenüber eine Preisberatung zum gemeinsamen Vorteil von Hersteller und Händler. Preisberater beschreiben in der Literatur eine Konstellation, in der Hersteller und Händler zunächst gemeinsam einen gewinnmaximierenden Endpreis vereinbaren und sodann über die Festlegung des Herstellerabgabepreises – und damit über die Verteilung der Handelsspanne – verhandeln.[125] In der Praxis erfolge diese Verhandlung häufig im Rahmen von Jahresgesprächen.[126] Denkbar ist jedoch auch, dass Hersteller und Händler einen Preisberater in dieser Situation als Moderator beauftragen. Dieser ist aufgrund seiner regelmäßig angesammelten Branchenexpertise gerade besonders geeignet, diese Aufgabe zu erfüllen. Eine gemeinsame Gewinnmaximierung von Hersteller und Händlern zum gemeinsamen Vorteil setzt unter anderem voraus, dass beide Seiten die Preiselastizitäten der Endabnehmer sowie die Kostenstrukturen ähnlich einschätzen.[127] Stammen die entsprechenden Analysen aus derselben Feder, so zeichnet sich bereits die notwendige Arbeits- und Vertrauensgrundlage für eine derartige Kooperation von Hersteller und Händler ab. Auch bezüglich dieser Fallkonstellation stellt sich die Frage, ob ein Verstoß gegen das Verbot der vertikalen Preisbindung in Betracht kommt oder ob sich eine solche Kooperation von Hersteller und

123 Der strafrechtliche Tatbestand des Parteiverrats gemäß § 356 StGB ist nur auf Rechtsanwälte und sonstige Rechtsbeistände anwendbar. Vorliegend kommt lediglich ein „Parteiverrat“ im untechnischen Sinne, insbesondere im Sinne einer zivilrechtlichen Vertragsverletzung bzw. bereits einer vorvertraglichen Informationspflichtverletzung, in Betracht.

124 Siehe dazu ausführlich Teil 5.B.

125 *Simon/Fassnacht*, S. 447 ff.

126 *Simon/Fassnacht*, S. 450.

127 *Simon/Fassnacht*, S. 452.

Händlern unter Umständen sogar positiv auf den Wettbewerb auswirken kann.

2. Subjektives Element

Der Aspekt der Koordinierungsinitiative setzt sich schließlich fort in der Frage nach dem Kenntnisstand der Beteiligten. So lassen sich auf Sachverhaltsebene verschiedene Konstellationen anhand des subjektiven Moments der Beteiligten differenzieren.

a) Subjektives Element in Fällen der parallelen Beratung von Wettbewerbern

Als Ausgangspunkt soll auch hier zunächst der Fall betrachtet werden, dass die parallel beratenen Mandanten miteinander in Wettbewerb stehen. Aus Sicht der Mandanten lassen sich sodann insbesondere drei Fallgestaltungen differenzieren.

In der ersten denkbaren Fallgestaltung vereinbaren die Wettbewerber, denselben Berater aufzusuchen, um durch die gezielte Unterstützung des Preisberaters künftig eine Preiskoordinierung zu erzielen.[128] In diesem Szenario handeln folglich alle Beteiligten, das heißt sowohl die Mandanten als auch der Preisberater, vorsätzlich hinsichtlich einer künftigen Kartellierung.

Im zweiten denkbaren Szenario fehlt es an einer solchen Vereinbarung sowie an einem derart zielgerichteten Willen der Wettbewerber, jedoch ist allgemein am Markt bekannt, dass alle Wettbewerber durch denselben, marktführenden Preisberater beraten werden. So können Unternehmen etwa durch Gespräche mit Wettbewerbern, durch Wirtschaftsverbände oder auch durch öffentliche Referenzlisten des Preisberatungsunternehmens selbst auf den konkreten Preisberater aufmerksam geworden sein. Die autonom gefasste Entscheidung eines Unternehmens, ebenfalls die Beratungsdienstleistung dieses Preisberaters in Anspruch zu nehmen, kann auf verschiedenen Motiven oder auch einem Bündel von Motiven beruhen. Zunächst kann schlicht ein berechtigtes Interesse an einer professionellen Optimierung der eigenen Preise und an einer Analyse des eigenen Ge-

---

128 Zu der parallelen Fallkonstellation des Einsatzes von Preisalgorithmen siehe *Ezrachi/Stucke*, Virtual Competition, S. 36, 39 ff.

winnpotenzials bestehen. Denkbar ist ferner, dass ein Unternehmen Wettbewerbsnachteile gegenüber seinen Konkurrenten befürchtet. Je mehr Konkurrenten durch dasselbe Preisberatungsunternehmen beraten werden, desto schwerer dürfte dieser Faktor wiegen. Unter diesen Umständen können Unternehmen davon ausgehen, dass der Preisberater aufgrund seiner hervorgehobenen Marktstellung im Bereich der Beratungsdienstleistungen über eine besondere Branchenexpertise verfügt, die auch Wissen aus der Sphäre der Konkurrenten umfasst, und dass diese gesammelte Expertise in eine eigene Beratung Eingang finden würde. Ferner kann die Beauftragung des Preisberaters durch den Wunsch nach einer indirekten Koordinierung mit den Wettbewerbern motiviert sein.[129]

Schließlich ist ein drittes Szenario denkbar, in dem zwar mehrere Wettbewerber durch denselben Preisberater beraten werden, in dem die Wettbewerber jedoch ihrerseits keine Kenntnis von den Parallelmandaten haben.[130]

Von Bedeutung ist jedoch nicht nur der subjektive Wissensstand der Mandanten, sondern auch die Perspektive des Preisberaters. Man wird insoweit unterstellen müssen, dass dieser die Koordinierungsabsicht seiner Mandanten oder wenigstens ein Koordinierungsrisiko stets erkennen können wird.

Geht man zunächst von dem Fall aus, dass die Wettbewerber vereinbart haben, denselben Preisberater zum Zwecke der künftigen Preiskoordinierung aufzusuchen, und tragen sie dem Preisberater sodann ihr ausdrückliches Koordinierungsvorhaben vor, so muss der Preisberater seinerseits erkennen, dass es sich um einen rechtswidrigen Auftrag handelt. In einem solchen Fall liegt ein offensichtlich kartellrechtswidriges Verhalten vor und auch beratungsethische Grundsätze, konkret § 2 Abs. 2 der BDU-Grundsätze, verlangen, dass der Berater einen solchen rechtswidrigen Auftrag ablehnt. Nimmt ein Preisberater diesen Beratungsauftrag dennoch an, so setzt er sich bewusst über beratungsethische Grundsätze hinweg. In subjektiver Hinsicht handelt der Berater vorsätzlich.

Denkbar sind demgegenüber auch Konstellationen, in denen eine mögliche Koordinierungsabsicht, oder auch nur eine Koordinierungshoffnung der Mandanten, nicht ausdrücklich zur Sprache kommt. In diese Kategorie fällt schließlich auch der Fall, dass die Wettbewerber nicht von den Paral-

---

129 Vgl. die parallelen Erwägungen im Kontext von Preisalgorithmen bei *Ezrachi/Stucke*, Virtual Competition, S. 49 f.

130 Vgl. die ähnlichen Umstände in EuGH, Urteil vom 21.7.2016, Rs. C-542/14, Rn. 4 ff. „*VM Remonts*".

lelmandaten ihrer Wettbewerber wissen und insoweit eine Koordinierung als Folge der Beratung nicht einmal für möglich halten. Unabhängig von der Tatsachenkenntnis der Mandanten wird jedoch der Preisberater anhand der Umstände, nämlich schlicht anhand der parallel erteilten und denselben kartellrechtlichen Markt betreffenden Beratungsaufträge, erkennen müssen, dass ein Koordinierungsrisiko bzw. eine Koordinierungsmöglichkeit besteht.[131] Dies wird insbesondere dann anzunehmen sein, wenn innerhalb des Beratungsunternehmens branchenspezialisierte Beraterteams tätig werden, sodass alle Auftraggeber einer Branche demselben Berater bzw. demselben Beraterteam zugeteilt werden.

b) Subjektives Element in Fällen der parallelen Beratung im Lieferantenverhältnis

Auch wenn es sich bei den parallel beratenen Mandanten um Unternehmen handelt, die auf vor- und nachgelagerten Märkten tätig sind, die etwa in einem Lieferantenverhältnis zueinander stehen, lassen sich verschiedene Sachverhaltsausprägungen anhand der Tatsachenkenntnis der Beteiligten bilden.

Zunächst ist eine Konstellation denkbar, in der ein Hersteller beabsichtigt, mithilfe des Preisberaters auf die ebenfalls beratenen Händler in der Weise einzuwirken, dass diese künftig die unverbindlichen Preisempfehlungen des Herstellers einhalten. Auf Seiten des Herstellers und des Preisberaters läge insofern ein vorsätzliches Verhalten vor. Hingegen ist fraglich, ob sich die Händler dieser Situation ebenfalls bewusst sind. Fehlt ihnen sogar die Kenntnis von der parallelen Beratung ihres Lieferanten, so ist davon auszugehen, dass sie auf die Integrität des Preisberaters vertrauen. Der Preisberater wird in einer solchen Konstellation möglicherweise zum Instrument der verdeckten Druckausübung auf die Händler.

Denkbar ist ferner der bereits erwähnte Fall einer Beratung durch den Preisberater zum gemeinsamen Vorteil von Hersteller und Händlern. Dabei vereinbaren Hersteller und Händler zunächst einen gewinnmaximierenden Endpreis. Sodann übernimmt der Preisberater eine wichtige Rolle in der Verhandlung des Herstellerabgabepreises. Während die Interessen von Hersteller und Händlern hinsichtlich des Endpreises gleichlaufen, besteht hinsichtlich des Herstellerabgabepreises, der letztlich über die Vertei-

131 Vgl. auch insoweit den Sachverhalt in EuGH, Urteil vom 21.7.2016, Rs. C-542/14, Rn. 7 „*VM Remonts*".

lung des Gesamtgewinnes entscheidet, ein Interessenkonflikt, dessen Auflösung der Preisberater sodann durch Verhandlungsmoderation sowie Analysen zu Kostenstrukturen und Nachfrageelastizitäten unterstützt. In einem solchen Szenario verfügen alle Beteiligten über umfassende Tatsachenkenntnis und kooperieren willentlich.

B. Definition der im Folgenden zu untersuchenden Fallgruppen

Anhand der soeben dargelegten Kriterien lassen sich die folgenden Fallgruppen bilden, die in der nachfolgenden Analyse näher betrachtet werden sollen. Dabei ist zunächst zwischen horizontalen und vertikalen Koordinierungen zu unterscheiden.

I. Fallgruppen einer horizontalen Koordinierung über den Preisberater

1. Fall 1: Beauftragung aufgrund einer Vereinbarung zwischen den Wettbewerbern

In der ersten Fallgruppe vereinbaren Unternehmen, die miteinander auf einem oder mehreren Märkten in Wettbewerb stehen, denselben Preisberater aufzusuchen, um sich durch diesen künftig in der Preissetzung zu koordinieren. Diese Koordinierungsabsicht wird dem Preisberater auch offengelegt und er erklärt sich bereit, den Auftrag auszuführen.

Denkbar ist ferner eine Abwandlung dieses Szenarios, in dem die Wettbewerber dem Preisberater ihre Absicht nicht ausdrücklich offenlegen. Anhand der Umstände, nämlich der zeitgleichen Beauftragung des Preisberaters durch mehrere Unternehmen, die miteinander in Wettbewerb stehen, zu Produkten desselben sachlichen und räumlichen Marktes, wird der Preisberater die Koordinierungsabsicht seiner Mandanten unschwer durchschauen können. Berät er entsprechend und führt so einen Koordinierungserfolg zwischen seinen Mandanten herbei, so ist dieser Sachverhalt ebenso zu behandeln wie der Ausgangsfall, denn auch in dieser Abwandlung liegt dann eine vorsätzliche Kartellförderungshandlung des Preisberaters vor. In der Praxis würde eine ausdrücklich vorhandene Koordinierungsabsicht der Mandanten, wie sie in dieser Sachverhaltsvariante angenommen wird, wohl jedenfalls mündlich mit dem Berater abgesprochen werden.

Allgemein könnte man in dieser Fallkonstellation daran zweifeln, ob die Einschaltung eines Dritten den ohnehin koordinierungswilligen Wettbewerbern überhaupt einen Mehrwert bringt. Vielmehr könnten die Unternehmen auch ohne die Einschaltung eines Preisberaters unmittelbar untereinander eine Preiserhöhung vereinbaren und zugleich die Beratungskosten umgehen. Es ist jedoch zu berücksichtigen, dass die Preisberatung eine professionelle Preisoptimierung anhand umfassender Marktanalysen umfasst und die Koordinierung über den Dritten zugleich eine direkte Kommunikation zwischen den Wettbewerben über Preisdetails erübrigt, was wiederum eine Aufdeckung des Kartells erschwert.[132]

2. Fall 2: Beauftragung im Bewusstsein der Gegenseitigkeit

Zu diskutieren ist sodann der Fall, dass sich Unternehmen jeweils autonom für die Beauftragung des Preisberaters entscheiden, ihre Entscheidung jedoch motiviert ist durch das Bewusstsein, dass alle relevanten Wettbewerber ebenfalls durch dieses Preisberatungsunternehmen beraten werden. Dabei sind sie sich ebenfalls bewusst, dass durch parallele Beratungen eine Preiskoordinierung in Form einheitlicher Preiserhöhungen erreicht werden kann, bzw. sie hoffen auf eine solche Entwicklung.

Bezogen auf den Preisberater gilt auch hier das bereits im ersten Fall Gesagte. Anhand der Umstände, das heißt der parallelen Beratung von Unternehmen, die miteinander in Wettbewerb stehen, zu Produkten desselben sachlichen und räumlichen Marktes, muss er das Koordinierungspotenzial der Situation erkennen. Berät er entsprechend und führt durch gezielte Beratung einen Koordinierungserfolg herbei, so handelt der Berater bewusst kartellfördernd.

3. Fall 3: Beauftragung aufgrund autonomer Entscheidung der Mandanten bei fehlender Kenntnis von den Parallelmandaten

Zuletzt ist im Bereich der horizontalen Verhaltensabstimmungen der Fall zu untersuchen, dass zwar alle wesentlichen Wettbewerber eines Marktes durch dasselbe Preisberatungsunternehmen beraten werden, die Mandanten jedoch untereinander keine Kenntnis von der parallelen Beratung ha-

132 Zur kartellstabilisierenden Wirkung der Einschaltung von Dritten siehe *Schwartz*, S. 43 f.; *Schwarzkopf*, S. 49 f.; *Van Cayseele*, JECLAP 2014, 164, 165.

ben. Jedes Unternehmen hat sich autonom dafür entschieden, dasselbe Preisberatungsunternehmen zu beauftragen. Referenzen bisheriger Mandate sind nicht öffentlich verfügbar. In dieser Fallgruppe beruht die parallele Konsultierung desselben Preisberaters somit auf individuellen, autonomen Entscheidungen der Mandanten und wird auch nicht durch ein Bewusstsein der Gegenseitigkeit beeinflusst.

Zur Perspektive des Preisberaters gilt auch hier das bereits in den vorherigen Fallgruppen Gesagte. Es wird von dem Szenario ausgegangen, dass der Preisberater die Parallelmandate erkennt und, um allen Mandanten gerecht zu werden, Preisvorschläge der Art trifft, dass es zu einem einheitlichen Preisanstieg auf ein überwettbewerbliches Preisniveau kommt.

II. Fallgruppen einer vertikalen Koordinierung über den Preisberater

1. Fall 4: Einflussnahme auf die Händler im Interesse des Herstellers

Als vierte Fallgestaltung soll der Fall diskutiert werden, dass ein Hersteller mittelbar durch den Preisberater in der Weise auf die ebenfalls beratenen Händler einzuwirken versucht, dass diese künftig die unverbindlichen Preisempfehlungen des Herstellers einhalten. Während Hersteller und Preisberater vorsätzlich handeln, ist fraglich, ob sich die betroffenen Händler dieser Situation ebenfalls bewusst sind.

Im Ausgangsfall soll davon ausgegangen werden, dass die Händler keine Kenntnis haben von der Verbindung zwischen Preisberater und Hersteller. Vielmehr berücksichtigt der Preisberater verdeckt auch im Verhältnis zu den Händlern die Interessen des Herstellers und bestärkt gegenüber den Händlern die unverbindlichen Preisempfehlungen. Der Preisberater wird zum Instrument der verdeckten Druckausübung auf die Händler.

In einer Abwandlung soll der Fall diskutiert werden, dass der Preisberater den Händlern seine Verbindung zu dem Hersteller offenlegt und sodann als Bote zwischen Hersteller und Händlern agiert.

In einer weiteren Abwandlung soll der Fall diskutiert werden, dass der Preisberater, der zugleich Hersteller und Händler berät, die Rolle einer Preisüberwachungsstelle für den Hersteller übernimmt und diesem Preisabweichungen der Händler meldet. In diesem Aspekt wird insbesondere die Verwendung von Preissoftware im Rahmen der Preisberatung relevant, sofern diese geeignet ist, die Preissetzung der Händler in automatisierter Weise zu überwachen.[133]

2. Fall 5: Preisberatung zum gemeinsamen Vorteil von Hersteller und Händlern

Schließlich ist als fünfte Fallkonstellation der bereits erwähnte Fall einer Beratung durch den Preisberater zum gemeinsamen Vorteil von Hersteller und Händlern zu diskutieren. Zunächst vereinbaren Hersteller und Händler einen gewinnmaximierenden Endpreis. Diesbezüglich besteht zwischen Hersteller und Händlern noch ein Interessengleichlauf. Problematisch ist demgegenüber die Verhandlung des Herstellerabgabepreises, der gerade über die Verteilung des Gesamtgewinnes entscheidet, sodass die Interessen insoweit gegenläufig sind.

Der Preisberater übernimmt nun eine entscheidende Rolle in der Preisverhandlung, tritt als Moderator auf und erstellt die notwendigen Analysen zu Kostenstrukturen und Nachfrageelastizitäten. In einem solchen Szenario verfügen alle Beteiligten über umfassende Tatsachenkenntnis und kooperieren willentlich miteinander.

133 Vgl. dazu OECD, Policy Roundtable – Algorithms and Collusion – Note from the European Union, DAF/COMP/WD(2017)12. Siehe auch KOMM., Pressemitteilung vom 24.7.2018, IP/18/4601 zur Verhängung von Bußgeldern gegen verschiedene Hersteller von Unterhaltungselektronik wegen vertikaler Preisbindung unter Einsatz von Preissoftware zur Überwachung der Händlerpreise.

Teil 3: Rechtsökonomischer Hintergrund

Ausgangspunkt der Analyse, insbesondere der das Horizontalverhältnis betreffenden Fallgruppen, ist die Überlegung, dass es durch eine parallele Beratung von Mandanten, die miteinander in Wettbewerb stehen, zu einer horizontalen Preiskoordinierung kommen kann.[134] Dies wirft jedoch zunächst die Frage auf, unter welchen Voraussetzungen, insbesondere unter welchen Marktbedingungen, überhaupt ein realistisches Koordinierungsrisiko besteht.

A. Koordinierungsbegünstigende Marktbedingungen

Die Wirtschaftstheorie hat im Kontext der kollektiven Marktbeherrschung verschiedene Faktoren und Marktbedingungen identifiziert, deren Vorliegen die Entstehung oder Aufrechterhaltung eines koordinierten Gleichgewichts begünstigt.[135] Dies ist insbesondere nur dann der Fall, wenn anhand der Umstände für die beteiligten Unternehmen gerade ein Anreiz besteht, an einem koordinierten Gleichgewicht festzuhalten, und wenn somit gerade kein Anreiz für individuelle Preisvorstöße besteht.[136] Dabei

---

134 In den das Vertikalverhältnis betreffenden Fallgestaltungen kann eine solche horizontale Dimension erschwerend hinzutreten, siehe dazu auch unten Teil 4.B.III. und Teil 5.B.

135 Grundlegend *Stigler*, Journal of Political Economy 1964, 44, 45 f.; KOMM., Leitlinien zur Anwendbarkeit von Art. 101 des Vertrags über die Arbeitsweise der Europäischen Union auf Vereinbarungen über horizontale Zusammenarbeit, ABl. EU 2011 Nr. C 11/1, Rn. 77 ff.; *Schwalbe/Zimmer*, S. 302 ff.; vgl. auch OECD, Policy Roundtable – Oligopoly (1999), DAFFE/CLP(99)25, S. 20 ff.; OECD, Policy Roundtable – Algorithms and Collusion – Note from the European Union, DAF/COMP/WD(2017)12, Rn. 30; siehe auch die Darstellung der historischen Entwicklung von Erkenntnissen der Wirtschaftstheorie zu Koordinierungen im Oligopol bei *Petit*, in: Liannos/Geradin (Hrsg.), Handbook on European Competition Law, S. 259 ff.

136 EuGH, Urteil vom 10.7.2008, Rs. C-413/06 P, Rn. 123 „*Sony*"; EuG, Urteil vom 25.3.1999, Rs. T-102/96, Rn. 276 „*Gencor*"; EuG, Urteil vom 6.6.2002, Rs. T-342/99, Rn. 62 „*Airtours*"; vgl. auch OECD, Policy Roundtable – Oligopoly (1999), DAFFE/CLP(99)25, S. 20 ff.; *Amore*, ECJ 2016, 28, 51 ff.; *Schwalbe/Zimmer*, S. 298 ff., 308 ff.

werden regelmäßig die folgenden vier Faktoren als notwendig identifiziert.[137]

Erstens erfordert eine Verhaltenskoordinierung, dass die Oligopolmitglieder wiederholt und in regelmäßigen Abständen miteinander interagieren.[138] Zweitens ist ein hinreichender Grad an Markttransparenz erforderlich, der es den Oligopolmitgliedern gestattet, die Preissetzung ihrer Konkurrenten zu beobachten und ein mögliches Abweichen vom Gleichgewichtspreis aufzudecken.[139] Erst diese beiden Kriterien ermöglichen die Etablierung eines glaubwürdigen und effektiven Sanktionsmechanismus, der dritten Voraussetzung der Verhaltenskoordinierung im Oligopol.[140] Als Sanktionen kommen beispielsweise Kampfpreisstrategien oder auch eine Flutung des Marktes mit Produkten, das heißt eine erhebliche Erhöhung der Angebotsmenge, in Betracht.[141] Bereits das bloße Bestehen eines Sanktionsmechanismus kann disziplinierende Wirkung entfalten, sodass es nicht tatsächlich zu einer Umsetzung der Sanktionierung kommen muss.[142] Stehen die Unternehmen auf mehreren Märkten miteinander in Wettbewerb, so steigert dies die Sanktionsmöglichkeiten der jeweiligen Unternehmen.[143] Eine abschreckende Wirkung ist schließlich nur dann gegeben, wenn den künftigen Gewinnen – im Vergleich zu kurzfristigen Ge-

---

137 Vgl. statt aller *Schwalbe/Zimmer*, S. 302.

138 *Ivaldi/Jullien/Rey/Seabright/Tirole*, S. 19 f.; *Lubambo*, UCL Journal of Law and Jurisprudence 2015, 135, 136; *Schwalbe/Zimmer*, S. 302, 305 f., 344 f.

139 EuGH, Urteil vom 10.7.2008, Rs. C-413/06 P, Rn. 123 ff. „*Sony*"; EuG, Urteil vom 6.6.2002, Rs. T-342/99, Rn. 62 „*Airtours*"; KOMM., Leitlinien zur Anwendbarkeit von Art. 101 des Vertrags über die Arbeitsweise der Europäischen Union auf Vereinbarungen über horizontale Zusammenarbeit, ABl. EU 2011 Nr. C 11/1, Rn. 77 f.; grundlegend *Stigler*, Journal of Political Economy 1964, 44, 45 f.; *Ivaldi/Jullien/Rey/Seabright/Tirole*, S. 22 ff.; *Schwalbe/Zimmer*, S. 302, 312 ff.; vgl. auch *Gal*, CPI Antitrust Chronicle 2017 (2), 22, 23; *Lubambo*, UCL Journal of Law and Jurisprudence 2015, 135, 136; *Odudu*, ECJ 2011, 205, 216.

140 EuGH, Urteil vom 10.7.2008, Rs. C-413/06 P, Rn. 123 ff. „*Sony*"; EuG, Urteil vom 6.6.2002, Rs. T-342/99, Rn. 62 „*Airtours*"; KOMM., Leitlinien zur Anwendbarkeit von Art. 101 des Vertrags über die Arbeitsweise der Europäischen Union auf Vereinbarungen über horizontale Zusammenarbeit, ABl. EU 2011 Nr. C 11/1, Rn. 85; vgl. auch OECD, Policy Roundtable – Oligopoly (1999), DAFFE/CLP(99)25, S. 20; *Lubambo*, UCL Journal of Law and Jurisprudence 2015, 135, 136; *Odudu*, ECJ 2011, 205, 216; *Schwalbe/Zimmer*, S. 308 ff.

141 *Schwalbe/Zimmer*, S. 308.

142 EuG, Urteil vom 13.7.2006, Rs. T-464/04, Rn. 521 ff. „*Impala*"; *Schwalbe/Zimmer*, S. 311.

143 *Ivaldi/Jullien/Rey/Seabright/Tirole*, S. 48 ff.; *Schwalbe/Zimmer*, S. 349 ff.

winnen – eine hohe Bedeutung zukommt,[144] sodass ein hoher Diskontfaktor als vierte notwendige Voraussetzung gegeben sein muss.[145]

In Literatur und Praxis wurden sodann weitere Kriterien identifiziert, die zur Aufrechterhaltung oder Stabilisierung eines koordinierten Gleichgewichts beitragen können.[146]

Eine Verhaltenskoordinierung wird zunächst durch solche Umstände begünstigt, die die Interessen der beteiligten Unternehmen derart formen oder beeinflussen, dass ein übereinstimmendes Interesse daran besteht, an einem koordinierten Gleichgewicht festzuhalten.[147] Dieser Gedanke spiegelt sich zunächst im Kriterium der Symmetrie der Oligopolmitglieder wider.[148] Je homogener die beteiligten Unternehmen etwa in ihren Kostenstrukturen, Produktangeboten oder Marktanteilen sind, desto wahrscheinlicher ist ein Interessengleichlauf der Unternehmen, mit der Folge, dass sie ähnliche Vorstellungen von einem vorteilhaften, koordinierten Gleichgewicht haben werden.[149] So bestimmt die Kostenstruktur eines Unternehmens darüber, ob es sich für ein Unternehmen lohnt, von einem erzielten Gleichgewicht abzuweichen, oder ob es in der Lage ist, Abweichungen eines Wettbewerbers effektiv zu bestrafen.[150] Bietet ein Unternehmen eine ausdifferenzierte Produktpalette an, so wird es regelmäßig nur an gleichmäßigen Preiserhöhungen für die gesamte Produktkategorie interessiert sein, um eine Abwanderung der Kunden auf günstigere Produkte innerhalb der eigenen Produktpalette (sog. Kannibalisierungseffekte) zu verhindern.[151] Unternehmen, die nur ein Produkt der betroffenen Produktkate-

---

144 KOMM., Leitlinien zur Anwendbarkeit von Art. 101 des Vertrags über die Arbeitsweise der Europäischen Union auf Vereinbarungen über horizontale Zusammenarbeit, ABl. EU 2011 Nr. C 11/1, Rn. 77, 83; *Schwalbe/Zimmer*, S. 308.

145 *Lubambo*, UCL Journal of Law and Jurisprudence 2015, 135, 136; *Schwalbe/Zimmer*, S. 307 f.

146 Dazu ausführlich *Schwalbe/Zimmer*, S. 302, 318 ff.

147 Vgl. *Schwalbe/Zimmer*, S. 318 ff.

148 KOMM., Leitlinien zur Anwendbarkeit von Art. 101 des Vertrags über die Arbeitsweise der Europäischen Union auf Vereinbarungen über horizontale Zusammenarbeit, ABl. EU 2011 Nr. C 11/1, Rn. 77, 82; OECD, Policy Roundtable – Oligopoly (1999), DAFFE/CLP(99)25, S. 25; *Compte/Jenny/Rey*, EER 2002, 1; *Ivaldi/Jullien/Rey/Seabright/Tirole*, S. 15, 35 ff.; *Schwalbe/Zimmer*, S. 326 ff. m.w.N.

149 *Schwalbe/Zimmer*, S. 326.

150 OECD, Policy Roundtable – Oligopoly (1999), DAFFE/CLP(99)25, S. 25; *Ivaldi/Jullien/Rey/Seabright/Tirole*, S. 35 ff.; *Schwalbe/Zimmer*, S. 327 f.

151 *Schwalbe/Zimmer*, S. 331.

gorie anbieten, sind demgegenüber flexibler in ihrer Preissetzung und haben eher einen Anreiz, von einem Gleichgewicht abzuweichen.[152]

Somit lässt sich festhalten, dass ein stabiles, koordiniertes Gleichgewicht insbesondere dann möglich ist, wenn die beteiligten Unternehmen aufgrund gemeinsamer Charakteristika ähnliche Interessen verfolgen und eine ähnliche Vorstellung von dem optimalen Gleichgewichtspreis haben.[153] Je homogener die Unternehmen, desto effektiver ist die wechselseitige Sanktionsandrohung und desto geringer der Anreiz, von dem gemeinsamen Gleichgewicht abzuweichen.[154] Dagegen haben solche Unternehmen, die aus dieser Symmetrie ausbrechen, das Potenzial, zum „Maverick" des Marktes zu werden, der das koordinierte Gleichgewicht durch Preisvorstöße destabilisiert.[155] Diese Rolle können beispielsweise auch solche Unternehmen einnehmen, die über große Überschusskapazitäten[156] oder einen neu erlangten Innovationsvorteil[157] verfügen.

Unter dem Gesichtspunkt der Praktikabilität einer möglichen Verhaltenskoordinierung werden schließlich die Anzahl der Oligopolisten oder strukturelle Verbindungen zwischen den Unternehmen als relevante Faktoren diskutiert.[158] So wird angenommen, dass eine Verhaltenskoordinierung im Oligopol typischerweise mit steigender Anzahl der beteiligten Unternehmen schwieriger umzusetzen und aufrechtzuerhalten ist, insbesondere wenn eine Koordinierung ohne ausdrückliche Kommunikation erzielt werden soll.[159] Strukturelle Verbindungen zwischen den Beteiligten, beispielsweise in Form wechselseitiger Unternehmensbeteiligungen, Forschungskooperationen oder Gemeinschaftsunternehmen begünstigen eine darüber hinausgehende Kooperation, indem sie die Kommunikation erleichtern und Anreize für wettbewerbliches Verhalten verringern.[160]

Schließlich können bestimmte Marktbedingungen das Zustandekommen bzw. die Aufrechterhaltung eines koordinierten Gleichgewichts er-

---

152 *Schwalbe/Zimmer*, S. 331.

153 *Schwalbe/Zimmer*, S. 333.

154 *Schwalbe/Zimmer*, S. 333.

155 OECD, Policy Roundtable – Oligopoly (1999), DAFFE/CLP(99)25, S. 25 f.

156 *Schwalbe/Zimmer*, S. 333.

157 *Schwalbe/Zimmer*, S. 353 ff.

158 KOMM., Leitlinien zur Anwendbarkeit von Art. 101 des Vertrags über die Arbeitsweise der Europäischen Union auf Vereinbarungen über horizontale Zusammenarbeit, ABl. EU 2011 Nr. C 11/1, Rn. 77, 79; vgl. auch *OECD Roundtable*, Oligopoly 1999, DAFFE/CLP(99)25, S. 21 f.; *Amore*, ECJ 2016, 28, 51 ff.; *Overd*, ECLR 2011, 248; *Schwalbe/Zimmer*, S. 319 f., 336.

159 *Ivaldi/Jullien/Rey/Seabright/Tirole*, S. 12 ff.; *Schwalbe/Zimmer*, S. 319.

160 *Schwalbe/Zimmer*, S. 336.

leichtern. So sind etwa hohe Marktzutrittsschranken grundsätzlich förderlich für eine Verhaltenskoordinierung im Oligopol.[161] Neu hinzukommende Anbieter könnten entweder am koordinierten Gleichgewicht teilnehmen, was bei steigender Anbieterzahl, wie bereits ausgeführt, geeignet ist, das Gleichgewicht zu destabilisieren, oder sie könnten das Gleichgewicht von vornherein durch Kampfpreisstrategien beseitigen.[162] Insoweit wirkt bereits die bloße Aussicht auf potenzielle Markteintritte gleichgewichtsdestabilisierend.[163]

B. Implikationen für die Analyse von Fällen paralleler Preisberatung unter Berücksichtigung des möglichen Einsatzes von Preissoftware

Auf Grundlage der soeben erörterten Kriterien soll nun erneut beispielhaft ein Blick auf die Referenzlisten eines Preisberatungsunternehmens geworfen werden. So hieß es dort, dass beispielsweise „40 der 50 führenden Medizintechnik- und Diagnostikunternehmen", „24 der 25 führenden pharmazeutischen Unternehmen", „3 der 4 größten Impfstoffhersteller" sowie „die 5 führenden Biotechnologieunternehmen" beraten wurden.[164] Die tatsächliche Unsicherheit dahingehend, ob Wettbewerber zeitgleich oder in enger zeitlicher Abfolge zu Produkten desselben Marktes beraten wurden, bleibt mangels weiterer Angaben bestehen, jedoch lassen die Referenzen möglicherweise bereits Schlussfolgerungen zu, inwieweit beispielsweise eine bestimmte Branche besonders koordinierungsanfällig ist.

So erscheinen die veröffentlichten Angaben zunächst unter dem Gesichtspunkt der Marktkonzentration problematisch. Aussagen dahingehend, dass „3 der 4 größten Impfstoffhersteller" oder die „5 führenden Biotechnologieunternehmen" beraten werden, legen zunächst ein enges Oligopol nahe, was eine Verhaltenskoordinierung grundsätzlich begünstigen würde.[165] Demgegenüber erscheint eine Verhaltenskoordinierung zwischen „40 der 50 führenden Medizintechnik- und Diagnostikunternehmen" bzw. zwischen „24 der 25 führenden pharmazeutischen Unterneh-

---

161 OECD, Policy Roundtable – Oligopoly (1999), DAFFE/CLP(99)25, S. 23; *Gal*, CPI Antitrust Chronicle 2017 (2), 22, 23; *Ivaldi/Jullien/Rey/Seabright/Tirole*, S. 16; *Schwalbe/Zimmer*, S. 339 ff.

162 *Schwalbe/Zimmer*, S. 339.

163 *Ivaldi/Jullien/Rey/Seabright/Tirole*, S. 16; *Schwalbe/Zimmer*, S. 341.

164 https://www.simon-kucher.com/de/inhalt/pharmazeutika-biotechnik (letzter Aufruf: 18.01.2017).

165 Vgl. *Schwalbe/Zimmer*, S. 319 f.

men“ bereits aufgrund der Anzahl der potenziell beteiligten Unternehmen unwahrscheinlich. Grundsätzlich gilt, dass je größer die Anzahl der beteiligten Unternehmen, desto weniger praktikabel ist eine Verhaltenskoordinierung ohne ausdrückliche Kommunikation.[166] Im Fall der Preisberatung wird an dieser Stelle jedoch der Aspekt der strukturellen Verbindung relevant, sofern man den Begriff der strukturellen Verbindung in dem Sinne weiter fasst, dass auch ein gemeinsamer Preisberater als gemeinsamer Verbindungspunkt der Wettbewerber erfasst ist.[167] Dafür spricht, dass im Wege der parallelen Preisberatung eine Verhaltenskoordinierung voraussichtlich auch bei einer größeren Anzahl von Beteiligten noch praktikabel wäre. Hier übernimmt gerade der Preisberater die inhaltlichen Details der Koordinierung, etwa die Berechnung eines geeigneten Gleichgewichts, und etabliert zugleich den Koordinationsmechanismus, indem er individuelle, auf einer Koordinierungsstrategie beruhende Preisempfehlungen ausspricht. Insoweit wird eine Koordinierung auf indirektem Wege bzw. im Wege indirekter Kommunikation erzielt. Unter dem Gesichtspunkt der Praktikabilität ist somit in Fällen der Preisberatung nicht zwingend ein enges Oligopol erforderlich. Es ist jedoch möglich, dass mit einer steigenden Anzahl beteiligter Unternehmen auch der Grad an Asymmetrie steigt, sodass ein Interessengleichlauf unwahrscheinlicher und die Identifizierung einer gemeinsamen Gleichgewichtsstrategie schwieriger wird.

Zwar lassen sich, abgesehen von dem Beispiel der Impfstoffhersteller, keine Aussagen dazu treffen, welche Produkte oder auch nur welche Produktkategorie von der Preisberatung betroffen ist, jedoch handelt es sich in den genannten Beispielen der Biomedizin und Biotechnologie um forschungsintensive Branchen. So ist zum einen denkbar, dass bereits Forschungs- und Entwicklungskooperationen zwischen verschiedenen, beratenen Unternehmen bestehen, was geeignet ist, eine Verhaltenskoordinierung zu begünstigen.[168] Zugleich ist die Branche damit prinzipiell anfällig für die Entstehung immer neuer Asymmetrien im Markt, etwa durch Innovationen.[169] Demgegenüber kann der hohe Forschungsaufwand seiner-

166 *Schwalbe/Zimmer*, S. 319.

167 Vgl. KOMM., Leitlinien zur Anwendbarkeit von Art. 101 des Vertrags über die Arbeitsweise der Europäischen Union auf Vereinbarungen über horizontale Zusammenarbeit, ABl. EU 2011 Nr. C 11/1, Rn. 77, 79; OECD, Policy Roundtable – Oligopoly (1999), DAFFE/CLP(99)25, S. 21 f.; *Schwalbe/Zimmer*, S. 319 f., 336.

168 Zum Aspekt bereits bestehender struktureller Verbindungen zwischen den Oligopolisten siehe *Schwalbe/Zimmer*, S. 336.

169 Zum Oligopolverhalten in Innovationsmärkten vgl. *Schwalbe/Zimmer*, S. 353 ff.

seits neue Markteintritte erschweren und so eine Marktzutrittsschranke darstellen.[170]

Unabhängig von der konkret betroffenen Branche führt jedoch bereits das Grundkonzept paralleler Preisberatung von Wettbewerbern dazu, dass die beiden für eine Verhaltenskoordinierung essenziellen Voraussetzungen der Markttransparenz und des effektiven Bestrafungsmechanismus vorliegen.[171]

Durch die Bearbeitung paralleler Mandate desselben Marktes erlangt der Preisberater bzw. das branchenspezialisierte Beraterteam innerhalb des Preisberatungsunternehmens umfangreiches Marktwissen.[172] Der Berater erhält dabei Einblick in interne Daten des Unternehmens, beispielsweise zu Kostenstrukturen, jedenfalls in dem Umfang, in dem die Beratung dies erfordert. Berät der Preisberater etwa alle führenden Unternehmen eines bestimmten Marktes zu untereinander substituierbaren Produkten, so erlangt er möglicherweise nahezu umfassendes Marktwissen. Dabei tritt ein hoher Grad an Markttransparenz in der Person des Preisberaters bzw. in der Beratereinheit ein. Ob darüber hinaus auch Markttransparenz zwischen den Wettbewerbern entsteht, hängt von den weiteren Umständen ab. Liegt etwa eine ausdrückliche Kartellabrede zwischen den Wettbewerbern vor, an deren Umsetzung der Preisberater ausdrücklich mitwirkt, könnte der Preisberater neben Preisempfehlungen auch die der Empfehlung zugrundeliegenden Daten weitergeben. Dann läge ein Fall des klassischen indirekten Informationsaustauschs vor und die Markttransparenz würde sich auch auf die Sphäre der Wettbewerber untereinander erstrecken.[173] Denkbar ist jedoch auch, dass der Preisberater die erlangten Informationen nicht unmittelbar weitergibt, sondern dass er nur eine Preisempfehlung gegenüber jedem Mandanten ausspricht. Diese Preisempfehlung wäre wiederum möglicherweise das Resultat von Analysen, denen die umfassende Marktkenntnis des Preisberaters zugrunde lag, und die letztlich auf einer Koordinierungsstrategie beruhte. In einem solchen Fall bestünde die Markttransparenz allein in der Person des Beraters bzw. der Beratereinheit.[174]

---

170 Zu diesem Aspekt vgl. *Schwalbe/Zimmer*, S. 339 ff.

171 Zum Einfluss Dritter auf das Vorliegen bzw. die Herbeiführung koordinierungsbegünstigender Umstände siehe auch *Schwarzkopf*, S. 27 ff., 48 f., 57 ff.

172 Zur Herbeiführung von Markttransparenz durch Kartellgehilfen im Allgemeinen siehe *Schwarzkopf*, S. 38 ff., 48 ff.

173 Vgl. *Schwarzkopf*, S. 49.

174 Ähnlich *Schwarzkopf*, S. 48 f., der eine Bereitstellung aggregierter Marktdaten durch ein beauftragtes Marktforschungsunternehmen diskutiert.

Über die Mitwirkung des Preisberaters kann zudem ein effektiver Sanktionsmechanismus etabliert werden.[175] Zunächst wird es dem Preisberater leicht möglich sein, das im Anschluss an seine Preisberatung erfolgende Preissetzungsverhalten seiner Mandanten zu beobachten. Insbesondere können Preisberater heute automatisierte Preissoftware zum Zwecke einer laufenden, automatisierten Marktbeobachtung und Marktanalyse einsetzen.[176] Zwar könnte ein Wettbewerber bereits selbst festgestellt haben, dass ein Konkurrent von dem Gleichgewicht abgewichen ist, jedoch könnte hier auch der Preisberater die Rolle des Hinweisgebers einnehmen. Lag bereits von Anfang an eine ausdrückliche Kartellabrede zwischen den Mandanten vor und war der Berater in diese Abrede eingeweiht, so könnte ferner vereinbart werden, dass der Preisberater die Einhaltung der Abrede überwachen, über Preisvorstöße einzelner Beteiligter informieren und Vorschläge für Sanktionsmaßnahmen unterbreiten soll. Ein solches Sanktionssystem würde den Anreiz für Abweichungen von dem Gleichgewicht nochmals verringern.[177]

Ein über den Preisberater ablaufender, indirekter „Sanktionsmechanismus" kann jedoch auch bestehen, wenn die Mandanten ihrerseits keine Kenntnis von der Koordinierung haben und schlicht den Empfehlungen des Beraters folgen (vgl. dazu Fall 3). Handelt es sich beispielsweise um einen über einen längeren Zeitraum bestehenden Beratungsauftrag, könnte der Preisberater das beratene Unternehmen schlicht auf Preisänderungen der Konkurrenten und notwendige Anpassungen hinweisen, ohne dabei ausdrücklich auf die bestehende Koordinierung einzugehen.

Der Sanktionsmechanismus kann schließlich durch den zusätzlichen Einsatz von Preissoftware besonders effizient gestaltet werden.[178] Einerseits

---

175 Zur Etablierung eines Sanktionsmechanismus unter Einschaltung von Kartellgehilfen im Allgemeinen siehe auch *Schwarzkopf*, S. 57 ff.

176 Zu den Funktionen moderner Preissoftware bereits oben Teil 1.C.II.

177 Vgl. auch die ähnlichen Erwägungen im Kontext von Preisalgorithmen, z.B. OECD, Policy Roundtable – Algorithms and Collusion – Note by the United States, DAF/COMP/WD(2017)41, Rn. 5; *Ezrachi/Stucke*, Two Artificial Neural Networks, S. 4 f.; *Gal*, CPI Antitrust Chronicle 2017(2), 22, 24.

178 Ausführlich zu algorithmenbasiertem Parallelverhalten (*„algorithmic tacit collusion"*) und der Frage, inwiefern in Fällen des Einsatzes von Algorithmen die typischen Oligopolvoraussetzungen erfüllt sind, siehe z.B. OECD, Policy Roundtable – Algorithms and Collusion – Note from the European Union, DAF/COMP/WD(2017)12, Rn. 29 f.; *Ballard/Naik*, CPI Antitrust Chronicle 2017(2), 29; *Capobianco/Gonzaga*, CPI Antitrust Chronicle 2017 (2), 16, 17 ff.; *Ezrachi/Stucke*, Virtual Competition, S. 60 ff.; *Ezrachi/Stucke*, Algorithmic Collusion, Rn. 7 ff.; *Gal*, CPI Antitrust Chronicle 2017(2), 22, 24; *Picht/Freund*, S. 7 ff.

könnte der Berater selbst eine solche Software zum Zwecke der Erstellung von Marktanalysen als Grundlage seiner Beratung einsetzen. Zum anderen kann ein Beratungsunternehmen eine hauseigene Preissoftware entwickeln, die es sodann als Teil seiner Beratungsleistung seinen Mandanten zur fortgesetzten unternehmensinternen Anwendung überlässt. Preissoftware kann dazu beitragen, die erarbeitete Preisstrategie im Unternehmen umzusetzen und sie auf Dauer, mit den notwendigen Anpassungen, aufrechtzuerhalten. So könnte die Software etwa Preisveränderungen am Markt kontinuierlich beobachten und die Preise der Mandanten automatisiert und in Echtzeit nach vorgegebenen Strategien anpassen.[179] Ein solch automatisierter Bestrafungsmechanismus verringert wirkungsvoll den Anreiz für individuelle Preisvorstöße.[180]

179 Zu der grundsätzlichen Funktionsweise solcher Software siehe bereits oben Teil 1.C.II.

180 *Ezrachi/Stucke*, Virtual Competition, S. 63; *Ezrachi/Stucke*, Two Artificial Neural Networks, S. 4 f.; *Ezrachi/Stucke*, Algorithmic Collusion, Rn. 9; *Gal*, CPI Antitrust Chronicle 2017(2), 22, 24; *Picht/Freund*, S. 7.

Teil 4: Kartellrechtliche Grundlagen der Behandlung von Dreiecksverhältnissen („hub and spoke")

Den eingangs definierten Fallgruppen der Preisberatung liegt jeweils eine Dreieckskonstellation dergestalt zugrunde, dass die Gesamtheit der individuellen vertikalen Vertragsbeziehungen, hier die parallel bestehenden Beratungsverträge zwischen dem Preisberater und dem jeweiligen Mandanten, möglicherweise eine horizontal preiskoordinierende Wirkung entfalten kann. Als Ausgangspunkt der nachfolgenden Analyse soll daher der kartellrechtliche Rahmen für die Behandlung von Dreiecksverhältnissen erörtert werden.

A. Begriff des „hub and spoke"-Kartells

Im kartellrechtlichen Kontext werden Dreieckssachverhalte typischerweise unter dem Begriff des „hub and spoke"-Kartells (bzw. der *„hub and spoke"-conspiracy*) diskutiert.[181] Das Konzept greift begrifflich auf das Bild des Rades – *hub* (Radnabe) und *spoke* (Speiche) – zurück[182] und erfasst Sachverhalte, in denen eine horizontale Koordinierung auf indirektem Wege über einen Dritten als dem gemeinsamen Verbindungspunkt erzielt wird.[183]

Ausgehend von entsprechenden Anwendungsfällen in der Praxis befasst sich die Diskussion primär mit Dreieckssachverhalten im Lieferantenverhältnis. Dies betrifft zunächst Fälle vertikaler Preisbindung, in denen ein

181 Vgl. *Faull/Nikpay*, Rn. 3.147; *Wolf*, in: MünchKomm-WettbR, Art. 101 AEUV Rn. 509.

182 Der Begriff stammt ursprünglich aus dem US-amerikanischen Recht, vgl. *Falls/Saravia*, ABA Section of Antitrust Law 2015, 9; *Prewitt/Fails*, Competition Law and Policy Debate 2015 (2), 63, 67; zum Ursprung der Metapher siehe auch *Orbach*, The Antitrust Source 2016, 1, 4 f.

183 Vgl. etwa OECD, Policy Roundtable – Algorithms and Collusion – Note from the European Union, DAF/COMP/WD(2017)12, Rn. 26; *Amore*, ECJ 2016, 28; *De Stefano*, JECLAP 2015, 689; *Hainz/Benditz*, EuZW 2012, 686; *Kling/Thomas*, § 19 Rn. 123; *McCabe*, ECLR 2012, 452; *Richter/Niggemann*, in: FS Schroeder 2018, 683, 691; *Sahuguet/Walckiers*, JECLAP 2014, 711; *Solek*, JECLAP 2017, 15, 23; *Stöcker*, WuW 2012, 935; *Whelan*, ECJ 2009, 823 ff.; *Zampa/Buccirossi*, Competition Law International 2013, 91.

Hersteller bzw. ein Lieferant mehreren Händlern Festpreise vorgibt oder versucht, unverbindliche Preisempfehlungen mittels Druckausübung durchzusetzen, was im Ergebnis zu einer horizontalen Preiskoordinierung zwischen den betroffenen Händlern führt.[184] In diesem Fall tritt der Hersteller bzw. Lieferant als „hub" auf, der eine horizontale Koordinierung zwischen den Händlern, den „spokes", herbeiführt. Dabei kann die Koordinierungsinitiative entweder auf den Hersteller oder aber auf einen der beteiligten Händler zurückgehen, je nach dem, wie sich die Machtverhältnisse entlang der Lieferkette gestalten.[185]

Umgekehrt kann die horizontale Koordinierung auch auf der vorgelagerten Marktstufe, das heißt zwischen den Herstellern bzw. Lieferanten zustande kommen und ein gemeinsamer Händler insoweit zum „hub" werden.[186]

---

184 Das Bundeskartellamt verfolgte verschiedene Fälle vertikaler Preisbindung im Lebensmitteleinzelhandel, namentlich in den Bereichen Süßwaren (Az. B10-40/14, B10-41/14 u.a.), Kaffee (Az. B10-50/14) und Tiernahrung, die das Amt zur Veröffentlichung einer entsprechenden Handreichung veranlassten, vgl. BKartA, WuW 2010, 786 sowie zuletzt BKartA, Hinweispapier zum Preisbindungsverbot im Lebensmitteleinzelhandel (Juli 2017); besprechend *Liesegang*, WuW 2012, 1036; *Röhling/Haus*, KSzW 2011, 32. Aufmerksamkeit erzielten auch Fälle aus der britischen Anwendungspraxis, insbesondere *Argos Ltd. Littlewoods Ltd. v Office of Fair Trading* [2004] CAT 24 (Toys) und *JJB Sports plc v Office of Fair Trading* [2004] CAT 17 (Replica Football Kit) sowie die Entscheidung des Court of Appeals in derselben Sache [2006] EWCA Civ 1318; siehe auch *Imperial Tobacco Group and Imperial Tobacco v Office of Fair Trading* [2011] CAT 41 (Tobacco) und *Tesco Stores, Tesco Holdings, Tesco PLC v Office of Fair Trading* [2012] CAT 31 (Dairy). Siehe außerdem die Entscheidung der belgischen Kartellbehörde vom 22.6.2015, N° ABC-2015-I/O-19-AUD, besprechend *Mattioli*, JECLAP 2016, 261 f. Aus der Literatur siehe u.a. *Amore*, ECJ 2016, 28; *Fall/Nikpay*, Rn. 3.147; *Hainz/Benditz*, EuZW 2012, 686 ff.; *Lubambo*, UCL Journal of Law and Jurisprudence 2015, 135, 139; *McCabe*, ECLR 2012, 452; *Odudu*, ECJ 2011, 205 f.; *Röhling/Haus*, KSzW 2011, 32, 34 f.; *Rottmann/Göhsl*, WuW 2019, 348, 351; *Sahuguet/Walckiers*, JECLAP 2014, 711; *Stöcker*, WuW 2012, 935 f.; *Van Cayseele*, JECLAP 2014, 164; *Whelan*, ECJ 2009, 823, 826; *Zampa/Buccirossi*, Competition Law International 2013, 91, 98.

185 Von einer Initiative der Händler ausgehend *Amore*, ECJ 2016, 28, 35; *Röhling/Haus*, KSzW 2011, 32, 35; von einer Initiative des Herstellers ausgehend *Stöcker*, WuW 2012, 935, 944; beide Szenarien diskutierend *Mattioli*, JECLAP 2016, 261 f.; *Van Cayseele*, JECLAP 2014, 164, 165; *Whelan*, ECJ 2009, 823 f.

186 In diese Kategorie fallen unter anderem die bedeutendsten „hub and spoke"-Fälle der US-amerikanischen Anwendungspraxis, vgl. *Interstate Circuit v. United States*, 306 U.S. 208 (1939); *Toys R Us v. FTC*, 221 F.3d 928 (2000); *United States v. Apple*, 12 Civ. 2862 (DLC 2013), Opinion & Order. Aus der deutschen und europäischen Anwendungspraxis werden teilweise auch die Hotelbuchungsfälle

Dieser Fokus in Anwendungspraxis und Literatur auf das Verhältnis zwischen Händlern und Lieferanten soll jedoch nicht darüber hinweg täuschen, dass „hub and spoke"-Konstellationen auch außerhalb von Lieferketten möglich sind.[187] Vielmehr kann potenziell jeder Dritte, das heißt jeder, der weder Teil der wirtschaftlichen Einheit eines bereits beteiligten Unternehmens ist noch mit den weiteren Beteiligten in Wettbewerb steht, die Rolle des „hub" einnehmen und eine horizontale Koordinierung fördern. Zu denken ist dabei insbesondere an Beratungsunternehmen und Marktforschungsinstitute.[188] Ansatzpunkte für eine Kartellkoordinierung durch den Dritten können dabei neben Preisen auch das Angebotsvolumen oder die Gewinnmarge sein.[189] Die Mitwirkung eines Dritten wirkt sich auf horizontaler Ebene regelmäßig kartellstabilisierend aus.[190]

Beispiele aus der Anwendungspraxis zeigen zudem deutlich die für „hub and spoke"-Kartelle typische Mischung horizontaler und vertikaler Elemente,[191] die dazu führt, dass diese Fallgestaltungen auch als atypische Koordinierungen bezeichnet werden.[192] Aus der Atypik der Fallgestaltungen folgt schließlich die Frage, inwieweit sich die traditionellen dogmatischen Grundlagen des Art. 101 Abs. 1 AEUV auf Dreieckskonstellationen übertragen lassen.

Die in Theorie und Praxis diskutierten Fälle, denen ein solcher Dreieckssachverhalt zugrunde liegt, lassen sich in zwei Kategorien einteilen: Zum einen solche Entscheidungen und Stellungnahmen in der Literatur, in denen der Fokus auf der Haftung des Dritten (Haftung des „hub") liegt, zum anderen Entscheidungen und Stellungnahmen in der Literatur, die sich mit der Haftung auf der horizontalen Ebene (Haftung der „spokes") befas-

---

dieser Kategorie zugeordnet, u.a. BKartA, Entscheidung vom 20.12.2013, Az. B9-66/10 „*HRS Bestpreisklausel*"; siehe dazu auch *Amore*, ECJ 2016, 28, 31 ff.; *Faull/Nikpay*, Rn. 3.147; *Rottmann/Göhsl*, WuW 2019, 348, 351; *Zampa/Buccirossi*, Competition Law International 2013, 91, 94 f.

187 Vgl. *De Stefano*, JECLAP 2015, 689; *Rottmann/Göhsl*, WuW 2019, 348, 352; *Schwartz*, S. 86 f.; *Solek*, JECLAP 2017, 15, 23; *Van Cayseele*, JECLAP 2014, 164, 166.

188 *De Stefano*, JECLAP 2015, 689; *Doetsch*, S. 23 ff.; *Rottmann/Göhsl*, WuW 2019, 348, 352; *Schwartz*, S. 86 f.; siehe insbesondere EuGH, Urteil vom 22.10.2015, Rs. C-194/14 P, Rn. 7 f. „*AC Treuhand*".

189 *Van Cayseele*, JECLAP 2014, 164, 166 f.

190 *Van Cayseele*, JECLAP 2014, 164, 165; vgl. auch *Schwarzkopf*, S. 49 f.

191 *Amore*, ECJ 2016, 28, 29; *McCabe*, ECLR 2012, 452; *Sahuguet/Walckiers*, JECLAP 2014, 711.

192 Vgl. *Mattioli*, JECLAP 2016, 261, 263; *Prewitt/Fails*, Competition Law and Policy Debate 2015 (2), 63; *Stöcker*, WuW 2012, 935, 936 f.

sen. Beide Fallkategorien nehmen damit unterschiedliche Perspektiven ein und beantworten unterschiedliche dogmatische Fragestellungen.

Die Entscheidungen, in denen die Haftung des Dritten („hub") im Fokus steht, befassen sich mit den Voraussetzungen der Kartellbeteiligung im Anwendungsbereich des Art. 101 Abs. 1 AEUV.[193] Diese Fälle werden häufig unter dem Stichwort des „Kartellgehilfen" diskutiert.[194] Die bislang wichtigste Entscheidung in dieser Fallkategorie ist die Entscheidung des EuGH in der Sache *„AC Treuhand"*[195], gefolgt von der im Anschluss ergangenen Entscheidung des EuG in der Sache *„ICAP"*[196].

Die Entscheidungen, in denen der Fokus auf der Haftung der „spokes" liegt, befassen sich hingegen mit der Frage, unter welchen Voraussetzungen in Dreieckssachverhalten zwischen den „spokes" ein Abstimmungstatbestand im Sinne des Art. 101 Abs. 1 AEUV gegeben ist.[197] Dabei liegt der Schwerpunkt wiederum regelmäßig auf dem Tatbestandsmerkmal der aufeinander abgestimmten Verhaltensweise. Dieser Kategorie lassen sich aus der Unionspraxis insbesondere die Entscheidungen *„Eturas"*[198] und *„VM Remonts"*[199] zuordnen sowie die in einigen nationalen Entscheidungen und in der Literatur diskutierte Fallkonstellation des indirekten Informationsaustauschs, häufig auch als „A-B-C-Informationsaustausch" bezeichnet.[200]

193 Näher dazu unten Teil 4.C.

194 Grundlegend zum Begriff des Kartellgehilfen sowie zu den dogmatischen Fragen der Kartellmittäterschaft und Kartellbeteiligung siehe *Bremer*, S. 6 ff.; *Jüchser*, S. 105 ff.; *Otto*, S. 32 ff.; *Schwartz*, S. 43 f.

195 EuGH, Urteil vom 22.10.2015, Rs. C-194/14 P *„AC Treuhand"*.

196 EuG, Urteil vom 10.11.2017, Rs. T-180/14 *„ICAP"*, bestätigt durch EuGH, Urteil vom 10.7.2019, Rs. C-39/18 P *„ICAP"*.

197 Vgl. *Kling/Thomas*, § 19 Rn. 123.

198 EuGH, Urteil vom 21.01.2016, Rs. C-74/14 *„Eturas"*; zur Einordnung der *„Eturas"*-Entscheidung als „hub and spoke"-Fall, siehe auch *Ylinen*, NZKart 2018, 19, 20.

199 EuGH, Urteil vom 21.7.2016, Rs. C-542/14 *„VM Remonts"*.

200 Ausgangspunkt der Diskussion waren die britischen „A-B-C"-Fälle, vgl. *Argos Ltd. Littlewoods Ltd. v Office of Fair Trading* [2004] CAT 24 (Toys) und *JJB Sports plc v Office of Fair Trading* [2004] CAT 17 (Replica Football Kit) sowie die Entscheidung des Court of Appeals in derselben Sache [2006] EWCA Civ 1318. Grundlegend zum indirekten Informationsaustausch *Odudu*, ECJ 2011, 205; *Stöcker*, WuW 2012, 935; *Whelan*, ECJ 2009, 823; siehe auch *Hainz/Benditz*, EuZW 2012, 686; *Kling/Thomas*, § 19 Rn. 123.

B. Die horizontale Dimension von „hub and spoke"-Kartellen: Vorliegen einer Vereinbarung oder aufeinander abgestimmten Verhaltensweise zwischen den „spokes"

In Literatur und Praxis finden sich nicht nur terminologische Unterschiede, sondern auch unterschiedliche analytische Ansätze hinsichtlich der Frage, unter welchen Voraussetzungen zwischen Unternehmen auf indirektem Wege über einen Dritten eine Vereinbarung oder aufeinander abgestimmte Verhaltensweise im Sinne des Art. 101 Abs. 1 AEUV zustande kommt.

In terminologischer Hinsicht ist teilweise von „hub and spoke"-Kartellen die Rede, teilweise von Sternverträgen, indirektem Informationsaustausch oder auch „A-B-C-Informationsaustausch". Diese Begriffe sind, wie zu zeigen sein wird, keinesfalls synonym zu verstehen.[201] Vielmehr handelt es sich um unterschiedliche Ausprägungen von Dreieckskonstellationen im kartellrechtlichen Kontext. Diese Unterschiede auf der Sachverhaltsebene sowie in terminologischer Hinsicht setzen sich schließlich in unterschiedlichen rechtlichen Erwägungen im Rahmen des Art. 101 Abs. 1 AEUV fort.

Im Folgenden soll daher zunächst im Sinne einer Bestandsaufnahme erörtert werden, welche Lösungsansätze in Literatur und Praxis bisher für die Annahme einer Haftung im Horizontalverhältnis, das heißt im Verhältnis der „spokes" untereinander, entwickelt wurden. Zu diesem Zweck erfolgt in einem ersten Schritt eine Auswertung von Entscheidungen von Kartellbehörden und Gerichten, die sich mit Dreieckskonstellationen befassten. Neben Entscheidungen des Bundeskartellamtes und deutscher Gerichte wird auf nationaler Ebene auch die britische Anwendungspraxis betrachtet, die die juristische Diskussion insbesondere in Bezug auf den „A-B-C-Informationsaustausch" ursprünglich maßgeblich vorantrieb.[202] Sodann erfolgt eine Auseinandersetzung mit der europäischen Praxis. Gerade in jüngerer Vergangenheit widmete sich auch der EuGH der Analyse von

---

201 Lediglich der indirekte Informationsaustausch und der „A-B-C-Informationsaustausch" können synonym verstanden werden, wobei letzterer Begriff von der britischen Anwendungspraxis geprägt wurde. Siehe dazu sogleich Teil 4.B.I.2. Zu den begrifflichen Differenzierungen siehe insbesondere BKartA/Autorité de la Concurrence, Algorithms and Competition (2019), S. 31 ff.; siehe auch *Paschke*, in: MünchKomm-WettbR, Art. 101 AEUV Rn. 185.

202 Vgl. *Odudu*, in: Liannos/Geradin (Hrsg.), Handbook on European Competition Law, S. 242, 246.

Dreieckskonstellationen im Kartellrecht, insbesondere in den Entscheidungen „*Eturas*" und „*VM Remonts*".

Die in Anwendungspraxis und Literatur vorgefundenen Lösungsansätze sollen sodann in einem zweiten Schritt kategorisiert werden, um in einem letzten Schritt geeignete Kriterien und Ansätze für die Analyse der eingangs definierten Fälle der Preisberatung identifizieren zu können.

I. Lösungsansätze in der Anwendungspraxis

1. Deutschland

In der deutschen Anwendungspraxis wurden Dreieckskonstellationen ursprünglich unter dem Begriff des „Sternvertrags" und vor dem Hintergrund der vor der 7. GWB-Novelle geltenden Rechtslage diskutiert. In jüngerer Zeit befasste sich die deutsche Kartellverfolgung insbesondere mit Dreieckskonstellationen im Lebensmitteleinzelhandel.

a) Die Rechtsfigur des Sternvertrags in der deutschen Rechtsprechung

Ursprünglich wurden Dreieckskonstellationen in der deutschen Anwendungspraxis zunächst unter dem Begriff des Sternvertrags diskutiert.[203] Dies betraf Fälle, in denen miteinander in Wettbewerb stehende Unternehmen jeweils einen vertikalen Vertrag mit demselben Vertragspartner schlossen und durch diese Vertikalabrede zu einem horizontal gleichförmigen Verhalten veranlasst wurden.[204] Die Beteiligung an dem Vertikalverhältnis bewirkte zwangsläufig eine horizontale Abstimmung.[205]

Die Rechtsfigur des Sternvertrags geht zurück auf die Entscheidung des BGH in der Sache „*Zementverkauf Niedersachsen II*" aus dem Jahr 1975.[206] Der BGH befasste sich in dieser Entscheidung mit einer Kombination aus

---

203 Vgl. *Hainz/Benditz*, EuZW 2012, 686; *Kling/Thomas*, § 19 Rn. 122 f.

204 Vgl. BKartA, Beschluss vom 9.1.2001, Az. B1-63/00 Rn. 2.1 „*Transportbeton*"; *Kling/Thomas*, § 5 Rn. 137, § 19 Rn. 122.

205 BKartA, Beschluss vom 9.1.2001, Az. B1-63/00 Rn. 2.1 „*Transportbeton*" unter Bezugnahme auf KG, Beschluss vom 16.10.1985, Az. Kart 1/85, WuW/E OLG 3676 f. „*Baumarkt-Statistik*".

206 BGH, Beschluss vom 19.6.1975, Az. KVR 2/74, BGHZ 65, 30 „*Zementverkaufsstelle Niedersachsen II*"; siehe auch *Richter/Niggemann*, in: FS Schroeder 2018, 683, 691 f.

Horizontal- und Vertikalabsprachen, gebrauchte dabei jedoch zu diesem Zeitpunkt selbst noch nicht den Begriff des Sternvertrags.[207]

Grundlegend, insbesondere auch für die Begrifflichkeit, war sodann die „*Sternvertrag*"-Entscheidung des OLG Düsseldorf aus dem Jahr 1990, die sich ausdrücklich auf die genannte Entscheidung des BGH bezog.[208] Die Entscheidung befasste sich mit den zwischen Taxi-Unternehmern und der Taxi-Zentrale geschlossenen Anschlussverträgen. Es handelte sich dabei um ein Netz vertikaler Vereinbarungen im Sinne des § 1 GWB, die die entgeltliche Fahrtenvermittlung umfassend, einschließlich etwa der Reihenfolge der Auftragsvergabe, der Schichtenanzahl sowie der Schichtendauer, regelte. Dies führte letztlich zu einem gleichförmigen Vorgehen der Taxi-Unternehmer „auf dem Markt der Taxi- und Mietwagenfahrten".[209] In der „gleichförmige[n] Unterwerfung" der Beteiligten unter dieses vertragliche Regelwerk sah das OLG Düsseldorf in subjektiver Hinsicht ein „allseitige[s] Einverständnis mit den übrigen in das Reglement einbezogenen Verhaltensregeln [...], die mit der Fahrtenvermittlung eigentlich nichts zu tun hatten".[210]

Zu beachten ist jedoch, dass die Figur des Sternvertrags vor dem Hintergrund der vor der 7. GWB-Novelle geltenden, unterschiedlichen Regelungen für horizontale und vertikale Wettbewerbsbeschränkungen entwickelt wurde. So unterlagen vertikale Wettbewerbsbeschränkungen etwa nur einer Missbrauchsaufsicht.[211] Da § 1 GWB seit der 7. GWB-Novelle horizontale und vertikale Wettbewerbsbeschränkungen gleichermaßen erfasst, wird die Bedeutung der Rechtsfigur des Sternvertrags heute als rückläufig eingestuft.[212]

---

207 BGH, Beschluss vom 19.6.1975, Az. KVR 2/74, BGHZ 65, 30 Rn. 13 „*Zementverkaufsstelle Niedersachsen II*".

208 OLG Düsseldorf, Urteil vom 12.6.1990, Az. U (Kart) 10/90, WuW/E OLG 4691 f. „*Sternvertrag*"; siehe außerdem OLG Düsseldorf, Urteil vom 8.5.1990, Az. U (Kart) 25/89, WuW/E OLG 4599 f. „*Abschlepp-Gemeinschaft*" und BGH, Urteil vom 12.11.2002, Az. KZR 11/01, BGHZ 152, 347 ff. Rn. 12 „*Ausrüstungsgegenstände für Feuerlöschzüge*".

209 OLG Düsseldorf, Urteil vom 12.6.1990, Az. U (Kart) 10/90, WuW/E OLG 4691 f. „*Sternvertrag*".

210 OLG Düsseldorf, Urteil vom 12.6.1990, Az. U (Kart) 10/90, WuW/E OLG 4692 „*Sternvertrag*".

211 Siehe die rechtshistorische Darstellung bei *Grave/Nyberg*, in: Loewenheim et al., Vor §§ 1 bis 3 GWB Rn. 8 ff.; *Zimmer*, in: Immenga/Mestmäcker, § 1 GWB Rn. 2.

212 *Kling/Thomas*, § 19 Rn. 122; siehe jedoch zuletzt BGH, Urteil vom 29.1.2019, Az. KZR 4/17 „*Teilnehmerdaten V*".

b) Jüngere Verwaltungspraxis des Bundeskartellamts

In jüngerer Zeit befasste sich das Bundeskartellamt insbesondere im Lebensmitteleinzelhandel mit einer Vielzahl von Dreieckssachverhalten.[213]

In der Sache *„Kaffee"* ermittelte das Bundeskartellamt gegen den Kaffeehersteller Melitta und verschiedene Lebensmitteleinzelhändler (Edeka, Rewe, Kaufland, Metro und Rossmann) wegen diverser Maßnahmen der vertikalen Preisbindung.[214] Melitta hatte mit den Lebensmitteleinzelhändlern eine Vereinbarung erzielt, der zufolge die Händler ein bestimmtes Mindestpreisniveau einhalten sollen, „wenn und soweit Melitta dafür sorgt, dass auch die wesentlichen Wettbewerber auf der Handelsseite dieses Mindestniveau der Endverkaufspreise einhalten."[215] Die Umsetzung dieser Vereinbarung basierte unter anderem auf einem Druck- und Anreizsystem von Melitta, das Anreize in Gestalt von Einmalzahlungen vorsah und Drohungen, beispielsweise mit der Nichtzahlung von Werbekostenzuschüssen, beinhaltete.[216] Zugleich führte Melitta ein Preisüberwachungssystem ein und intervenierte gegen abweichende Händler.[217] Das Bundeskartellamt stellte ferner fest, dass Melitta relevante Informationen der beteiligten Händler wechselseitig übermittelte.[218]

Ähnliche Konstellationen lagen den Verfahren des Bundeskartellamtes gegen Süßwarenhersteller zugrunde.[219] So hatte etwa Haribo Preispflegestrategien gegenüber verschiedenen Lebensmitteleinzelhändlern (Edeka, Rewe, Kaufland, Metro und in diesem Fall auch Aldi Nord, Aldi Süd und Lidl) verfolgt,[220] denen die Händler unter der Bedingung Folge leisteten, dass Haribo auf die weiteren Händler, insbesondere Aldi Nord und Aldi Süd, dahingehend einwirken sollte, dass diese die neuen, höheren Min-

---

213 Die nachfolgenden Entscheidungen des BKartA besprechend *Mattioli*, JECLAP 2016, 261, 264; *Röhling/Haus*, KSzW 2011, 32; *Schwartz*, S. 92 f.; *Solek*, JECLAP 2017, 15, 24; grundlegend und veranlasst durch den Abschluss diverser Verfahren im Lebensmitteleinzelhandel: BKartA, Hinweispapier zum Preisbindungsverbot im Lebensmitteleinzelhandel (2017), wobei das BKartA „hub and spoke"-Kartelle ausdrücklich aus dem Themenkomplex des Hinweispapiers ausnahm, vgl. dort Rn. 5.

214 BKartA, Fallbericht vom 18.1.2016, Az. B10-50/14 *„Kaffee"*.

215 BKartA, Fallbericht vom 18.1.2016, Az. B10-50/14, S. 2 *„Kaffee"*.

216 BKartA, Fallbericht vom 18.1.2016, Az. B10-50/14, S. 2 f. *„Kaffee"*.

217 BKartA, Fallbericht vom 18.1.2016, Az. B10-50/14, S. 3 f. *„Kaffee"*.

218 BKartA, Fallbericht vom 18.1.2016, Az. B10-50/14, S. 3 *„Kaffee"*.

219 Vgl. u.a. BKartA, Fallbericht vom 14.12.2016, Az. B10-40/14 *„Haribo"* und BKartA, Fallbericht vom 18.6.2015, Az. B10-41/14 *„Ritter"*.

220 BKartA, Fallbericht vom 14.12.2016, Az. B10-40/14 S. 1 f. *„Haribo"*.

destpreise ebenfalls umsetzten.[221] Das von Haribo sodann eingeführte Preisüberwachungssystem begründete ein System der wechselseitigen Überwachung, in dem die Händler Verstöße der Konkurrenten bei Haribo meldeten, mit der Folge, dass Haribo gegen den abweichenden Händler einschreiten konnte und sollte.[222]

Dieser Hintergrund veranlasste das Bundeskartellamt 2010 zu der Veröffentlichung einer Handreichung zur vertikalen Preisbindung und mittelbaren horizontalen Abstimmungen der Endverbraucherpreise.[223] Auch diese Handreichung befasst sich schwerpunktmäßig mit den verschiedenen Ausprägungen der vertikalen Preisbindung. So geht das Bundeskartellamt zunächst dann von einem Verstoß gegen Art. 101 AEUV aus, wenn sich Händler und Lieferant „über die zukünftige Preisgestaltung des Händlers verständigen“, und greift damit den klassischen Fall der vertikalen Preisbindung auf.[224] Es führt sodann jedoch weiter aus, dass eine aufeinander abgestimmte Verhaltensweise zwischen den Händlern, also im Horizontalverhältnis, entstehen kann, indem die Händler „sich eines Herstellers als Mittler bedienen“.[225] Ein direkter Kontakt zwischen den Händlern sei nicht erforderlich.[226] Als in der Regel unzulässig erachtet das Bundeskartellamt beispielsweise eine Offenlegung von im Vertikalverhältnis zwischen Hersteller und Händler verhandelten Konditionen gegenüber konkurrierenden Händlern, Systeme des indirekten Informationsaustauschs und schließlich auch die Durchführung von Überwachungssystemen.[227]

In den vom Bundeskartellamt verfolgten Dreiecksfällen des Lebensmitteleinzelhandels war eine Lösung über das Instrument des Verbots der vertikalen Preisbindung, das heißt eine Lösung, die schwerpunktmäßig auf die vertikale Wettbewerbsbeschränkung abstellt, in der Tat naheliegend. Zugleich nutzt das Bundeskartellamt seine Handreichung, um auch die Möglichkeit einer horizontal aufeinander abgestimmten Verhaltensweise zwischen den Händlern im Wege des indirekten Informationsaustauschs über den Hersteller zu thematisieren. Dabei ging das Bundeskartellamt jedoch scheinbar ausschließlich von dem Fall aus, dass Hersteller und Händ-

---

221 BKartA, Fallbericht vom 14.12.2016, Az. B10-40/14 S. 2 „*Haribo*“.
222 BKartA, Fallbericht vom 14.12.2016, Az. B10-40/14 S. 3 „*Haribo*“.
223 BKartA, WuW 2010, 786; besprechend *Liesegang*, WuW 2012, 1036; *Röhling/Haus*, KSzW 2011, 32.
224 BKartA, WuW 2010, 786, 788.
225 BKartA, WuW 2010, 786, 788.
226 BKartA, WuW 2010, 786, 788.
227 BKartA, WuW 2010, 786, 790 f.

ler absichtlich mit dem Ziel der Koordinierung zusammenwirken.[228] Demgegenüber finden sich in der Handreichung keine Aussagen zu den Mindestanforderungen einer aufeinander abgestimmten Verhaltensweise durch indirekten Informationsaustausch, insbesondere etwa zu den Anforderungen an das subjektive Element, wenn die Koordinierung unterhalb der Schwelle eines absichtlichen Zusammenwirkens aller Beteiligten verbleibt.

In seinem im Juli 2017 veröffentlichten Hinweispapier zur Preisbindung im stationären Lebensmitteleinzelhandel konkretisierte das Bundeskartellamt die Grundlagen seiner diesbezüglichen Anwendungspraxis im Kontext von Jahresgesprächen, Preispflegemaßnahmen und unverbindlichen Preisempfehlungen. Dabei klammerte es „hub and spoke"-Konstellationen ausdrücklich aus.[229]

2. United Kingdom

Die britischen Kartellbehörden befassten sich erstmals grundlegend mit „hub and spoke"-Konstellationen in den Entscheidungen „*Replica Football Kit*"[230] und „*Toys*"[231].

In „*Replica Football Kit*" hatte der Sportartikelhändler JJB Sports seinen Lieferanten Umbro wiederholt auf die Niedrigpreisstrategie eines konkurrierenden Händlers hingewiesen und zu einem Einschreiten gegen diesen Händler aufgefordert. In der Folge setzte Umbro den betreffenden Händler unter Druck, seine Preise zu erhöhen, der der Aufforderung schließlich unter der Bedingung folgte, dass auch die konkurrierenden Händler keine niedrigeren Preise setzen würden.[232]

In der Sache „*Toys*" ging die Koordinierungsinitiative hingegen von dem Hersteller aus. Der Spielzeughersteller Hasbro forderte im Rahmen einer

---

228 BKartA, WuW 2010, 786, 788: „[...], um untereinander eine Koordinierung herbeizuführen, [...]".

229 BKartA, Hinweispapier zum Preisbindungsverbot im Lebensmitteleinzelhandel, Rn. 5.

230 *JJB Sports plc v Office of Fair Trading* [2004] CAT 17 (Replica Football Kit); [2006] EWCA Civ 1318.

231 *Argos Ltd. Littlewoods Ltd. v Office of Fair Trading* [2004] CAT 24 (Toys); [2006] EWCA Civ 1318.

232 OFT No CA98/06/2003 *Football Kit price-fixing*, OFT Decision of 1 Aug 2003 [2004] UKCLR 6 Rn. 158 ff.; *Argos Ltd. Littlewoods Ltd. v Office of Fair Trading* and *JJB Sports plc v Office of Fair Trading* [2006] EWCA Civ 1318 Rn. 36 ff.

„Preisinitiative“ mehrere Händler auf, die Preise für Hasbro Produkte zu erhöhen. Auch hier verlangten die Händler nach einer Zusicherung, dass auch ihre Wettbewerber mitziehen würden und fügten sich sodann dem Preiserhöhungsverlangen des Herstellers.[233]

a) Entscheidung des Competition Appeal Tribunal

Beide Entscheidungen des Office of Fair Trading (OFT) wurden zunächst von dem Competition Appeal Tribunal (CAT) bestätigt.[234]

Dabei fokussierte sich die Analyse des CAT auf das Zustandekommen einer aufeinander abgestimmten Verhaltensweise zwischen den Händlern im Wege des direkten oder indirekten Informationsaustauschs.[235] Unter Berufung auf die ständige Rechtsprechung des EuGH, der zufolge „jede mittelbare oder unmittelbare Fühlungnahme“ verboten ist,[236] kam das CAT zu dem Schluss, dass es im vorliegenden Fall keinen Unterschied mache, ob die Händler direkt miteinander kommunizierten oder indirekt über den gemeinsamen Lieferanten.[237]

Nach Auffassung des CAT liege zwischen konkurrierenden Händlern (A und C) und einem gemeinsamen Lieferanten (B) im Ergebnis dann eine aufeinander abgestimmte Verhaltensweise vor, wenn ein Händler A seinem Lieferanten B in vertraulicher Weise Informationen über seine künftigen Preisstrategien mitteile, A jedoch aufgrund der Umstände vernünfti-

---

233 OFT No CA98/8/2003 *Hasbro UK Ltd/Argos Ltd/Littlewoords Ltd*, OFT Decision of 21 Nov 2003 (CP/0480-01); zum Sachverhalt siehe auch *Argos Ltd. Littlewoods Ltd. v Office of Fair Trading and JJB Sports plc v Office of Fair Trading* [2006] EWCA Civ 1318 Rn. 112 ff.

234 *JJB Sports plc v Office of Fair Trading* [2004] CAT 17 (Replica Football Kit); *Argos Ltd. Littlewoods Ltd. v Office of Fair Trading* [2004] CAT 24 (Toys); besprechend *Albors-Llorens*, Antitrust Bulletin 2006, 866, 867 ff.; *McCabe*, ECLR 2012, 452 f.; *Lubambo*, UCL Journal of Law and Jurisprudence 2015, 135, 140 f.; *Mattioli*, JECLAP 2016, 261, 263 f.; *Odudu*, ECJ 2011, 205, 207 ff.; *Odudu*, in: Liannos/Geradin (Hrsg.), Handbook on European Competition Law, S. 242, 245 ff.; *Schwartz*, S. 90 ff.; *Solek*, JECLAP 2017, 15, 24: *Whelan*, ECJ 2009, 823, 824 ff.

235 *JJB Sports plc v Office of Fair Trading* [2004] CAT 17 (Replica Football Kit) Rn. 638 ff.

236 EuGH, Urteil vom 16.12.1975, verb. Rs. 40/73 u.a., Rn. 173 f. „*Suiker Unie*“; EuGH, Urteil vom 28.05.1998, Rs. C-7/95 P, Rn. 87 „*Deere*“; EuGH, Urteil vom 08.07.1999, Rs. C-49/92 P, Rn. 117 „*Anic Partecipazioni*“.

237 *JJB Sports plc v Office of Fair Trading* [2004] CAT 17 (Replica Football Kit) Rn. 657.

gerweise hätte erkennen können, dass B diese Informationen künftig nutzen könnte, um die Marktbedingungen zu beeinflussen, und B die erlangten Informationen sodann tatsächlich an den konkurrierenden Händler C weitergibt.[238]

Eine Beteiligung von Händler A an der aufeinander abgestimmten Verhaltensweise soll nur dann ausgeschlossen sein, wenn die Informationsweitergabe im Vertikalverhältnis an Lieferant B von einem legitimen Zweck gedeckt war und A nach den Umständen nicht vorhersehen konnte, dass B die erlangten Informationen für eigene Zwecke nutzen, sie insbesondere an konkurrierende Händler weitergeben könnte.[239]

b) Entscheidung des Court of Appeal

Der Court of Appeal hielt diese Rechtsauffassung des CAT insbesondere in Hinblick auf das subjektive Element für zu weitgehend.[240] Eine aufeinander abgestimmte Verhaltensweise zwischen A, B und C liege vielmehr nur dann vor, wenn (1.) Händler A Informationen über seine künftigen Preisstrategien an Lieferant B übermittelt und nach den Umständen davon ausgegangen werden kann, dass A beabsichtigt, dass B diese Informationen für eine Beeinflussung der Marktbedingungen nutzen wird, indem er die Informationen an konkurrierende Händler weiterreicht. Sodann muss (2.) B die Informationen an Händler C weiterreichen, wobei für C die Umstän-

---

238 *JJB Sports plc v Office of Fair Trading* [2004] CAT 17 (Replica Football Kit) Rn. 659: „if one retailer A privately discloses to a supplier B its future pricing intentions in circumstances where it is reasonably foreseeable that B might make use of that information to influence market conditions, and B then passes that pricing information on to a competing retailer C, then in our view A, B and C are all to be regarded on those facts as parties to a concerted practice having as its object or effect the prevention, restriction or distortion of competition. The prohibition on direct or indirect contact between competitors on prices has been infringed.“

239 *JJB Sports plc v Office of Fair Trading* [2004] CAT 17 (Replica Football Kit) Rn. 660.

240 *Argos Ltd. Littlewoods Ltd. v Office of Fair Trading* and *JJB Sports plc v Office of Fair Trading* [2006] EWCA Civ 1318 Rn. 91; besprechend *Bennett/Collins*, ECJ 2010, 311, 329 f.; *Bellamy/Child*, Rn. 2.083, 6.031; *Hainz/Benditz*, EuZW 2012, 686, 687; *Liesegang*, WuW 2012, 1036, 1046; *Mattioli*, JECLAP 2016, 261, 263 f.; *Odudu*, ECJ 2011, 205, 207 ff.; *Prewitt/Fails*, Competition Law and Policy Debate 2015 (2), 63, 65 ff.; *Sahuguet/Walckiers*, JECLAP 2014, 711, 712 f.; *Solek*, JECLAP 2017, 15, 24; *Van Cayseele*, JECLAP 2014, 164.

de der Informationsweitergabe zwischen A und B erkennbar sein müssen. Schließlich (3.) muss C die erlangten Informationen tatsächlich im Rahmen seiner eigenen künftigen Preissetzung berücksichtigen.[241] Sind diese Voraussetzungen erfüllt, so liegt nach Auffassung das Court of Appeal zwischen A, B und C eine aufeinander abgestimmte Verhaltensweise vor, die umso schwerer wiege, wenn der indirekte Informationsaustausch zwischen A und C auf Wechselseitigkeit beruhe („*reciprocity*"-Kriterium).[242]

Die dargestellten Fallbeispiele zeigen, dass es sich auch in der britischen Anwendungspraxis primär um Dreieckskonstellationen entlang der Lieferkette handelte. Wie das Bundeskartellamt in den Fällen des Lebensmitteleinzelhandels, hätte man auch in diesen Fällen den Schwerpunkt in der vertikalen Preisbindung sehen und damit über eine Verfolgung als vertikale Wettbewerbsbeschränkung nachdenken können.[243] Demgegenüber wählten OFT, CAT und der Court of Appeal den Weg über die Feststellung einer horizontalen Koordinierung und befassten sich primär mit der Frage, ob zwischen den Händlern im Wege des indirekten Informationsaustauschs eine aufeinander abgestimmte Verhaltensweise zustande gekommen war.[244]

---

241 *Argos Ltd. Littlewoods Ltd. v Office of Fair Trading and JJB Sports plc v Office of Fair Trading* [2006] EWCA Civ 1318 Rn. 141: „if (i) retailer A discloses to supplier B its future pricing intentions in circumstances where A may be taken to intend that B will make use of that information to influence market conditions by passing that information to other retailers (of whom C is or may be one), (ii) B does, in fact, pass that information to C in circumstances where C may be taken to know the circumstances in which the information was disclosed by A to B and (iii) C does, in fact, use the information in determining its own future pricing intentions, then A, B and C are all to be regarded as parties to a concerted practice having as its object the restriction or distortion of competition." Das Competition Appeals Tribunal hat diese Kriterien in nachfolgenden Entscheidungen angewendet, siehe etwa *Tesco Stores, Tesco Holdings, Tesco PLC v Office of Fair Trading* [2012] CAT 31 (Dairy) Rn. 54 ff.

242 *Argos Ltd. Littlewoods Ltd. v Office of Fair Trading* and *JJB Sports plc v Office of Fair Trading* [2006] EWCA Civ 1318 Rn. 141.

243 Vgl. etwa die ergänzenden Erwägungen des Court of Appeal in *Argos Ltd. Littlewoods Ltd. v Office of Fair Trading* and *JJB Sports plc v Office of Fair Trading* [2006] EWCA Civ 1318 Rn. 105.

244 Vgl. *Lubambo*, UCL Journal of Law and Jurisprudence 2015, 135, 147.

3. Europäische Union

Auf europäischer Ebene wurden „hub and spoke"-Konstellationen bereits in verschiedenen Verfahren relevant. So beinhaltete das „*Bananen*"-Verfahren der Europäischen Kommission[245] unter anderem auch „hub and spoke"-Elemente. Der EuGH befasste sich mit Dreieckskonstellationen in jüngerer Zeit insbesondere in den Entscheidungen „*Eturas*" und „*VM Remonts*".

a) Die „Bananen"-Entscheidung der Europäischen Kommission

Die „*Bananen*"-Entscheidung der Europäischen Kommission richtete sich an Handels- und Vertriebsgesellschaften auf dem Bananenmarkt (u.a. Chiquita, Dole und Weichert), denen die Koordinierung ihrer Listenpreise vorgeworfen wurde.[246] Der kartellrechtliche Vorwurf bezog sich im Ergebnis auf eine horizontale Koordinierung zwischen den drei Vertriebsgesellschaften, das heißt auf eine Koordinierung innerhalb derselben Marktstufe.[247] Ein „hub and spoke"-Element wird in dieser Entscheidung jedoch teilweise darin gesehen, dass Dole – innerhalb derselben Marktstufe – die Rolle des Informationsmittlers zwischen Chiquita und Weichert übernommen hatte.[248]

Die Kommission stellte in ihrer Analyse maßgeblich darauf ab, ob Chiquita von dem weiteren bilateralen Gespräch zwischen Dole und Weichert wusste oder die dort erfolgende Informationsweitergabe zumindest vorhersehen konnte, und damit bereit war, das Risiko zu tragen.[249] Folglich soll der indirekte Informationsaustausch nach Auffassung der Kommission den Tatbestand der aufeinander abgestimmten Verhaltensweise zwischen Informationsabsender und Informationsempfänger dann erfüllen, wenn diese von den Gesamtumständen der Informationsübermittlung über den

245 KOMM, Entscheidung vom 15.10.2008, Rs. COMP/39.188 „*Bananen*"; bestätigt durch EuG, Urteil vom 14.3.2013, Rs. T-588/08 „*Dole Food Company*".

246 KOMM, Entscheidung vom 15.10.2008, Rs. COMP/39.188 Rn. 7 ff. „*Bananen*"; zum Sachverhalt siehe auch EuG, Urteil vom 14.3.2013, Rs. T-588/08 Rn. 1 ff. „*Dole Food Company*".

247 Vgl. auch *Schwartz*, S. 88.

248 Siehe KOMM, Entscheidung vom 15.10.2008, Rs. COMP/39.188 Rn. 57, 247 „*Bananen*"; dazu insbesondere *Schwartz*, S. 88 f.

249 Vgl. KOMM, Entscheidung vom 15.10.2008, Rs. COMP/39.188 Rn. 57, 253 „*Bananen*"; siehe auch *Schwartz*, S. 88.

Dritten wussten (positive Kenntnis) oder diese wenigstens hätten vorhersehen müssen (Wissenmüssen).[250]

b) Die „Eturas"-Entscheidung des EuGH

Der EuGH befasste sich in jüngster Zeit insbesondere in der Sache *„Eturas"* mit der Frage, unter welchen Voraussetzungen in einem Dreiecksverhältnis eine aufeinander abgestimmte Verhaltensweise angenommen werden kann.

In der Sache *„Eturas"* nutzten mehrere Reisebüros die von Eturas betriebene Buchungsplattform E-TURAS, die es ihnen erlaubte, Reisen online über ihre jeweilige Webseite anzubieten.[251] Dabei verfügte die Buchungssoftware über ein internes Mitteilungssystem, das „wie e-Mails" funktionierte.[252] Über das interne Mitteilungssystem versendete der Systemadministrator von Eturas unter dem Betreff „Abstimmung" eine Nachricht an alle teilnehmenden Reisebüros, in der er vorschlug, künftig den Rabatt von 4 % auf maximal 3 % zu senken.[253] In der Folge nahm der Systemadministrator zudem technische Änderungen zur Umsetzung dieses Vorschlags vor. Diese waren jedoch für die Reisebüros überwindbar und die Gewährung von Rabatten von mehr als 3 % blieb somit weiterhin technisch möglich.[254] Folglich ergriff vorliegend der Systemadministrator, also der Dritte („hub"), die Koordinierungsinitiative.

Es handelte sich um ein Vorabentscheidungsverfahren nach Art. 267 AEUV, dessen Vorlagefragen sich ausdrücklich auf die horizontale

---

250 *Schwartz*, S. 88 f.

251 EuGH, Urteil vom 21.01.2016, Rs. C-74/14, Rn. 6 *„Eturas"*; zur Einordnung der *„Eturas"*-Entscheidung als „hub and spoke"-Fall siehe auch *Bellamy/Child*, Rn. 6.032; *Rottmann/Göhsl*, WuW 2019, 348, 351 f.; *Ylinen*, NZKart 2018, 19, 20; besprechend BKartA/Autorité de la Concurrence, Algorithms and Competition (2019), S. 36 f.; *Bellamy/Child*, Rn. 2.084, 6.032; *Bosch*, NJW 2016, 1700, 1703; *Doetsch*, S. 78; *Eufinger*, GWR 2016, 307; *Heinemann/Gebicka*, JECLAP 2016, 431, 432; *Heinrich/Eckel*, NZKart 2017, 106; *Käseberg/von Kalben*, WuW 2018, 2, 4; *Künstner*, GRUR 2019, 36, 39; *Künstner/Franz*, K&R 2017, 688, 691; *Louven/Saive*, NZKart 2018, 348 f.; *Picht/Freund*, S. 16 f.; *Richter/Niggemann*, in: FS Schroeder 2018, 683, 692 f.; *Rusu*, JECLAP 2016, 396; *Serafimova*, DeLuxe 02/2016, 1; *Telle*, jurisPR-ITR 11/2016 Anm. 6; *Weitbrecht/Mühle*, EuZW 2017, 165, 167.

252 EuGH, Urteil vom 21.01.2016, Rs. C-74/14, Rn. 7 *„Eturas"*.

253 EuGH, Urteil vom 21.01.2016, Rs. C-74/14, Rn. 9 ff. *„Eturas"*.

254 EuGH, Urteil vom 21.01.2016, Rs. C-74/14, Rn. 6 ff. *„Eturas"*.

Ebene bezogen. Konkret wollte das vorlegende lettische Gericht wissen, unter welchen Voraussetzungen in einer solchen Konstellation horizontal eine aufeinander abgestimmte Verhaltensweise im Sinne des Art. 101 Abs. 1 AEUV vorliegt. Eine mögliche Haftung im Vertikalverhältnis blieb mangels entsprechender Vorlagefrage in der Entscheidung unberücksichtigt.[255]

Der EuGH kam schließlich zu dem Ergebnis, dass unter den gegebenen Umständen zwischen denjenigen Reisebüros eine aufeinander abgestimmte Verhaltensweise im Sinne des Art. 101 Abs. 1 AEUV vorliegt, die von der Mitteilung Kenntnis erlangten und sich nicht öffentlich von der Verhaltensabstimmung distanzierten, sofern auch der Koordinierungserfolg am Markt eintritt.[256]

In der Analyse kam es dem EuGH zunächst entscheidend darauf an, ob die Reisebüros nachweislich Kenntnis von dem Inhalt der Mitteilung erlangt hatten.[257] Die Unschuldsvermutung verbiete es, aus dem bloßen Versenden der Mitteilung auf eine Kenntnisnahme durch das empfangende Reisebüro zu schließen.[258] Jedoch dürfe ein solcher Rückschluss aus dem Versenden der Mitteilung in einer Zusammenschau mit weiteren objektiven Umständen gezogen werden.[259] In letzterem Fall handle es sich um eine widerlegliche Vermutung der Kenntnis.[260] Ferner wandte der EuGH in der vorliegenden Entscheidung die Grundsätze der passiven Beteiligung[261] – teilweise auch als „Widerspruchslösung" bezeichnet[262] – an.[263] Unter den konkreten Umständen des Falles schloss der EuGH aus dem Schweigen derjenigen Reisebüros, die nachweislich Kenntnis von dem In-

255 EuGH, Urteil vom 21.01.2016, Rs. C-74/14, Rn. 21 ff., 25 *„Eturas"*.
256 EuGH, Urteil vom 21.01.2016, Rs. C-74/14, Rn. 42, 44 ff. *„Eturas"*.
257 EuGH, Urteil vom 21.01.2016, Rs. C-74/14, Rn. 29 ff. *„Eturas"*.
258 EuGH, Urteil vom 21.01.2016, Rs. C-74/14, Rn. 29 ff., 39 *„Eturas"*.
259 EuGH, Urteil vom 21.01.2016, Rs. C-74/14, Rn. 39 f. *„Eturas"*.
260 EuGH, Urteil vom 21.01.2016, Rs. C-74/14, Rn. 40 f. *„Eturas"*.
261 Zur Begrifflichkeit siehe etwa *Hengst*, in: Langen/Bunte, Art. 101 AEUV Rn. 100.
262 Vgl. etwa *Hainz/Benditz*, EuZW 2012, 686, 689; *Serafimova*, DeLuxe 02/2016, 2.
263 EuGH, Urteil vom 21.01.2016, Rs. C-74/14, Rn. 44 ff. *„Eturas"*; vergleiche bereits EuGH, Urteil vom 08.07.1999, Rs. C-49/92 P, Rn. 96 *„Anic Partecipazioni"*; EuGH, Urteil vom 08.07.1999, Rs. C-199/92 P, Rn. 155 *„Hüls"*; EuGH, Urteil vom 07.01.2004, verb. Rs. C-204/00 P, Rn. 81 *„Aalborg Portland"*; EuGH, Urteil vom 28.06.2005, verb. Rs. C-189/02 P, Rn. 142 *„Dansk Rørindustri"*; EuGH, Urteil vom 22.10.2015, Rs. C-194/14 P, Rn. 31 *„AC Treuhand"*.

halt des Schreibens erlangt hatten, auf deren stillschweigende Zustimmung zu der vorgeschlagenen Koordinierungsstrategie.[264]

Fraglich ist jedoch, inwieweit die besonderen Umstände des Falles einer Verallgemeinerungsfähigkeit der entwickelten Kriterien entgegenstehen.[265] Zwar setzte sich der EuGH in seiner Entscheidung primär mit dem Aspekt der Kenntnis der Reisebüros von dem Inhalt der Mitteilung auseinander, jedoch betonte er auch die durch den Systemadministrator vorgenommenen technischen Änderungen als wichtigen Faktor,[266] obwohl diese für die Reisebüros grundsätzlich überwindbar blieben, sodass eine Gewährung von Rabatten von mehr als 3 % weiterhin technisch möglich war.[267]

c) Die „VM Remonts"-Entscheidung des EuGH

Zuletzt befasste sich der EuGH in der Sache „*VM Remonts*" mit einer „hub and spoke"-Konstellation.[268] In diesem Fall hatten drei Unternehmen unabhängig voneinander denselben Rechtsberater mit der Erstellung eines Angebots für ein Ausschreibungsverfahren beauftragt. Eines der Unternehmen (Partikas) übermittelte dem Rechtsberatungsunternehmen (SIA) einen bereits eigenständig erstellten Angebotsentwurf. Bis zu diesem Zeitpunkt bestand kein Kontakt zwischen den drei beauftragenden Unternehmen, die auch im weiteren Verlauf nicht von dem Bestehen der Parallelmandate erfuhren. Ein Mitarbeiter der SIA nutzte das von Partikas übermittelte Angebot sodann als Vorlage und erstellte darauf aufbauend drei Angebote, deren Preise jeweils um 5 % voneinander abwichen. Die zuständige lettische Kartellbehörde nahm eine Verhaltensabstimmung der drei Auftraggeber an. Das zuständige nationale Gericht fragte den EuGH, unter welchen Voraussetzungen unter solchen Umständen der Kartellverstoß eines Dritten einem beauftragenden Unternehmen zugerechnet werden

264 EuGH, Urteil vom 21.01.2016, Rs. C-74/14, Rn. 44 „*Eturas*".

265 Vgl. etwa *Ylinen*, NZKart 2018, 19, 20 f.

266 EuGH, Urteil vom 21.01.2016, Rs. C-74/14, Rn. 43 f. „*Eturas*".

267 Vgl. EuGH, Urteil vom 21.01.2016, Rs. C-74/14, Rn. 12 „*Eturas*".

268 EuGH, Urteil vom 21.7.2016, Rs. C-542/14 „*VM Remonts*"; besprechend BKartA/Autorité de la Concurrence, Algorithms and Competition (2019), S. 35 f.; *Apostolakis*, CMLR 2017, 605; *Bechtold*, ZEuP 2017, 701, 705; *Bellamy/Child*, Rn. 2.035, 2.083, 14.100; *Berg*, EuZW 2016, 737, 739; *Brömmelmeyer*, WuW 2017, 174; *Doetsch*, S. 75 ff.; *Oechsler*, NZKart 2017, 21; *Talbot*, Commercial Law Practitioner 2016, 233; *Weitbrecht/Mühle*, EuZW 2017, 165, 167.

kann. Konkret wollte es wissen, ob die vom EuGH in „*Musique Diffusion française*" entwickelten Grundsätze der Zurechnung des Verhaltens von Mitarbeitern Anwendung finden.[269]

Die Entscheidung befasst sich mit der Frage, unter welchen Voraussetzungen sich ein Unternehmen das Fehlverhalten eines selbständigen Dritten zurechnen lassen muss, sodass das beauftragende Unternehmen für eine aufeinander abgestimmte Verhaltensweise verantwortlich gemacht werden kann.[270]

Der EuGH führt zunächst die bereits in der Sache „*Musique Diffusion française*" aufgestellten Grundsätze der Zurechnung von durch Mitarbeiter begangenen Kartellverstößen aus. Aufgrund der Zugehörigkeit des Mitarbeiters zu der wirtschaftlichen Einheit ist dem Unternehmen der Kartellverstoß in dieser Konstellation ohne weiteres zurechenbar.[271] Hingegen sei die Beziehung eines beauftragenden Unternehmens mit einem beauftragten, selbständigen Dienstleister nicht mit dem Verhältnis zu einem angestellten Mitarbeiter vergleichbar.[272] Selbständige Dienstleister seien grundsätzlich als von ihren Auftraggebern getrennte Unternehmen anzusehen „und das Fehlverhalten eines solchen Dienstleisters [könne] nicht ohne Weiteres einem der auftraggebenden Unternehmen zugerechnet werden".[273]

Sodann differenziert der EuGH drei Fallgruppen, in denen eine Zurechnung des von einem selbständigen Dritten begangenen Kartellverstoßes dennoch in Betracht kommt.

Der erste Fall beschreibt die Situation einer bloß scheinbaren Selbständigkeit des Dritten, der „in Wirklichkeit unter der Leitung oder der Kontrolle eines Unternehmens, das seine Dienste in Anspruch nimmt, tätig ist".[274] In diesen Fällen ist der vermeintlich selbständige Dritte vielmehr

---

269 EuGH, Urteil vom 21.7.2016, Rs. C-542/14 Rn. 4 ff. „*VM Remonts*"; zur Zurechnung eines von einem Mitarbeiter des Unternehmens begangenen Kartellverstoß siehe auch EuGH, Urteil vom 7.6.1983, verb. Rs. 100/80 u.a. „*Musique Diffusion française*"; siehe auch *Apostolakis*, CMLR 2017, 605, 613 f.; *Brömmelmeyer*, WuW 2017, 174, 175 ff.

270 Vgl. EuGH, Urteil vom 21.7.2016, Rs. C-542/14, Rn. 20 „*VM Remonts*"; ausführlich zu Fragen der Zurechnung von Kartellverstößen *Apostolakis*, CMLR 2017, 605; *Brömmelmeyer*, WuW 2017, 174.

271 EuGH, Urteil vom 21.7.2016, Rs. C-542/14, Rn. 22 ff. „*VM Remonts*"; EuGH, Urteil vom 7.6.1983, verb. Rs. 100/80 u.a. „*Musique Diffusion Française*".

272 EuGH, Urteil vom 21.7.2016, Rs. C-542/14, Rn. 26 „*VM Remonts*".

273 EuGH, Urteil vom 21.7.2016, Rs. C-542/14, Rn. 25 „*VM Remonts*"; vgl. auch *Talbot*, Commercial Law Practitioner 2016, 233, 234 f.

274 EuGH, Urteil vom 21.7.2016, Rs. C-542/14, Rn. 27 „*VM Remonts*".

Teil der wirtschaftlichen Einheit und eine Zurechnung des Kartellverstoßes unproblematisch möglich.[275]

Die beiden weiteren vom EuGH diskutierten Fälle befassen sich sodann mit tatsächlich selbständigen Dritten.[276] Unter Bezugnahme auf seine Rechtsprechung in der Sache „*Anic*" kommt der EuGH zunächst in der zweiten Fallgestaltung zu dem Ergebnis, dass ein Kartellverstoß eines selbständigen Dritten dem auftraggebenden Unternehmen dann zurechenbar ist, wenn das auftraggebende Unternehmen „von den wettbewerbswidrigen Zielen seiner Konkurrenten und des Dienstleisters Kenntnis hatte und durch sein eigenes Verhalten dazu beitragen wollte."[277] In dieser zweiten Fallkonstellation stellt der EuGH also auf den Vorsatz des Auftraggebers ab.[278] Dieser sei gegeben, wenn der Auftraggeber beabsichtigte, dass der Dienstleister seinen Wettbewerbern seine vertraulichen Informationen übermitteln würde, oder wenn er dies „ausdrücklich oder stillschweigend gebilligt hat".[279] Demgegenüber könne Vorsatz nicht angenommen werden, wenn der Dienstleister die Informationen ohne das Wissen seines Auftraggebers an dessen Konkurrenten weitergibt.[280]

In der dritten Fallkonstellation dehnt der EuGH die Zurechenbarkeit sodann auch auf solche Fälle aus, in denen das auftraggebende Unternehmen eine Weitergabe seiner Informationen durch den Dienstleister „vernünftigerweise vorhersehen konnte [...] und bereit war, die daraus erwachsende Gefahr auf sich zu nehmen".[281]

II. Kategorisierung der vorgefundenen Lösungsansätze

Die soeben dargestellten Lösungsansätze verdeutlichen die Besonderheiten im Umgang mit Dreieckssachverhalten sowie die damit verbundene Mi-

275 EuGH, Urteil vom 21.7.2016, Rs. C-542/14, Rn. 27 „*VM Remonts*"; vgl. auch *Bechtold*, ZEuP 2017, 701, 707 f.; *Brömmelmeyer*, WuW 2017, 174, 178 f.

276 EuGH, Urteil vom 21.7.2016, Rs. C-542/14, Rn. 28 „*VM Remonts*".

277 EuGH, Urteil vom 21.7.2016, Rs. C-542/14, Rn. 30 „*VM Remonts*".

278 Vgl. *Brömmelmeyer*, WuW 2017, 174, 179; anders scheinbar *Apostolakis*, CMLR 2017, 605, 620 ff., dem zufolge eine Absicht des Auftraggebers vorliegen muss, sodass ein bedingter Vorsatz im Sinne des bloßen Wissens und Wollens nicht genügen würde. Aus den Erläuterungen des EuGH in derselben Rn. geht jedoch hervor, dass auch eine ausdrückliche oder stillschweigende Billigung genügt.

279 EuGH, Urteil vom 21.7.2016, Rs. C-542/14, Rn. 30 „*VM Remonts*".

280 EuGH, Urteil vom 21.7.2016, Rs. C-542/14, Rn. 30 „*VM Remonts*".

281 EuGH, Urteil vom 21.7.2016, Rs. C-542/14, Rn. 31 „*VM Remonts*".

schung horizontaler und vertikaler Elemente in „hub and spoke"-Konstellationen. Die Wechselbeziehung zwischen Horizontalverhältnis und Vertikalverhältnis besteht nicht nur in tatsächlicher Hinsicht, sondern setzt sich auch in der rechtlichen Analyse fort und wirft die Frage nach dem passenden kartellrechtlichen Instrument zur Auflösung der Problematik auf. Die in der Praxis vorgefundenen Lösungsansätze lassen sich im Ergebnis zwei Kategorien zuordnen.

1. Lösungsansatz mit einem Schwerpunkt auf der vertikalen Wettbewerbsbeschränkung

Zunächst könnte man den Schwerpunkt des Wettbewerbsverstoßes in der vertikalen Wettbewerbsbeschränkung sehen, die sich lediglich reflexartig in einer horizontalen Koordinierung niederschlägt. Ein solcher Lösungsansatz bietet sich insbesondere in Sachverhalten entlang der Lieferkette an, in denen die vorgefundenen Verhaltensweisen als Fälle vertikaler Preisbindung erfasst werden können. Anhand der dargestellten Entscheidungen aus der Praxis wird deutlich, dass insbesondere das Bundeskartellamt einen solchen Ansatz im Bereich des Lebensmitteleinzelhandels verfolgte.[282]

2. Lösungsansatz mit einem Schwerpunkt auf der horizontalen Wettbewerbsbeschränkung

Demgegenüber könnte man den Schwerpunkt auch in der horizontalen Wettbewerbsbeschränkung sehen, konkret in Form einer horizontal aufeinander abgestimmten Verhaltensweise, die im Wege des indirekten Informationsaustausches zwischen den Wettbewerbern über den gemeinsamen Dritten als Vermittler zustande kommt.

Nach ständiger Rechtsprechung des EuGH liegt eine aufeinander abgestimmte Verhaltensweise dann vor, wenn die Wettbewerber „bewusst eine praktische Zusammenarbeit an die Stelle des mit Risiken verbundenen

---

282 Aus der Anwendungspraxis des BKartA siehe insbesondere BKartA, Fallbericht vom 18.6.2015, Az. B10-41/14 *„Ritter"*; BKartA, Fallbericht vom 18.1.2016, Az. B10-50/14 *„Kaffee"*; BKartA, Fallbericht vom 14.12.2016, Az. B10-40/14 *„Haribo"*; sowie die Handreichung des BKartA, WuW 2010, 786; zuletzt BKartA, Hinweispapier zum Preisbindungsverbot im Lebensmitteleinzelhandel (2017).

Wettbewerbs treten [lassen].“[283] Das Selbständigkeitspostulat steht dabei „streng jeder unmittelbaren oder mittelbaren Fühlungnahme“ entgegen.[284] Der Austausch strategischer Geschäftsinformationen stellt typischerweise eine solche Fühlungnahme dar.[285] Dabei macht es grundsätzlich keinen Unterschied, ob die Informationen direkt, zum Beispiel während einer gemeinsamen Sitzung der Wettbewerber, oder indirekt, etwa über einen gemeinsamen Dritten, ausgetauscht werden.[286]

Diesem Ansatz lassen sich zunächst die dargestellten Fälle der britischen Anwendungspraxis zuordnen, die den später als „A-B-C-Test“ bezeichneten Lösungsansatz etablierte.[287] Auch der EuGH befasste sich sowohl in „*Eturas*“ als auch in „*VM Remonts*“ mit einer aufeinander abgestimmten Verhaltensweise im Horizontalverhältnis.[288]

Die genauen Voraussetzungen, unter denen ein indirekter Informationsaustausch den Tatbestand der aufeinander abgestimmten Verhaltensweise erfüllen soll, sind jedoch seit jeher umstritten. Ausgehend von den britischen „hub and spoke“-Entscheidungen wird der indirekte Informationsaustausch nach dem „A-B-C-Test“ typischerweise als Zwei-Phasen-Modell analysiert. In der ersten Phase übermittelt Wettbewerber A seine Informationen an den Dritten B. In der zweiten Phase gibt B diese Informationen

---

283 EuGH, Urteil vom 16.12.1975, verb. Rs. 40/73 u.a., Rn. 26 „*Suiker Unie*“; EuGH, Urteil vom 31.3.1993, verb. Rs. C-89/85 u.a., Rn. 63 „*Ahlström*“; EuGH, Urteil vom 04.06.2009, Rs. C-8/08, Rn. 26 „*T-Mobile Netherlands*“; vgl. auch KOMM., Leitlinien zur Anwendbarkeit von Art. 101 des Vertrags über die Arbeitsweise der Europäischen Union auf Vereinbarungen über horizontale Zusammenarbeit, ABl. EU 2011 Nr. C 11/1, Rn. 60.

284 EuGH, Urteil vom 16.12.1975, verb. Rs. 40/73 u.a., Rn. 173 f. „*Suiker Unie*“; EuGH, Urteil vom 28.5.1998, Rs. C-7/95 P, Rn. 87 „*Deere*“; EuGH, Urteil vom 8.7.1999, Rs. C-49/92 P, Rn. 117 „*Anic Partecipazioni*“.

285 EuGH, Urteil vom 16.12.1975, verb. Rs. 40/73 u.a., Rn. 173 f. „*Suiker Unie*“; *Bellamy/Child*, Rn. 2.070; *Füller*, in: KölnKomm-KartR, Art. 101 Rn. 142.

286 EuGH, Urteil vom 16.12.1975, verb. Rs. 40/73 u.a., Rn. 173 f. „*Suiker Unie*“; *Bellamy/Child*, Rn. 2.070; *Bennett/Collins*, ECJ 2010, 311, 330.

287 Aus der britischen Anwendungspraxis siehe *Argos Ltd. Littlewoods Ltd. v Office of Fair Trading* [2004] CAT 24 (Toys) und *JJB Sports plc v Office of Fair Trading* [2004] CAT 17 (Replica Football Kit) sowie die Entscheidung des Court of Appeals in derselben Sache [2006] EWCA Civ 1318; vgl. auch *Amore*, ECJ 2016, 28, 31 f.; *Bellamy/Child*, Rn. 6.030 ff.; *Odudu*, ECJ 2011, 205, 218 ff.; *Odudu*, in: Lianos/Geradin (Hrsg.), Handbook on European Competition Law, S. 242, 245 ff.; *Sahuguet/Walckiers*, JECLAP 2014, 711; *Van Cayseele*, JECLAP 2014, 164.

288 EuGH, Urteil vom 21.1.2016, Rs. C-74/14 „*Eturas*“; EuGH, Urteil vom 21.7.2016, Rs. C-542/14 „*VM Remonts*“.

an Wettbewerber C weiter.[289] Das Gesamtgeschehen wird nach dieser Auffassung folglich in zwei bilaterale Verhältnisse aufgespalten, in denen jeweils ein direkter Informationsaustausch erfolgt.

In *„VM Remonts"* hat nun auch der EuGH erstmals deutlichere Aussagen zu der Handhabung von Fällen des indirekten Informationsaustauschs getroffen.[290] Angesichts der dargestellten Unklarheiten und neueren Entwicklungen soll dieser „hub and spoke"-Lösungsansatz, der sich auf das Horizontalverhältnis fokussiert, im Folgenden näher betrachtet werden.

Dabei soll das klassische Zwei-Phasen-Modell als Ausgangspunkt der Analyse dienen. Umstritten sind diesbezüglich zunächst die subjektiven Anforderungen, welche an das Verhalten der Beteiligten zu stellen sind. Ferner herrscht Unklarheit darüber, wie die Reaktion des Informationsempfängers C auszusehen hat, um zu einer Tatbestandsmäßigkeit zu gelangen, sowie darüber, ob auch in Konstellationen des indirekten Informationsaustauschs die *„Anic"*-Vermutung – und damit die Widerspruchslösung – Anwendung finden soll.[291] Zu untersuchen ist zuletzt auch, inwieweit sich aus der *„VM Remonts"*-Entscheidung Antworten auf diese Fragen ableiten lassen.

Schließlich wird der Frage nachgegangen, ob sich der *„VM Remonts"*-Entscheidung möglicherweise ein ganz eigener Lösungsansatz des EuGH, losgelöst von dem bisherigen Zwei-Phasen-Modell, entnehmen lässt.

a) Traditionelle Analyse anhand des Zwei-Phasen-Modells nach britischem Vorbild

Das Zwei-Phasen-Modell unterteilt den Vorgang des indirekten Informationsaustauschs (auch „A-B-C-Informationsaustausch") in eine erste Phase, in der ein Wettbewerber A dem Dritten B Informationen übermittelt, ge-

---

289 Statt aller *Odudu*, ECJ 2011, 205, 218 ff.; *Odudu*, in: Liannos/Geradin (Hrsg.), Handbook on European Competition Law, S. 242, 245 ff.

290 EuGH, Urteil vom 21.7.2016, Rs. C-542/14 *„VM Remonts"*; siehe insbesondere auch *Apostolakis*, CMLR 2017, 605; *Bechtold*, ZEuP 2017, 701, 710; *Bellamy/Child*, Rn. 6.031; *Brömmelmeyer*, WuW 2017, 174; *Talbot*, Commercial Law Practitioner 2016, 233.

291 Vgl. *Hainz/Benditz*, EuZW 2012, 686; *Lubambo*, UCL Journal of Law and Jurisprudence 2015, 135, 143 f.; *Odudu*, ECJ 2011, 205, 218 ff.; *Odudu*, in: Liannos/Geradin (Hrsg.), Handbook on European Competition Law, S. 242, 254 f.; *Stöcker*, WuW 2012, 935, 936 ff.

folgt von einer zweiten Phase, in der der Dritte B die Informationen des A sodann an dessen Wettbewerber C weitergibt.[292]

Ziel der Analyse ist die Beantwortung der Frage, unter welchen Voraussetzungen der Tatbestand der aufeinander abgestimmten Verhaltensweise erfüllt ist. Bezogen auf beide Phasen ist eine Auseinandersetzung mit den subjektiven Anforderungen der aufeinander abgestimmten Verhaltensweise im Sinne des Art. 101 AEUV erforderlich. In der zweiten Phase stellt sich ferner die Frage nach der Anwendbarkeit der Widerspruchslösung, was sich konkret in der Frage nach der notwendigen Reaktion des Informationsempfängers (C) auf die Informationserlangung niederschlägt.

aa) Anforderungen in Phase I: Direkter Informationsaustausch zwischen A und B

Für sich betrachtet handelt es sich in der ersten Phase um einen direkten Informationsaustausch zwischen A und B.[293] Ein Informationsaustausch im Vertikalverhältnis, insbesondere im Rahmen einer Lieferbeziehung zwischen Hersteller und Händler, wird jedoch regelmäßig von einem legitimen Zweck gedeckt sein und hat insoweit möglicherweise sogar wettbewerbsfördernde Wirkung.[294] Daher kann die Annahme einer aufeinander abgestimmten Verhaltensweise bei einem Informationsaustausch im Vertikalverhältnis nicht bereits auf die bloße Preisgabe der Information gestützt werden.[295]

Zur Abgrenzung von berechtigtem Verhalten einerseits und kartellrechtswidrigem Verhalten andererseits wird in Literatur und Anwendungspraxis insbesondere ein subjektives Element herangezogen. Die genauen subjektiven Anforderungen an das Verhalten der Beteiligten in der ersten Phase, insbesondere an das Verhalten des A, sind jedoch umstritten. Zu differenzieren ist in der Diskussion zwischen der Faktenkenntnis sowie einem voluntativen Element.

---

292 Statt aller *Odudu*, ECJ 2011, 205, 218 ff.; *Odudu*, in: Liannos/Geradin (Hrsg.), Handbook on European Competition Law, S. 242, 245 ff.

293 Vgl. auch *Odudu*, ECJ 2011, 205, 230 ff.

294 *Hainz/Benditz*, EuZW 2012, 686, 687; *Odudu*, ECJ 2011, 205, 233; *Röhling/Haus*, KSzW 2011, 32, 34 ff.; *Schwartz*, S. 84; *Whelan*, ECJ 2009, 823; *Zampa/Buccirossi*, Competition Law International 2013, 91, 93 ff.

295 Vgl. *Odudu*, ECJ 2011, 205, 233.

(1) Das Wissenselement: Tatsächliche Kenntnis oder fahrlässige Unkenntnis?

Einer ersten Auffassung zufolge soll es für die Annahme einer aufeinander abgestimmten Verhaltensweise – bezogen auf Phase I – genügen, wenn A die Weitergabe seiner Informationen durch B an Konkurrenten des A nach den Umständen hätte erkennen können.[296] Nach dieser Auffassung ist somit kein tatsächliches Wissen des A von den Umständen der nachfolgenden Koordinierung erforderlich. Vielmehr soll bereits ein bloßes Wissenmüssen („constructive knowledge") genügen, um eine Haftung als Kartellbeteiligter auszulösen.[297] Diese Auffassung wurde zunächst von der britischen Kartellbehörde vertreten und sodann von dem Competition Appeal Tribunal bestätigt,[298] jedoch in der Folge sowohl in der Literatur als auch durch den Court of Appeal zurecht als zu weitgehend abgelehnt.[299]

Eine Auswertung der Rechtsprechung des EuGH spricht, wie zu zeigen sein wird, in der Tat dafür, eine tatsächliche Kenntnis des A von den Umständen der Koordinierung zu verlangen.

(a) Die Standardformel des EuGH

Dafür spricht zunächst bereits der Wortlaut der Standardformel des EuGH, der zufolge eine aufeinander abgestimmte Verhaltensweise vorliegt, wenn die Wettbewerber „*bewusst* eine praktische Zusammenarbeit an

---

296 Grundlegend *JJB Sports plc v Office of Fair Trading* [2004] CAT 17 (Replica Football Kit) Rn. 659; zustimmend *McCabe*, ECLR 2012, 452, 453 ff., 456; *Zampa/Buccirossi*, Competition Law International 2013, 91, 103.

297 Vgl. *McCabe*, ECLR 2012, 452, 453 ff.; *Whelan*, ECJ 2009, 823, 835 ff.; *Zampa/Buccirossi*, Competition Law International 2013, 91, 103; ähnlich *Rottmann/Göhsl*, WuW 2019, 348, 352 f., denen zufolge – ausgehend von „*Eturas*" und angewendet auf das Beispiel Uber – das „Bewusstsein einer preislichen Gleichschaltung" genügen soll.

298 OFT No CA98/06/2003 *Football Kit price-fixing*, OFT Decision of 1 Aug 2003 [2004] UKCLR 6; *JJB Sports plc v Office of Fair Trading* [2004] CAT 17 (Replica Football Kit) Rn. 659.

299 *Argos Ltd. Littlewoods Ltd. v Office of Fair Trading* and *JJB Sports plc v Office of Fair Trading* [2006] EWCA Civ 1318 Rn. 91, 141; zustimmend *Hainz/Benditz*, EuZW 2012, 686, 688; *Odudu*, ECJ 2011, 205, 232 f.; *Whelan*, ECJ 2009, 823, 841 f.

die Stelle des mit Risiken verbundenen Wettbewerbs treten [lassen]".[300] Auch die englische Sprachfassung dieser Formel weist insoweit deutlich auf die Notwendigkeit tatsächlicher Kenntnis aller Beteiligten hin („practical cooperation between them is *knowingly* substituted for the risks of competition"[301]). Eine gewissermaßen „versehentliche" Kartellbeteiligung des A durch bloß fahrlässiges Verhalten im Rahmen einer grundsätzlich legitimen Offenlegung von Informationen im Vertikalverhältnis wäre somit ausgeschlossen.[302]

(b) Rückschlüsse aus „Eturas"

Schließlich ließe sich das Erfordernis tatsächlicher Kenntnis der Umstände auch aus der *„Eturas"*-Entscheidung des EuGH ableiten. In *„Eturas"* befasste sich der EuGH ausführlich mit den Anforderungen an den Nachweis der Kenntnis des potenziell Beteiligten durch die Kartellbehörde.[303] Die Vorlagefrage des lettischen Gerichts bezog sich zunächst auf das subjektive Element der aufeinander abgestimmten Verhaltensweise. Konkret wollte das vorlegende Gericht wissen, ob aufgrund des Absendens der Nachricht über das interne Mitteilungssystem angenommen werden kann, dass die Empfänger von ihrem Inhalt wussten oder „zwangsläufig wissen mussten".[304]

Dies lässt sich so verstehen, dass das vorlegende Gericht unter anderem wissen wollte, ob eine tatsächliche Kenntnis der Empfänger erforderlich ist oder ob bereits ein Wissenmüssen im Sinne einer nach den Umständen

300 EuGH, Urteil vom 16.12.1975, verb. Rs. 40/73 u.a., Rn. 26 *„Suiker Unie"* [Herv. d. Verf.]; EuGH, Urteil vom 31.3.1993, verb. Rs. C-89/85 u.a., Rn. 63 *„Ahlström"*; EuGH, Urteil vom 04.06.2009, Rs. C-8/08, Rn. 26 *„T-Mobile Netherlands"*; KOMM., Leitlinien zur Anwendbarkeit von Art. 101 des Vertrags über die Arbeitsweise der Europäischen Union auf Vereinbarungen über horizontale Zusammenarbeit, ABl. EU 2011 Nr. C 11/1, Rn. 60; ebenso *Hainz/Benditz*, EuZW 2012, 686, 688; *Whelan*, ECJ 2009, 823, 841 f.

301 EuGH, Urteil vom 04.06.2009, Rs. C-8/08, Rn. 26 *„T-Mobile Netherlands"* [Herv. d. Verf.].

302 *Hainz/Benditz*, EuZW 2012, 686, 687; *Whelan*, ECJ 2009, 823, 841 f.

303 EuGH, Urteil vom 21.01.2016, Rs. C-74/14, Rn. 29 *„Eturas"*.

304 EuGH, Urteil vom 21.01.2016, Rs. C-74/14, Rn. 25, 29 *„Eturas"*. Die Vorlagefrage lässt sich in zwei dogmatische Fragestellungen unterteilen. Zum einen stellt sich die Frage nach den Anforderungen an das subjektive Element, zum anderen ist die Anwendbarkeit der Grundsätze der passiven Beteiligung fraglich (dazu sogleich im Rahmen der Ausführungen zu Phase II).

fahrlässigen Unkenntnis genügen würde.[305] In seiner Antwort ging der EuGH jedoch nicht explizit auf die Frage ein, welcher Kenntnismaßstab im Rahmen der aufeinander abgestimmten Verhaltensweise erforderlich ist. Vielmehr bezog er die Vorlagefrage allein auf die Beweisebene.[306] Sodann stellte der EuGH fest, dass es die Unschuldsvermutung verbiete, vom bloßen Absenden der Nachricht durch den Systemadministrator auf eine Kenntnisnahme durch die Empfänger zu schließen.[307] Geht man davon aus, dass infolge des Absendens eine Möglichkeit der Empfänger bestand, von dem Inhalt der Mitteilung Kenntnis zu nehmen, so könnte man anhand dieser Umstände bereits ein Kennenmüssen der Unternehmen ableiten, nicht jedoch eine tatsächliche Kenntnis. Implizit scheint der EuGH im Rahmen der aufeinander abgestimmten Verhaltensweise insoweit von dem Erfordernis positiver Kenntnis auszugehen.[308] Dieser Eindruck wird bestärkt durch die Formulierung des Endergebnisses durch den EuGH, in dem er – anders als noch in der Wiedergabe der Vorlagefrage – die entscheidende Passage zu dem subjektiven Element auf die tatsächliche Kenntnis der Empfänger reduziert.[309]

Angesichts der besonderen Umstände des „*Eturas*" zugrundeliegenden Falles ist zwar fraglich, inwieweit die in „*Eturas*" getroffenen Aussagen verallgemeinerungsfähig sind,[310] jedoch betreffen derartige Bedenken primär die Aussagen des EuGH zur Anwendung der Widerspruchslösung.[311]

---

305 Ähnlich *Heinemann/Gebicka*, JECLAP 2016, 431, 436.

306 EuGH, Urteil vom 21.01.2016, Rs. C-74/14, Rn. 29 ff. „*Eturas*"; vgl. auch *Serafimova*, DeLuxe 02/2016, 1 ff.

307 EuGH, Urteil vom 21.01.2016, Rs. C-74/14, Rn. 39 „*Eturas*".

308 So auch BKartA/Autorité de la Concurrence, Algorithms and Competition (2019), S. 36 ff.; *Heinemann/Gebicka*, JECLAP 2016, 431, 436.

309 EuGH, Urteil vom 21.01.2016, Rs. C-74/14, Rn. 50 „*Eturas*"; vgl. auch *Heinemann/Gebicka*, JECLAP 2016, 431, 436.

310 An einer Verallgemeinerungsfähigkeit zweifelt etwa *Ylinen*, NZKart 2018, 19, 20 f. Für eine umfangreiche Verallgemeinerungsfähigkeit scheinbar *Eufinger*, GWR 2016, 307, 308 f.; *Serafimova*, DeLuxe 02/2016, 1 ff.

311 So wurde aus „*Eturas*" teilweise eine Ausdehnung des Anwendungsbereichs der Widerspruchslösung abgeleitet, vgl. etwa *Eufinger* GWR 2016, 307. Zu dieser Problematik siehe sogleich Teil 4.B.II.2.a)bb)(2)(c)(aa).

(c) Rückschlüsse aus „VM Remonts“

Die vom EuGH in „*VM Remonts*“ getroffenen Aussagen deuten jedoch schließlich darauf hin, dass im Fall des indirekten Informationsaustauschs ein bloßes Wissenmüssen des A genügen kann.

In dieser Entscheidung trifft der EuGH erstmals deutlichere Aussagen für den Fall des indirekten Informationsaustauschs. Dem auftraggebenden Unternehmen sei die Informationspreisgabe durch den Dienstleister nicht nur dann zuzurechnen, „wenn es von den wettbewerbswidrigen Zielen seiner Konkurrenten und des Dienstleisters Kenntnis hatte und durch sein eigenes Verhalten dazu beitragen wollte“[312], sondern auch dann, „wenn es vernünftigerweise vorhersehen konnte, dass der von ihm beauftragte Dienstleister seine Geschäftsinformationen mit seinen Konkurrenten teilen würde und bereit war, die daraus erwachsende Gefahr auf sich zu nehmen“.[313]

Zu untersuchen ist insoweit zum einen die Bedeutung dieser beiden subjektiven Kriterien und zum anderen, inwieweit die in „*VM Remonts*“ getroffenen Aussagen verallgemeinerungsfähig sind.

(aa) Einordnung der in „VM Remonts“ aufgestellten subjektiven Kriterien

Der EuGH stellt in „*VM Remonts*“ zwei separate, in einem Alternativverhältnis zueinander stehende, subjektive Zurechnungskriterien auf. Fraglich ist zunächst, wie diese beiden Kriterien jeweils auszulegen sind, insbesondere ob beide Varianten Vorsatzformen beschreiben oder ob im Fall des zweiten Kriteriums auch eine fahrlässige Unkenntnis im Sinne eines Kennenmüssens für eine Zurechnung genügen kann.[314] Während die im Folgenden verwendeten Begriffe im Kontext von Vorsatz und Fahrlässigkeit an national-rechtliche Problematiken erinnern, so sei doch darauf hingewiesen, dass die Begriffe im vorliegenden Kontext letztlich unionsrechtlich-autonom auszulegen sind.[315]

Das erste vom EuGH genannte Kriterium – das Handeln des auftraggebenden Unternehmens in tatsächlicher Kenntnis des wettbewerbswidrigen Verhaltens und mit dem Willen, durch sein eigenes Verhalten dazu beizu-

---

312 EuGH, Urteil vom 21.7.2016, Rs. C-542/14, Rn. 30 „*VM Remonts*“.

313 EuGH, Urteil vom 21.7.2016, Rs. C-542/14, Rn. 31 „*VM Remonts*“.

314 Siehe dazu auch die Darstellung bei *Doetsch*, S. 120 ff.

315 *Kreuzer/Wagner/Reder*, in: EU-WirtschaftsR-HdB, Q.I. Rn. 186 ff.

tragen – lässt sich ohne weiteres als Vorsatz im Sinne des Wissens und Wollens einordnen. Der EuGH präzisiert dieses erste Kriterium ausdrücklich dahingehend, dass sowohl die Absicht als auch die bloße ausdrückliche oder stillschweigende Billigung des kartellrechtswidrigen Verhaltens erfasst wird.[316] Das erste Kriterium des EuGH lässt sich damit nur so verstehen, dass grundsätzlich alle Vorsatzformen mit Ausprägungen des Wissens- und Wollenselements – namentlich Absicht und Eventualvorsatz – bereits unter dieses erste Kriterium fallen und eine Zurechnung begründen.[317] Dabei stellt der EuGH in Bezug auf dieses erste Kriterium klar, dass die Annahme von Vorsatz dann ausscheidet, „wenn der Dienstleister, ohne das auftraggebende Unternehmen darüber zu informieren, dessen vertrauliche Geschäftsinformationen genutzt hat, um die Angebote der Konkurrenten zu erstellen“.[318]

Sodann führt der EuGH in der nächsten Randnummer das – alternative – zweite subjektive Zurechnungskriterium aus: Das kartellrechtswidrige Verhalten soll dem auftraggebenden Unternehmen auch dann zugerechnet werden, „wenn es vernünftigerweise vorhersehen konnte, dass der von ihm beauftragte Dienstleister seine Geschäftsinformationen mit seinen Konkurrenten teilen würde, und bereit war, die daraus erwachsende Gefahr auf sich zu nehmen.“[319] Verglichen mit dem soeben als Vorsatzkriterium eingeordneten ersten Kriterium wirft dieses aus zwei Elementen zusammengesetzte, subjektive Kriterium mehr Auslegungsfragen auf. Das erste Element – der Umstand, dass das auftraggebende Unternehmen das kartellrechtswidrige Verhalten *vernünftigerweise vorhersehen konnte*, legt nahe, dass in dieser Variante bereits eine fahrlässige Unkenntnis die Zurechnung begründen kann.[320] Eine solche Lesart lässt sich jedoch nur schwer mit dem zweiten Element – der Bereitschaft, die aus dem kartellrechtswidrigen Verhalten erwachsende Gefahr zu tragen – vereinbaren. Dieses Element könnte im Sinne eines billigenden Inkaufnehmens zu verstehen sein. Dies wiederum würde sodann – wie bei dem eingangs ausgeführten ersten Kriterium des EuGH – ebenfalls eine Auslegung als Vorsatzkriterium na-

316 EuGH, Urteil vom 21.7.2016, Rs. C-542/14, Rn. 30 „*VM Remonts*“.
317 So auch *Brömmelmeyer* WuW 2017, 174, 179 f.; *Oechsler*, NZKart 2017, 21, 24.
318 EuGH, Urteil vom 21.7.2016, Rs. C-542/14, Rn. 30 a.E. „*VM Remonts*“.
319 EuGH, Urteil vom 21.7.2016, Rs. C-542/14, Rn. 31 „*VM Remonts*“.
320 So auch *Brömmelmeyer*, WuW 2017, 174, 180 f., der von einer „qualifizierten Fahrlässigkeit“ spricht, und *Talbot*, Commercial Law Practitioner 2016, 233, 235.

helegen.[321] Tatsächlich stehen beide Elemente des zweiten Kriteriums sodann jedoch in einem kaum auflösbaren Widerspruch zueinander. Versteht man das erste Element als Kennenmüssen und lässt fahrlässige Unkenntnis genügen, so fehlt es gerade an tatsächlicher Kenntnis des kartellrechtswidrigen Verhaltens. Ohne eine solche tatsächliche Kenntnis ist jedoch auch keine tatsächliche Gefahrtragungsbereitschaft im Sinne eines billigenden Inkaufnehmens möglich. Lässt man fahrlässige Unkenntnis genügen, so lässt sich das zweite Element allenfalls als hypothetische Gefahrtragungsbereitschaft bei unterstellter Kenntnis interpretieren, wodurch das Kriterium praktisch leerliefe. Bei einer solchen Lesart würde das zweite Kriterium des EuGH im Ergebnis ein Fahrlässigkeitskriterium darstellen.

Sähe man demgegenüber den Schwerpunkt in dem zweiten Element und würde man eine tatsächliche Gefahrtragungsbereitschaft im Sinne eines billigenden Inkaufnehmens des kartellrechtswidrigen Verhaltens verlangen, so würde das zweite Kriterium des EuGH im Ergebnis ebenfalls ein Vorsatzkriterium – konkret in Gestalt eines Eventualvorsatzes – darstellen.[322] In einem solchen Fall würde wiederum das erste Element („vernünftigerweise vorhersehen konnte") praktisch leerlaufen. Es wäre dann notwendig als tatsächliche Kenntnis auszulegen, denn ohne tatsächliche Kenntnis als Wissenselement des Eventualvorsatzes ist ein billigendes Inkaufnehmen nicht möglich. Es sprechen jedoch gute Gründe in der Systematik der Entscheidung gegen eine derartige Lesart und vielmehr für die Annahme eines Fahrlässigkeitskriteriums.[323] Zum einen erfasst, wie bereits dargelegt, das erste Kriterium[324] alle Vorsatzformen, einschließlich des Eventualvorsatzes. Würde man das zweite Kriterium nun ebenfalls als Eventualvorsatz auslegen, so bliebe für das zweite Kriterium schon kein eigenständiger Anwendungsbereich mehr übrig. Dies spricht dafür, das zweite Kriterium als Vorhersehbarkeit im Sinne eines Wissenmüssens bzw. einer fahrlässigen Unkenntnis zu interpretieren, auch wenn dies wiederum

---

321 Für die Auslegung auch des zweiten Kriteriums als Vorsatzform *Kreße*, WuB 2017, 397, 400; scheinbar ebenso *Oechsler*, NZKart 2017, 21, 24; *Weitbrecht/Mühle*, EuZW 2017, 165, 167.

322 So scheinbar *Oechsler*, NZKart 2017, 21, 24; *Weitbrecht/Mühle*, EuZW 2017, 165, 167.

323 So im Ergebnis auch *Brömmelmeyer*, WuW 2017, 174, 180 f. („qualifizierte Fahrlässigkeit") sowie *Talbot*, Commercial Law Practitioner 2016, 233, 235; ohne eindeutige Einordnung *Doetsch*, S. 119 ff., 128.

324 Zur erneuten Klarstellung: EuGH, Urteil vom 21.7.2016, Rs. C-542/14, Rn. 30 *„VM Remonts"*.

bedeutet, dass das Element der Gefahrtragungsbereitschaft innerhalb des zweiten Kriteriums in den Hintergrund tritt.

Für ein solches Ergebnis spricht schließlich auch die Art und Weise, in der der EuGH den Fall der eigenmächtig kartellrechtswidrigen Informationsverwendung durch den Dritten in seiner Entscheidung aufgegriffen hat. Er hat diesen Fall explizit nur für das erste Kriterium ausgeschlossen.[325] Erst anschließend erörtert der EuGH das Kriterium der Vorhersehbarkeit, was nahelegt, dass nach Auffassung des EuGH ein eigenmächtig kartellrechtswidriges Verhalten des Dritten eine Zurechnung nicht automatisch ausschließt, dass eine Zurechnung vielmehr auch in einem solchen Fall dann in Betracht kommt, wenn das auftraggebende Unternehmen dies vernünftigerweise vorhersehen konnte.

Es genügt damit nach dem EuGH eine Vorhersehbarkeit im Sinne einer fahrlässigen Unkenntnis[326] („vernünftigerweise vorhersehen konnte"). Das Element der Gefahrtragungsbereitschaft tritt in den Hintergrund. Wann im konkreten Einzelfall eine solche fahrlässige Unkenntnis des kartellrechtswidrigen Verhaltens des beauftragten Dritten vorliegt und eine Zurechnung begründet, ist wiederum Tatfrage.[327]

(bb) Verallgemeinerungsfähigkeit der in „VM Remonts" getroffenen Aussagen

Allerdings betrifft „*VM Remonts*" unmittelbar ausschließlich Sachverhalte, in denen ein von dem Informationsabsender beauftragter Dritter die Rolle des Informationsmittlers übernimmt.[328] Fraglich ist auch hier, inwieweit die in „*VM Remonts*" getroffenen Aussagen verallgemeinerungsfähig sind.

---

325 Vgl. EuGH, Urteil vom 21.7.2016, Rs. C-542/14, Rn. 30 a.E. „*VM Remonts*": „[…] doch ist dies nicht der Fall, wenn der Dienstleister, ohne das auftraggebende Unternehmen darüber zu informieren, dessen vertrauliche Geschäftsinformationen genutzt hat, um die Angebote der Konkurrenten zu erstellen".

326 Vgl. auch *Apostolakis*, CMLR 2017, 605 ff., 625 ff., dem zufolge die Ausführungen in „*VM Remonts*" jedoch in der Weise einschränkend zu verstehen seien, dass ein Wissenmüssen ausschließlich in solchen Fällen genügen solle, in denen, erstens, bereits feststehe, dass das Unternehmen Beteiligter eines Kartellverstoßes ist, und, zweitens, in denen es sich um eine einheitliche und fortgesetzte Zuwiderhandlung handelt; siehe auch *Brömmelmeyer*, WuW 2017, 174, 180 f., der von einer „qualifizierten Fahrlässigkeit" spricht.

327 Siehe etwa die Beispiele bei *Brömmelmeyer*, WuW 2017, 174, 181.

328 Vgl. EuGH, Urteil vom 21.7.2016, Rs. C-542/14, Rn. 25 ff. „*VM Remonts*"; vgl. auch *Brömmelmeyer*, WuW 2017, 174, 179 ff.

Prinzipiell handelte es sich um einen auf den ersten Blick ungewöhnlichen Sachverhalt, wenn man sich vor Augen führt, dass der Dritte eine Koordinierung ohne das Wissen seiner Auftraggeber herbeiführte.[329] Dieser Umstand allein hatte jedoch keine unmittelbare Relevanz für die vom EuGH getroffenen, abstrakt gefassten Aussagen und steht einer Verallgemeinerung somit nicht automatisch entgegen.

Eine auch in der Analyse relevante Sachverhaltsbesonderheit lässt sich jedoch in der vertraglichen Beziehung zwischen A und B ausmachen. Es handelte sich hier gerade nicht um ein Lieferantenverhältnis, sondern um ein Auftragsverhältnis, das den Dritten im konkreten Fall zu der Erstellung eines Ausschreibungsangebots verpflichtete.[330]

Dies wirft die Frage auf, ob die in „*VM Remonts*" aufgestellten Grundsätze auf alle Fälle eines indirekten Informationsaustauschs anwendbar sind oder ob dies nur der Fall sein soll, wenn der Dritte von dem Informationsabsender beauftragt wurde und diesem gegenüber daher zur Wahrung seiner Interessen verpflichtet war.[331] Insoweit bestehen wichtige Unterschiede zwischen dem Lieferantenverhältnis, in dem die Parteien mitunter, etwa wenn es um die Verhandlung des Herstellerabgabepreises geht, gegenläufige Interessen verfolgen, und dem Auftragsverhältnis, in dem sich der Beauftragte gerade verpflichtet, die Interessen des Auftraggebers zu wahren.[332]

Für eine Gleichbehandlung beider Konstellationen im Rahmen der in „*VM Remonts*" aufgestellten Grundsätze lässt sich anführen, dass das Verlangen nach einem strengen subjektiven Kriterium ursprünglich auf dem Einwand beruhte, dass eine Informationspreisgabe im Vertikalverhältnis zwischen Hersteller und Händler häufig durch legitime Zwecke gedeckt sein wird.[333] Die Abgrenzung berechtigter und unberechtigter Informationspreisgaben im Vertikalverhältnis sollte sodann anhand des subjektiven

---

329 Vgl. auch *Berg*, EuZW 2016, 737, 739.

330 EuGH, Urteil vom 21.7.2016, Rs. C-542/14, Rn. 5 „*VM Remonts*".

331 Vgl. *Brömmelmeyer*, WuW 2017, 174, 179 f.

332 Gegen eine Anwendung der in „*VM Remonts*" aufgestellten Grundsätze auf Lieferanten, auch *Apostolakis*, CMLR 2017, 605, 628, der darüber hinaus die Anwendung der dritten Fallgruppe (Wissenmüssen) auf solche Fälle beschränken will, in denen es sich um eine einheitliche und fortgesetzte Zuwiderhandlung handelt.

333 Vgl. *Hainz/Benditz*, EuZW 2012, 686, 687; *Odudu*, ECJ 2011, 205, 233; *Röhling/Haus*, KSzW 2011, 32, 34 ff.; *Whelan*, ECJ 2009, 823; *Zampa/Buccirossi*, Competition Law International 2013, 91, 93 ff.

Elements vorgenommen werden.[334] Dieser Einwand müsste jedoch auch im Verhältnis zwischen einem Auftraggeber und seinem Auftragnehmer erhoben werden, denn auch der Beauftragte benötigt Informationen aus der Sphäre des Auftraggebers, um – etwa im Falle eines Rechtsanwalts (so in „*VM Remonts*“) oder eines Preisberaters – die Beratungsleistung erbringen zu können. Auch in diesem Verhältnis ist die Informationspreisgabe damit zunächst durch einen legitimen Zweck gedeckt.

Letztlich besteht jedoch ein wesentlicher Unterschied in der Pflicht zur Interessenwahrung. So nimmt der EuGH in „*VM Remonts*“ im Rahmen seiner Analyse eine Abstufung anhand des jeweiligen Näheverhältnisses vor, beginnend mit der wirtschaftlichen Einheit, innerhalb derer eine Verantwortlichkeit des Unternehmens für Kartellverstöße aus der wirtschaftlichen Einheit heraus unproblematisch angenommen werden könne,[335] über den nur scheinbar selbständigen Dritten, der tatsächlich als Teil der wirtschaftlichen Einheit zu qualifizieren ist,[336] zum „echten“ selbständigen, lediglich beauftragten Dritten.[337] Versucht man nun, einen sonstigen Dritten, etwa einen Lieferanten, in dieses abgestufte System einzuordnen und wendet man als entscheidendes Kriterium die übernommene Pflicht zur Interessenwahrung an,[338] so steht der beauftragte Dritte dem Unternehmen wiederum deutlich näher als ein Lieferant.

Folglich lassen sich die in „*VM Remonts*“ aufgestellten Kriterien zur Handhabung von Fällen des indirekten Informationsaustauschs nicht verallgemeinern, sondern sind nur dann anwendbar, wenn zwischen dem Unternehmen A und dem Dritten B ein Auftragsverhältnis besteht, das B gegenüber A zur Interessenwahrung verpflichtet.[339]

---

334 Vgl. *Hainz/Benditz*, EuZW 2012, 686, 687; *Odudu*, ECJ 2011, 205, 233; *Röhling/Haus*, KSzW 2011, 32, 34 ff.; *Whelan*, ECJ 2009, 823; *Zampa/Buccirossi*, Competition Law International 2013, 91, 93 ff.

335 EuGH, Urteil vom 21.7.2016, Rs. C-542/14, Rn. 22 ff. „*VM Remonts*“. Zur Zurechnung von Kartellverstößen von Mitarbeitern siehe EuGH, Urteil vom 7.6.1983, verb. Rs. 100/80 u.a. „*Musique Diffusion Française*“; vgl. auch *Brömmelmeyer*, WuW 2017, 174, 175 ff.

336 EuGH, Urteil vom 21.7.2016, Rs. C-542/14, Rn. 27 „*VM Remonts*“.

337 EuGH, Urteil vom 21.7.2016, Rs. C-542/14, Rn. 28 „*VM Remonts*“.

338 Zur Interessenwahrungspflicht als Vergleichskriterium zwischen Mitarbeitern und beauftragten Dritten siehe auch *Brömmelmeyer*, WuW 2017, 174, 178. In der Entscheidung des EuGH findet das hier abgeleitete Kriterium der Interessenwahrungspflicht keine ausdrückliche Erwähnung. Der EuGH spricht unmittelbar nur von „Auftraggeber“ und „Dienstleister“.

339 So auch *Brömmelmeyer*, WuW 2017, 174, 179 f.

(d) Zwischenergebnis

Die Auswertung der einschlägigen Rechtsprechung des EuGH hat gezeigt, dass grundsätzlich eine tatsächliche Kenntnis des A von der Informationsweitergabe durch B an die Wettbewerber das A zu verlangen ist.

Besteht jedoch ein Näheverhältnis zwischen A und B in der Weise, dass B aufgrund eines Auftragsverhältnisses zur Interessenwahrung des A verpflichtet ist, so greifen die in *„VM Remonts"* aufgestellten Grundsätze. Danach genügt es in subjektiver Hinsicht bereits, wenn A lediglich vernünftigerweise vorhersehen konnte – also wissen musste – dass B die Informationen an Wettbewerber des A weitergeben wird.

(2) Das voluntative Element

Unklar und in Literatur und Praxis teilweise umstritten ist ferner, ob ein besonders ausgeprägtes voluntatives Element hinzukommen muss. Teilweise wird vorsätzliches Verhalten, also Wissen und Wollen der Tatbegehung, verlangt,[340] teilweise sogar eine Absicht des A bezüglich der Weitergabe der Informationen durch B.[341]

Ausgehend von den Grundmerkmalen der aufeinander abgestimmten Verhaltensweise lässt sich kein Erfordernis eines besonders stark ausgeprägten voluntativen Elements ausmachen.[342] Merkmal der aufeinander abgestimmten Verhaltensweise ist es gerade, dass es sich um eine Koordinierung handelt, „die zwar noch nicht bis zum Abschluss eines Vertrags im eigentlichen Sinne gediehen ist, jedoch bewusst eine praktische Zusammenarbeit an die Stelle des mit Risiken verbundenen Wettbewerbs treten lässt".[343] Das subjektive Element der aufeinander abgestimmten Verhaltensweise ist damit im Vergleich zur Vereinbarung gerade schwächer ausgeprägt.[344] Zudem ist auch im Kontext der bezweckten Wettbewerbsbe-

---

340 *Stöcker*, WuW 2012, 935, 940.

341 Eine Absicht des A verlangte etwa der britische Court of Appeal [2006] EWCA Civ 1318 Rn. 91, 141; zustimmend *Hainz/Benditz*, EuZW 2012, 686, 688; *Odudu*, ECJ 2011, 205, 224, 232 ff.

342 So auch *McCabe*, ECLR 2012, 452, 454 f.; *Röhling/Haus*, KSzW 2011, 32, 36; *Rottmann/Göhsl*, WuW 2019, 348, 352; *Whelan*, ECJ 2009, 823, 834.

343 EuGH, Urteil vom 16.12.1975, verb. Rs. 40/73 u.a., Rn. 26 ff. *„Suiker Unie"*; EuGH, Urteil vom 04.06.2009, Rs. C-8/08, Rn. 26 *„T-Mobile Netherlands"*.

344 *Füller*, in: KölnKomm-KartR, Art. 101 AEUV Rn. 142; *Solek*, JECLAP 2017, 15, 21.

schränkung anerkannt, dass das Merkmal des „Bezweckens" rein objektiv zu verstehen ist.[345] Absicht kann insoweit als Indiz der objektiven Eignung herangezogen werden, ist jedoch nicht notwendige Voraussetzung einer bezweckten Wettbewerbsbeschränkung.[346] Fragen des Verschuldens werden vielmehr primär auf der Rechtsfolgenseite im Rahmen der Bußgeldbemessung relevant.[347]

Auch in „*VM Remonts*" lässt der EuGH in der Variante der positiven Kenntnis einen bedingten Vorsatz des Informationsabsenders genügen. Neben der Absicht des auftraggebenden Unternehmens genügt ferner explizit eine ausdrückliche oder stillschweigende Billigung der Informationsweitergabe durch den Dienstleister.[348] Ist man bereits ausgehend von „*VM Remonts*" zu dem Ergebnis gekommen, dass ein bloßes Wissenmüssen des A genügt, so erübrigt sich die Frage nach dem Erfordernis eines besonderen voluntativen Elements ohnehin.

Somit erfordert die aufeinander abgestimmte Verhaltensweise weder nach allgemeinen Grundsätzen noch in der Fallgruppe des indirekten Informationsaustauschs ein besonderes voluntatives Element in Form einer Absicht der Beteiligten.

Besteht zwischen A und B ein Auftragsverhältnis, so genügt bereits ein bloßes Wissenmüssen des A. Für sonstige Fälle des indirekten Informationsaustauschs, etwa im Rahmen einer Lieferbeziehung, genügt es, dass A die Informationen in Kenntnis und damit jedenfalls konkludent unter Bil-

345 *Grave/Nyberg*, in: Loewenheim et al., Art. 101 Abs. 1 AEUV Rn. 228; *McCabe*, ECLR 2012, 452, 455 f.

346 EuGH, Urteil vom 28.3.1984, verb. Rs. 29/83 u.a., Rn. 26 „*CRAM*"; EuGH, Urteil vom 4.6.2009, Rs. C-8/08, Rn. 27 „*T-Mobile Netherlands*"; KOMM., Leitlinien zur Anwendbarkeit von Art. 101 des Vertrags über die Arbeitsweise der Europäischen Union auf Vereinbarungen über horizontale Zusammenarbeit, ABl. EU 2011 Nr. C 11/1, Rn. 25; *Zimmer*, in: Immenga/Mestmäcker, Art. 101 Abs. 1 AEUV Rn. 129.

347 So genügt gem. Art. 23 Abs. 1 VO 1/2003 grundsätzlich auch eine fahrlässige Verwirklichung des Kartellverbotstatbestands. Gemäß den Bußgeldleitlinien kann eine lediglich fahrlässige Kartellbegehung zudem zu einer Herabsetzung des Bußgelds führen, vgl. KOMM., Leitlinien für das Verfahren zur Festsetzung von Geldbußen gemäß Artikel 23 Absatz 2 Buchstabe a) der Verordnung (EG) Nr. 1/2003, ABl. EU 2006 Nr. C 210/02, Rn. 29; vgl. auch *McCabe*, ECLR 2012, 452, 454 f.

348 Vgl. EuGH, Urteil vom 21.7.2016, Rs. C-542/14, Rn. 30 „*VM Remonts*"; siehe jedoch auch *Apostolakis*, CMLR 2017, 605, 620 ff., dem zufolge scheinbar stets Absicht erforderlich sein soll.

ligung der Umstände an B übermittelt, was letztlich einem bedingten Vorsatz entspricht.[349]

(3) Zwischenergebnis zu Phase I

Als Zwischenergebnis der ersten Phase des indirekten Informationsaustauschs lässt sich somit festhalten, dass auf Seiten des A zunächst grundsätzlich eine tatsächliche Kenntnis zu verlangen ist. Handelt es sich jedoch um einen beauftragten Dritten, so genügt es ausgehend von der Rechtsprechung des EuGH in „*VM Remonts*" bereits, wenn A vernünftigerweise vorhersehen konnte, dass der Dritte die Informationen an Wettbewerber des A weitergeben wird.

Ferner ist eine Absicht des A nicht erforderlich. Genügt im Fall eines beauftragten Dritten bereits ein bloßes Wissenmüssen, so erübrigt sich die Frage nach einem besonderen voluntativen Element ohnehin. Handelt der Dritte tatsächlich in positiver Kenntnis der Umstände, so genügt in voluntativer Hinsicht eine ausdrückliche oder stillschweigende Billigung der Informationsweitergabe an die Wettbewerber.

bb) Anforderungen in Phase II: Einseitige Offenlegung von Informationen durch B gegenüber C

In der zweiten Phase übermittelt B sodann die Informationen des A an C. Fraglich sind in dieser Phase zum einen die subjektiven Anforderungen an B sowie, inwieweit C auf die Übermittlung von Informationen des A reagieren muss.

(1) Subjektives Moment des Dritten (B)

Ausgehend von den Erkenntnissen der Analyse der ersten Phase könnte man annehmen, dass auch B sich seiner Rolle in der Koordinierung bewusst sein und tatsächliche Kenntnis von den Umständen haben muss. B nimmt jedoch als Dritter in der Analyse gewissermaßen eine Sonderstellung ein. Im Fokus steht die Frage, unter welchen Voraussetzungen im

349 So im Ergebnis wohl auch *Stöcker*, WuW 2012, 935, 940.

Horizontalverhältnis, das heißt zwischen den Wettbewerbern A und C, durch indirekten Informationsaustausch eine aufeinander abgestimmte Verhaltensweise zustande kommt. Der Dritte ist dabei lediglich das Kommunikationsmedium, dessen Rolle mit der bloßen Informationsübermittlung von A an C – unabhängig vom subjektiven Moment des B – erfüllt ist.[350]

Teilweise wird aus der Entscheidung des EuGH in der Sache *„AC Treuhand"* abgeleitet, dass in Bezug auf B auch fahrlässige Unkenntnis ausreichen solle, denn in *„AC Treuhand"* kam der EuGH zu dem Ergebnis, dass der Dritte haften soll, wenn er entweder positive Kenntnis der Umstände der Koordinierung hatte oder die Koordinierung jedenfalls vernünftigerweise hätte vorsehen müssen.[351] *„AC Treuhand"* betraf jedoch ausschließlich die Frage nach der Haftung des Dritten als Beteiligter einer horizontalen Koordinierung. Dem ist die hier im Fokus stehende Frage nach dem Vorliegen einer horizontalen Koordinierung vorgelagert.

Auch aus der Entscheidung *„VM Remonts"* lassen sich im Ergebnis keine Anforderungen an das Verhalten des B ableiten. Dort schien der EuGH von „wettbewerbswidrigen Zielen [der] Konkurrenten und des Dienstleisters Kenntnis" auszugehen.[352] Allerdings befasste sich der EuGH in seiner Entscheidung nicht mit dem gesamten Prozess des indirekten Informationsaustauschs, sondern allein mit der Frage, wann A ein kartellrechtliches Fehlverhalten des beauftragten B in Form der Informationsweitergabe zurechenbar ist. Dieser Fokus auf die Perspektive des A schließt Rückschlüsse bezogen auf B aus.

Im Ergebnis hängt somit die Feststellung einer aufeinander abgestimmten Verhaltensweise zwischen A und C im Wege der indirekten Kommunikation über B nicht von der subjektiven Perspektive des B ab. Erforderlich ist allein die schlichte Informationsübermittlung durch B an C, mit der B seine Rolle als Informationsübermittler erfüllt.[353]

---

350 So im Ergebnis auch *Whelan*, ECJ 2009, 823, 835.

351 Vgl. EuGH, Urteil vom 22.10.2015, Rs. C-194/14 P, Rn. 30 *„AC Treuhand"*; für eine Anwendung der in *„AC Treuhand"* aufgestellten Grundsätze im Rahmen des indirekten Informationsaustauschs *Faull/Nikpay*, Rn. 3.148 f.; *McCabe*, ECLR 2012, 452, 454; *Zampa/Buccirossi*, Competition Law International 2013, 91, 103.

352 EuGH, Urteil vom 21.7.2016, Rs. C-542/14, Rn. 30 *„VM Remonts"*.

353 Eine bloße Informationsübermittlung von B an C, ohne den Kenntnisstand des B überhaupt zu thematisieren, verlangen auch das britische Competition Appeal Tribunal in *JJB Sports plc v Office of Fair Trading* [2004] CAT 17 (Replica Football Kit); *Argos Ltd. Littlewoods Ltd. v Office of Fair Trading* [2004] CAT 24

(2) Reaktion des Informationsempfängers (C)

Ferner stellt sich die Frage, ob C in einer bestimmten Weise auf die Informationsübermittlung durch B reagieren muss.

(a) Hintergrund

Hintergrund dieser Überlegung ist, dass der zweiten Phase prinzipiell ein Fall der einseitigen Offenlegung von Informationen zugrunde liegt.[354] Unproblematisch liegt eine mittelbare Fühlungnahme zwischen A und C über den Dritten B vor, wenn C um die Übermittlung der Informationen bereits zuvor gebeten hatte.[355] Ist dies nicht der Fall, so handelt es sich um eine unaufgeforderte einseitige Offenlegung strategischer Informationen des A durch B gegenüber C. Jedoch verlangt auch das Tatbestandsmerkmal der aufeinander abgestimmten Verhaltensweise im Ausgangspunkt eine Verhaltensabstimmung.[356] Daher betonen auch die Horizontalleitlinien der Kommission das grundsätzliche Erfordernis wechselseitiger Kommunikation.[357] Eine bloß einseitige Offenlegung strategischer Informationen stelle im Regelfall nur dann eine abgestimmte Verhaltensweise dar, wenn der Empfänger die Informationen „akzeptiert".[358] Jedoch führt die Kommission weiterhin aus, dass davon ausgegangen werden kann, dass das empfangende Unternehmen die Informationen „akzeptiert und sein Marktverhalten entsprechend angepasst hat", wenn es strategische Informationen erhalten und nicht ausdrücklich erklärt hat, „dass es die Daten

(Toys) sowie der britische Court of Appeal [2006] EWCA Civ 1318 Rn. 141. Aus der Literatur siehe *Hainz/Benditz*, EuZW 2012, 686, 688 f.; *Stöcker*, WuW 2012, 935, 940.

354 Grundlegend *Odudu*, ECJ 2011, 205, 218 ff.; *Odudu*, in: Liannos/Geradin (Hrsg.), Handbook on European Competition Law, S. 242, 246, 250 ff.

355 EuG, Urteil vom 15.3.2000, verb. Rs. T-25/95 u.a., Rn. 1849 *„Cimenteries CBR"*.

356 *Füller*, in: KölnKomm-KartR, Art. 101 AEUV Rn. 140 ff.; *Grave/Nyberg*, in: Loewenheim et al., Art. 101 Abs. 1 AEUV Rn. 206.

357 KOMM., Leitlinien zur Anwendbarkeit von Art. 101 des Vertrags über die Arbeitsweise der Europäischen Union auf Vereinbarungen über horizontale Zusammenarbeit, ABl. EU 2011 Nr. C 11/1, Rn. 62.

358 KOMM., Leitlinien zur Anwendbarkeit von Art. 101 des Vertrags über die Arbeitsweise der Europäischen Union auf Vereinbarungen über horizontale Zusammenarbeit, ABl. EU 2011 Nr. C 11/1, Rn. 62.

nicht bekommen will".[359] Diese Aussage nimmt Bezug auf die vom EuGH aufgestellten Grundsätze der passiven Kartellbeteiligung, die ihrerseits auf die „*Anic*"-Entscheidung zurückgehen.[360] In „*Anic*" ging der EuGH von einer widerlegbaren Vermutung aus, dass „die an der Abstimmung beteiligten und weiterhin auf dem Markt tätigen Unternehmen die mit ihren Wettbewerbern ausgetauschten Informationen bei der Bestimmung ihres Marktverhaltens berücksichtigen werden".[361] Der Empfänger kann die Vermutung widerlegen, indem er sich öffentlich von den erlangten Informationen distanziert.[362]

Fraglich ist, inwieweit sich diese Grundsätze der passiven Beteiligung auf Fälle des indirekten Informationsaustauschs anwenden lassen.[363] Würde man die Grundsätze auf das A-B-C-Modell anwenden, so würde bereits die bloße Kenntnisnahme des C von den Informationen des A die Vermutung einer Verhaltensabstimmung begründen, die er nur vermeiden kann, indem er sich öffentlich distanziert. Kommt man hingegen zu dem Ergebnis, dass die Grundsätze der passiven Beteiligung nicht anwendbar sein sollen, so ließe sich im A-B-C-Modell nur dann eine Abstimmung zwischen A und C herleiten, wenn C entweder ausdrücklich oder stillschweigend seine Zustimmung zum Ausdruck bringt.

---

359 KOMM., Leitlinien zur Anwendbarkeit von Art. 101 des Vertrags über die Arbeitsweise der Europäischen Union auf Vereinbarungen über horizontale Zusammenarbeit, ABl. EU 2011 Nr. C 11/1, Rn. 62.

360 Grundlegend EuGH, Urteil vom 08.07.1999, Rs. C-49/92 P, Rn. 121 „*Anic Partecipazioni*". Seitdem wandte der EuGH die Grundsätze der passiven Kartellbeteiligung wiederholt in ausgewählten Sachverhaltskonstellationen an, siehe insbesondere EuGH, Urteil vom 08.07.1999, Rs. C-199/92 P, Rn. 155 „*Hüls*"; EuGH, Urteil vom 07.01.2004, verb. Rs. C-204/00 P, Rn. 81 „*Aalborg Portland*"; EuGH, Urteil vom 28.06.2005, verb. Rs. C-189/02 P, Rn. 142 „*Dansk Rørindustri*". Aus jüngerer Zeit siehe EuGH, Urteil vom 22.10.2015, Rs. C-194/14 P, Rn. 31 „*AC Treuhand*"; EuGH, Urteil vom 21.01.2016, Rs. C-74/14, Rn. 28 „*Eturas*"; vgl. auch KOMM., Leitlinien zur Anwendbarkeit von Art. 101 des Vertrags über die Arbeitsweise der Europäischen Union auf Vereinbarungen über horizontale Zusammenarbeit, ABl. EU 2011 Nr. C 11/1, Rn. 62.

361 EuGH, Urteil vom 08.07.1999, Rs. C-49/92 P, Rn. 121 „*Anic Partecipazioni*"; EuGH, Urteil vom 8.7.1999, Rs. C-199/92 P, Rn. 162 „*Hüls*"; EuG, Urteil vom 12.7.2001, verb. Rs. T-202/98 u.a., Rn. 40 „*Tate & Lyle*"; siehe auch *Bellamy/Child*, Rn. 2.073 ff.; *Grave/Nyberg*, in: Loewenheim et al., Art. 101 Abs. 1 AEUV Rn. 312; *Zimmer*, in: Immenga/Mestmäcker, Art. 101 AEUV Rn. 87.

362 KOMM., Leitlinien zur Anwendbarkeit von Art. 101 des Vertrags über die Arbeitsweise der Europäischen Union auf Vereinbarungen über horizontale Zusammenarbeit, ABl. EU 2011 Nr. C 11/1, Rn. 62; siehe auch *Grave/Nyberg*, in: Loewenheim et al., Art. 101 Abs. 1 AEUV Rn. 312.

363 Vgl. auch *Hainz/Benditz*, EuZW 2012, 686, 689.

(b) Stellungnahmen in der Literatur zur Anwendbarkeit der Grundsätze der passiven Kartellbeteiligung auf Fälle des indirekten Informationsaustauschs

Teile der Literatur und Praxis lehnen die Anwendung der Grundsätze der passiven Kartellbeteiligung in Fällen des indirekten Informationsaustauschs ab und verlangen eine Zustimmung des C oder auch eine tatsächliche Verwendung der Informationen am Markt.[364] Ein bloßes Schweigen des C könne nicht genügen, um zur Annahme einer horizontal aufeinander abgestimmten Verhaltensweise zu gelangen.[365]Eine besonders strenge Auffassung verlangt sogar eine ausdrückliche Zustimmung des C. Konkret müsste C nach dieser Auffassung bereits vorab den Wunsch geäußert haben, die Informationen zu erhalten oder er müsste sie nachträglich akzeptiert haben. Sodann müsste C dem B mitteilen, dass er die Informationen künftig verwenden wolle, er müsste das Koordinierungsangebot des A also ausdrücklich annehmen. Diese Annahmeerklärung sei dem A wiederum durch B als Boten zu überbringen.[366] Diese Auffassung ist jedoch abzulehnen. Unter den beschriebenen Umständen wäre bereits der Tatbestand der Vereinbarung erfüllt. Die Tatbestandsvariante der aufeinander abgestimmten Verhaltensweise erfordert hingegen nur eine Willensübereinstimmung, die in ihrer Intensität typischerweise gerade unterhalb der Schwelle zur Vereinbarung bleibt.[367]

Andere wiederum halten die Anwendung der „*Anic*“-Vermutung auf Fälle des indirekten Informationsaustauschs für möglich,[368] wobei teilweise einschränkend verlangt wird, dass C die Informationen für vertrauenswürdig halten muss.[369]

---

364 So im Ergebnis jedenfalls *Argos Ltd. Littlewoods Ltd. v Office of Fair Trading* and *JJB Sports plc v Office of Fair Trading* [2006] EWCA Civ 1318 Rn. 141.

365 So etwa *Kling/Thomas*, § 19 Rn. 123; *Odudu*, ECJ 2011, 205, 220 ff.; *Stöcker*, WuW 2012, 935, 939 f., 946.

366 *Stöcker*, WuW 2012, 935, 937 ff.

367 *Dreher/Hoffmann*, WuW 2011, 1181, 1184; *Füller*, in: KölnKomm-KartR, Art. 101 AEUV Rn. 142; *Solek*, JECLAP 2017, 15, 21.

368 *Apostolakis*, CMLR 2017, 605, 612 f.; *Hainz/Benditz*, EuZW 2012, 686; *McCabe*, ECLR 2012, 452, 455 f.; *Odudu*, ECJ 2011, 205, 224; *Odudu*, in: Liannos/Geradin (Hrsg.), Handbook on European Competition Law, S. 242, 245 ff.; *Schwartz*, S. 89 f.

369 *Hainz/Benditz*, EuZW 2012, 686; *Odudu*, ECJ 2011, 205, 224.

(c) Analyse der einschlägigen Fallpraxis

Die Grundsätze der passiven Beteiligung wurden vom EuGH bisher nur in ausgewählten Sachverhaltskonstellationen angewandt, so etwa wenn im Rahmen gemeinsamer Sitzungen Kartellabsprachen getroffen[370] oder Informationen ausgetauscht[371] wurden, sowie zuletzt auch in der Sache *„Eturas“*.[372] Fraglich ist somit, ob sich aus einer dieser Fallgruppen, insbesondere aus den Entscheidungen *„Anic“* oder *„Eturas“* eine Anwendbarkeit der Widerspruchslösung auf Fälle des indirekten Informationsaustauschs ableiten lässt.

Die Relevanz der *„Anic“*-Entscheidung folgt dabei bereits aus dem Umstand, dass es sich auch dort um einen Fall des Informationsaustauschs handelt. Einer Vergleichbarkeit könnte hier jedoch entgegenstehen, dass *„Anic“* ein direkter Informationsaustausch zugrunde lag, während das A-B-C-Modell einen indirekten Informationsaustausch beschreibt. Demgegenüber befasste sich *„Eturas“* nicht mit einem klassischen Informationsaustausch, jedoch handelte es sich dort um eine dem A-B-C-Modell vergleichbare Dreieckskonstellation.

(aa) Rückschlüsse aus „Eturas“

Zunächst könnte die *„Eturas“*-Entscheidung des EuGH Rückschlüsse zulassen. Dort wandte der EuGH die Grundsätze der passiven Beteiligung an und kam zu dem Ergebnis, dass unter den gegebenen Umständen zwischen denjenigen Reisebüros eine aufeinander abgestimmte Verhaltensweise im Sinne des Art. 101 Abs. 1 AEUV vorlag, die von der Mitteilung Kenntnis hatten und sich nicht öffentlich von der Verhaltensabstimmung distanzierten, vorausgesetzt, dass letztlich auch der Koordinierungserfolg am Markt eintrat.[373] *„Eturas“* lag damit gerade kein klassischer Informationsaustausch zugrunde. Vielmehr handelte es sich um einen „hub and spoke“-Fall,[374] in dem der gemeinsame Dritte eine horizontale Koordinierung initiierte, ohne dass es eines direkten Kontaktes zwischen den Wettbewer-

370 EuGH, Urteil vom 7.1.2004, verb. Rs. C-204/00 P u.a., Rn. 84 *„Aalborg Portland“*; vgl. auch *Hengst*, in: Langen/Bunte, Art. 101 AEUV Rn. 100 m.w.N.

371 EuGH, Urteil vom 8.7.1999, Rs. C-49/92 P, Rn. 121 *„Anic Partecipazioni“*.

372 Vgl. EuGH, Urteil vom 21.01.2016, Rs. C-74/14, Rn. 50 *„Eturas“*.

373 EuGH, Urteil vom 21.01.2016, Rs. C-74/14, Rn. 42, 44 ff. *„Eturas“*; siehe dazu auch *Bellamy/Child*, Rn. 2.084, 6.032.

374 Vgl. *Ylinen*, NZKart 2018, 19, 20 f.

bern bedurft hätte. Somit befassen sich sowohl „*Eturas*" als auch die Fallgruppe des indirekten Informationsaustauschs mit einer Dreieckskonstellation. Zudem lässt sich der „*Eturas*" zugrundeliegende Sachverhalt jedenfalls punktuell mit der Konstellation des indirekten Informationsaustauschs vergleichen. In „*Eturas*" handelte es sich um eine einseitige, unaufgeforderte Übermittlung eines präzise formulierten Koordinierungsangebots.[375] Demgegenüber handelt es sich in der zweiten Phase des indirekten Informationsaustauschs um die einseitige, unaufgeforderte Offenlegung von Informationen. Beide Konstellationen werfen damit die Frage nach den Verhaltenspflichten des jeweiligen Empfängers auf, das heißt, ob er sich von der übermittelten Mitteilung bzw. Information distanzieren muss, um einer durch eigenes passives Verhalten ausgelösten Kartellhaftung zu entgehen.[376]

Es ist jedoch generell fraglich, inwieweit die in „*Eturas*" getroffenen Aussagen verallgemeinerungsfähig sind,[377] denn auf die durch den Systemadministrator versendete Mitteilung folgten kurz darauf technische Änderungen an der Buchungsplattform, die der Umsetzung des Koordinierungsvorschlags dienen sollten.[378] Es ist unklar, welche Bedeutung diesem Umstand in der Analyse des EuGH zukam, zumal die technischen Änderungen für die Unternehmen überwindbar waren und eine Gewährung von Rabatten über 3 % weiterhin möglich blieb.[379]

Teilweise wird diesem Umstand in der Literatur keine große Bedeutung beigemessen. Vielmehr werden verallgemeinernde Aussagen dahingehend getroffen, dass mit „*Eturas*" die Grundsätze der passiven Beteiligung deutlich ausgeweitet wurden und nun bereits die bloße Kenntnis von einem Koordinierungsangebot eine passive Kartellbeteiligung auslöst, wenn sich das empfangende Unternehmen nicht distanziert.[380]

Die Aussagen des EuGH bleiben in dieser Hinsicht undeutlich. Für eine Relevanz der besonderen Umstände des Einzelfalles spricht zunächst, dass der EuGH detailliert auf die technischen Vorgänge eingeht und sodann feststellt, dass „solche Umstände" geeignet seien, eine Verhaltensabstim-

---

375 So auch *Eufinger*, GWR 2016, 307, 308.

376 So auch *Eufinger*, GWR 2016, 307, 308 f., der ebenfalls von einer Nähe von „*Eturas*" zu Fallgruppen des traditionellen Informationsaustauschs ausgeht und „*Eturas*" dahingehend interpretiert, dass es für den EuGH unerheblich ist, welches Medium zur Durchführung des Informationsaustauschs verwendet wird.

377 Bedenken äußert auch *Ylinen*, NZKart 2018, 19, 20 f.

378 EuGH, Urteil vom 21.01.2016, Rs. C-74/14, Rn. 6 ff. „*Eturas*".

379 EuGH, Urteil vom 21.01.2016, Rs. C-74/14, Rn. 6 ff. „*Eturas*".

380 So scheinbar *Eufinger* GWR 2016, 307, 308 f.; *Serafimova*, DeLuxe 02/2016, S. 3.

mung darzustellen.[381] Auch in seinem Endergebnis stellt er fest, dass wenn (1.) der Systemadministrator eine Mitteilung mit dem Inhalt eines Koordinierungsvorschlags über das interne Mitteilungssystem versendet und (2.) „im Anschluss an die Verbreitung dieser Mitteilung an dem fraglichen System technische Änderungen vorgenommen“ werden, ab dem Zeitpunkt der Kenntnisnahme eine Teilnahme an einer aufeinander abgestimmten Verhaltensweise „im Sinne dieser Bestimmung“ vermutet werden kann, sofern keine öffentliche Distanzierung erfolgt.[382] Diese Formulierung deutet darauf hin, dass die Gesamtumstände, einschließlich der vorgenommenen technischen Änderungen, in der Analyse von Bedeutung waren, was letztlich gegen eine Verallgemeinerungsfähigkeit der in *„Eturas“* getroffenen Aussagen zur Anwendbarkeit der Grundsätze der passiven Beteiligung spricht.

(bb) Anwendbarkeit der Grundsätze der passiven Kartellbeteiligung basierend auf der „Anic“-Vermutung

Schließlich könnten die Grundsätze der passiven Kartellbeteiligung vorliegend aufgrund einer Nähe zur *„Anic“*-Entscheidung anwendbar sein. Für eine Anwendung der *„Anic“*-Vermutung auf den indirekten Informationsaustausch könnte man zunächst anführen, dass die Kommission ihre Ausführungen zum Informationsaustausch, in denen sie auch die Vermutungsregelung thematisiert, in den Horizontalleitlinien als Anleitung für alle Formen des Informationsaustauschs, ob direkt zwischen den Wettbewerbern oder indirekt über eine gemeinsame Einrichtung oder einen sonstigen Dritten, betrachtet.[383]

Hingegen lässt sich gegen eine Übertragbarkeit der *„Anic“*-Vermutung auf das A-B-C-Modell anführen, dass *„Anic“* gerade ein Fall des direkten Informationsaustauschs unter Wettbewerbern im Rahmen gemeinsamer Sitzungen zugrunde lag.[384] In der Literatur wird insbesondere eingewandt,

---

381 EuGH, Urteil vom 21.01.2016, Rs. C-74/14, Rn. 43 f. *„Eturas“*.

382 EuGH, Urteil vom 21.01.2016, Rs. C-74/14, Rn. 50 *„Eturas“*.

383 KOMM., Leitlinien zur Anwendbarkeit von Art. 101 des Vertrags über die Arbeitsweise der Europäischen Union auf Vereinbarungen über horizontale Zusammenarbeit, ABl. EU 2011 Nr. C 11/1, Rn. 55; vgl. auch *Odudu*, in: Liannos/Geradin (Hrsg.), Handbook on European Competition Law, S. 242, 243.

384 EuGH, Urteil vom 8.7.1999, Rs. C-49/92 P, Rn. 3 ff. *„Anic Partecipazioni“*. Das Unternehmen Anic hatte ursprünglich zudem behauptet, bloß passiv an den Sitzungen teilgenommen zu haben, das heißt Informationen lediglich empfangen

dass die Situation des indirekten Informationsaustauschs nicht vergleichbar sei, da der Informationsempfänger C möglicherweise nicht auf die Richtigkeit der Informationen vertrauen kann, etwa weil er die Identität des Absenders A nicht kennt.[385] Insoweit handelt es sich gerade um eine Besonderheit der Dreieckskonstellation, die der Anwendbarkeit der „*Anic*"-Vermutung entgegenstehen könnte.

Demgegenüber lässt sich dieser Einwand nicht erheben, wenn sich die Informationen für den Empfänger nach den Umständen als vertrauenswürdig darstellen,[386] beispielsweise, weil die Informationsübermittlung nicht bloß mündlich erfolgt, sondern anhand authentischer schriftlicher Unterlagen, oder weil sich bereits über längere Zeit ein wechselseitiger, indirekter Informationsaustausch eingespielt und B sich als vertrauenswürdiger Informationsmittler bewiesen hat. Empfängt ein Unternehmen objektiv vertrauenswürdige, strategische Informationen, so ist dies unabhängig von dem verwendeten Kommunikationsmedium geeignet, die Unsicherheit am Markt über das künftige Verhalten der Wettbewerber zu verringern.[387]

Somit ist die „*Anic*"-Vermutung grundsätzlich auch auf Fälle des indirekten Informationsaustauschs anwendbar. Um den Besonderheiten der Dreieckskonstellation Rechnung zu tragen, wird man jedoch einschränkend verlangen müssen, dass C objektiv vertrauenswürdige, strategische Informationen erhalten hat.[388]

(cc) Umfang der Vermutung

Steht fest, dass die „*Anic*"-Vermutung und damit die Grundsätze der passiven Beteiligung grundsätzlich auf die Fälle des indirekten Informations-

---

zu haben, was das Gericht erster Instanz jedoch als widerlegt ansah, vgl. EuG, Urteil vom 17.12.1991, Rs. T-6/89 Rn. 100 „*Enichem Anic*".

385 Vgl. *Hainz/Benditz*, EuZW 2012, 686, 689 f.

386 So im Ergebnis auch *Hainz/Benditz*, EuZW 2012, 686; *Odudu*, ECJ 2011, 205, 224.

387 Vgl. KOMM., Leitlinien zur Anwendbarkeit von Art. 101 des Vertrags über die Arbeitsweise der Europäischen Union auf Vereinbarungen über horizontale Zusammenarbeit, ABl. EU 2011 Nr. C 11/1, Rn. 55 und 62; siehe auch *Hainz/Benditz*, EuZW 2012, 686; *Odudu*, ECJ 2011, 205, 224.

388 So auch *Apostolakis*, CMLR 2017, 605, 612 f.; *Odudu*, ECJ 2011, 205, 225 ff.; so wohl im Ergebnis auch *Hainz/Benditz*, EuZW 2012, 686, 689 f.; vgl. auch die Fallbeispiele einer fehlenden Vertrauenswürdigkeit bei *Overd*, ECLR 2011, 248, 249.

austauschs anwendbar sind, so stellt sich die Folgefrage nach dem Umfang dieser Vermutung.

Nach dem Wortlaut des EuGH in „*Anic*" wird widerleglich vermutet, „dass die an der Abstimmung beteiligten und weiterhin auf dem Markt tätigen Unternehmen die mit ihren Wettbewerbern ausgetauschten Informationen bei der Bestimmung ihres Marktverhaltens berücksichtigen".[389] Anhand dieser Formulierung bleibt jedoch unklar, ob sich die Vermutung nur auf das Element der Abstimmung oder nur auf den Kausalzusammenhang zwischen der Abstimmung und dem notwendigen Markterfolg bezieht oder ob sogar der Eintritt des Markterfolgs selbst vermutet wird.[390]

Ähnlich undeutliche Formulierungen finden sich in Folgeentscheidungen, in denen der EuGH – auf „*Anic*" gestützt – die Grundsätze der passiven Beteiligung weiterentwickelte. So hieß es in „*Aalborg Portland*", dass der Nachweis, „dass das betreffende Unternehmen an Sitzungen teilnahm, bei denen wettbewerbswidrige Vereinbarungen getroffen wurden, ohne sich offen dagegen auszusprechen, [...] nach ständiger Rechtsprechung ein ausreichender Beleg für die Teilnahme dieses Unternehmens am Kartell [sei]".[391]

Diese Aussagen sind jeweils sehr vage und lassen prinzipiell jede der genannten Interpretation zu. Jedoch erscheint eine weitreichende Vermutung, die auch den nachfolgenden Markterfolg umfasst, naheliegend, da nach dem Wortlaut in „*Anic*" die Verwendung der Informationen am Markt und in „*Aalborg Portland*" die „Teilnahme [...] am Kartell"[392] vermutet wird.

Die Aussagen des EuGH in „*Eturas*" bezogen auf die Grundsätze der passiven Beteiligung lassen jedoch an diesem Ergebnis zweifeln. Unter Berufung auf die auf „*Anic*" zurückgehenden Grundsätze der passiven Beteili-

---

389 EuGH, Urteil vom 8.7.1999, Rs. C-49/92 P, Rn. 121 „*Anic Partecipazioni*"; dieselbe Formulierung wählte schließlich in EuGH, Urteil vom 8.7.1999, Rs. C-199/92 P, Rn. 162 „*Hüls*".

390 Zum unklaren Umfang der „*Anic*"-Vermutung siehe auch *Heinemann/Gebicka*, JECLAP 2016, 431, 436 f., die eine enge „*Anic*"-Vermutung favorisieren, die sich nur auf den Kausalzusammenhang zwischen Abstimmung Markterfolg beziehen soll. Für eine weite „*Anic*"-Vermutung, die auch den nachfolgenden Markterfolg umfassen soll, siehe etwa die Schlussanträge von GA Szpunar vom 16.7.2015, Rs. C-74/14, Rn. 41 „*Eturas*" sowie *Zimmer*, in: Immenga/Mestmäcker, Art. 101 AEUV Rn. 89.

391 EuGH, Urteil vom 7.1.2004, verb. Rs. C-204/00, Rn. 81 „*Aalborg Portland*"; EuGH, Urteil vom 28.6.2005, verb. Rs. C-189/02 P u.a., Rn. 142 „*Dansk Rørindustri*".

392 EuGH, Urteil vom 7.1.2004, verb. Rs. C-204/00, Rn. 81 „*Aalborg Portland*".

gung[393] kommt der EuGH in *„Eturas"* zu dem Ergebnis, dass unter den Umständen des konkreten Falles von „den Reisebüros, die den Inhalt der im Ausgangsverfahren in Rede stehenden Mitteilung kannten, [...] angenommen werden darf, dass sie eine gemeinsame wettbewerbswidrige Verhaltensweise stillschweigend gebilligt haben, sofern die beiden anderen in Rn. 42 des vorliegenden Urteils genannten Tatbestandsmerkmale einer aufeinander abgestimmten Verhaltensweise ebenfalls vorliegen." Weiter heißt es, dass „[n]ach Maßgabe der Beweiswürdigung durch das vorlegende Gericht [...] von einem Reisebüro vermutet werden [kann], dass es sich ab dem Zeitpunkt, zu dem es vom Inhalt dieser Mitteilung Kenntnis erlangte, an dieser Abstimmung der Verhaltensweisen beteiligt hat".[394] Soweit der EuGH in dieser Formulierung auf Randnummer 42 der Entscheidung verweist, verweist er inhaltlich auf die dort benannten weiteren Voraussetzungen des Markterfolges sowie des notwendigen Kausalzusammenhangs.[395] Somit stellte der EuGH die Anwendung der Grundsätze der passiven Beteiligung in *„Eturas"* erstmals ausdrücklich unter die Bedingung, dass auch die weiteren Voraussetzungen des Markterfolgs sowie des Kausalzusammenhangs vorliegen. In *„Eturas"* wird folglich allein die stillschweigende Billigung der Informationserlangung seitens des Empfängers vermutet, sofern sich dieser nicht distanziert. Der ausdrückliche Hinweis auf die Notwendigkeit der beiden weiteren Voraussetzungen macht demgegenüber deutlich, dass weder der Markterfolg noch der Kausalzusammenhang von der Vermutung umfasst sind.

Die in *„Eturas"* zum Vermutungsumfang getroffenen Aussagen haben jedoch möglicherweise keinen Geltungsanspruch für die Grundsätze der passiven Kartellbeteiligung im Allgemeinen, denn es stellt sich erneut die Frage nach der Verallgemeinerungsfähigkeit von *„Eturas"*.[396] Auffällig ist insbesondere, dass der EuGH, obwohl er die Grundsätze der passiven Beteiligung in mittlerweile ständiger Rechtsprechung in immer wieder ähnlichen Formulierungen anwendet, in *„Eturas"* erstmals ausdrücklich darauf hinwies, dass auch die weiteren Voraussetzungen des Markterfolgs sowie des Kausalzusammenhangs vorliegen müssen. Dies spricht erneut dafür, dass *„Eturas"* eine Sonderstellung einnimmt und die in der Entscheidung

---

393 Vgl. EuGH, Urteil vom 21.1.2016, Rs. C-74/14, Rn. 28 *„Eturas"* m.w.N. aus der Rechtsprechung des EuGH, die bis zu *„Anic"* zurückführen.

394 EuGH, Urteil vom 21.1.2016, Rs. C-74/14, Rn. 44 *„Eturas"*.

395 EuGH, Urteil vom 21.1.2016, Rs. C-74/14, Rn. 42 *„Eturas"*.

396 Siehe dazu bereits oben Teil 4.B.II.2.a)bb)(2)(c)(aa).

getroffenen Aussagen zu den Grundsätzen der passiven Beteiligung nicht verallgemeinerungsfähig sind.

Zudem wurde im Rahmen dieser Analyse bereits festgestellt, dass die Anwendung der Grundsätze der passiven Beteiligung auf Fälle des indirekten Informationsaustauschs nicht auf „*Eturas*" gestützt werden konnte. Vielmehr wird die Anwendung der „*Anic*"-Vermutung als Ursprung der Grundsätze der passiven Beteiligung auf den indirekten Informationsaustausch ausgedehnt. Die dortige Formulierung spricht wie bereits erörtert für einen weiten Vermutungsumfang, der auch das nachfolgende Marktverhalten umfasst.[397]

(3) Zwischenergebnis zu Phase II

Als Zwischenergebnis der zweiten Phase des indirekten Informationsaustauschs lässt sich damit festhalten, dass in Bezug auf B die reine Informationsweitergabe durch B an C genügt. Auf die subjektive Perspektive des B kommt es für die Frage, ob zwischen A und C ein horizontaler Abstimmungstatbestand erfüllt wird, nicht an. B ist lediglich das Kommunikationsmedium, dessen Rolle mit der schlichten Informationsweitergabe erfüllt ist. Sodann ist eine Kenntnisnahme der Informationen durch Empfänger C erforderlich. Handelt es sich um objektiv vertrauenswürdige Informationen, so findet die „*Anic*"-Vermutung Anwendung. Es wird vermutet, dass C die Informationen im Rahmen seines künftigen Marktverhaltens berücksichtigen wird, sofern er sich nicht öffentlich distanziert.

cc) Fazit zur traditionellen Analyse anhand des Zwei-Phasen-Modells

Der indirekte Informationsaustausch nach dem A-B-C-Modell wird traditionell in zwei Phasen unterteilt. In der ersten Phase liegt ein direkter Informationsaustausch im Vertikalverhältnis zwischen Informationsabsender A und dem Dritten B vor. In der zweiten Phase handelt es sich um eine einseitige Offenlegung von Informationen durch B gegenüber dem Informationsempfänger C. Wie die Analyse gezeigt hat, erfüllt ein indirekter Informationsaustausch im Allgemeinen den Tatbestand der aufeinander ab-

397 Für einen weiten Umfang der „*Anic*"-Vermutung siehe auch die Schlussanträge von GA Szpunar vom 16.7.2015, Rs. C-74/14, Rn. 41 „*Eturas*" sowie *Zimmer*, in: Immenga/Mestmäcker, Art. 101 AEUV Rn. 89.

gestimmten Verhaltensweise, wenn die folgenden Voraussetzungen erfüllt sind:

Zunächst muss A strategische Informationen gegenüber B offenlegen, in dem Wissen, dass dieser die Informationen an ein mit A konkurrierendes Unternehmen C weiterleiten wird. In subjektiver Hinsicht handelt A somit in Kenntnis und unter Billigung der Umstände, das heißt jedenfalls bedingt vorsätzlich. Handelt es sich bei dem Dritten um einen beauftragten Dienstleister, so greifen die vom EuGH in „*VM Remonts*“ aufgestellten Grundsätze und es genügt bereits, dass A die Informationsweitergabe durch B vernünftigerweise vorhersehen konnte.

B gibt sodann die Informationen des A an C weiter. Soweit es um die horizontale Koordinierung zwischen A und C im Wege indirekter Kommunikation über B als Dritten geht, genügt die bloße Informationsweitergabe durch B, unabhängig von dessen subjektiver Perspektive. B ist insoweit lediglich das Kommunikationsmedium, dessen Rolle mit der schlichten Informationsweitergabe erfüllt ist. Auf die Kenntnis des B kommt es erst in Bezug auf die Frage an, wann B selbst als Beteiligter des Kartells haftet.[398]

Schließlich muss C die ihm von B übermittelten Informationen des A zur Kenntnis nehmen. Handelt es sich um objektiv vertrauenswürdige Informationen, so findet die „*Anic*“-Vermutung Anwendung und es wird vermutet, dass C die Informationen im Rahmen seines künftigen Marktverhaltens berücksichtigen wird, sofern er sich nicht öffentlich distanziert.

b) Analyse auf der Grundlage der „VM Remonts“-Entscheidung des EuGH: Lösung im bilateralen Horizontalverhältnis zwischen A und C

Soeben wurde ausgehend von dem traditionellen Zwei-Phasen-Modell und unter Berücksichtigung der Rechtsprechung des EuGH erörtert, unter welchen Voraussetzungen ein indirekter Informationsaustausch als aufeinander abgestimmte Verhaltensweise im Sinne des Art. 101 Abs. 1 AEUV zu qualifizieren ist.

Die „*VM Remonts*“-Entscheidung des EuGH lässt jedoch eine weitere Lesart zu, die einen vom klassischen Zwei-Phasen-Modell losgelösten Analyseansatz nahelegt, der über eine Verhaltenszurechnung unmittelbar das bilaterale Verhältnis zwischen den Wettbewerbern A und C in den Vordergrund rückt.

---

398 Dazu sogleich Teil 4.C.

aa) Abkehr vom Zwei-Phasen-Modell und Reduzierung des Dreieckssachverhalts auf ein bilaterales Verhältnis zwischen A und C

Ausgangspunkt ist die Feststellung, dass es nach dem Wortlaut der Entscheidung gerade nicht um die Zurechnung eines Kartellverstoßes des Dritten im Sinne des Art. 101 Abs. 1 AEUV geht, sondern um die Zurechnung eines Fehlverhaltens des Dritten.[399] Zugerechnet wird folglich kein zwischen dem Dritten B und dem Wettbewerber C des Auftraggebers festgestellter, wechselseitiger Informationsaustausch. Vielmehr wird dem Auftraggeber A das Fehlverhalten des B, hier die einseitige Preisgabe von Informationen gegenüber C, zugerechnet, sofern die vom EuGH aufgestellten subjektiven Voraussetzungen vorliegen. Folge der Fehlverhaltenszurechnung ist sodann, dass A selbst für eine aufeinander abgestimmte Verhaltensweise verantwortlich gemacht werden kann.[400]

Wird jedoch das Fehlverhalten des Dritten dem A zugerechnet, so reduziert dies das ursprüngliche Dreiecksverhältnis in der Analyse gewissermaßen auf ein bilaterales Verhältnis zwischen A und C, in dem B aufgrund des Auftragsverhältnisses der Sphäre des A zugeordnet wird.[401] Das Fehlverhalten des B wird dem A als eigenes Fehlverhalten zugerechnet. Liegt der Fokus auf dem bilateralen Informationsaustausch zwischen A und C, so besteht wiederum eine große Ähnlichkeit zum direkten Informationsaustausch.

Die Entscheidung des EuGH geht unmittelbar nur der Frage nach, wann dem Auftraggeber A das Fehlverhalten des Dritten, also des B, zuzurechnen ist. Es wird also zunächst von einer einseitigen Informationspreisgabe ausgegangen. Der EuGH geht demgegenüber nicht ausdrücklich darauf ein, wie ein wechselseitiger Informationsaustausch von A über B an C und wiederum von C über B an A zu behandeln ist. „*VM Remonts*" befasst sich unmittelbar nur mit der ersten, von A ausgehenden Informationspreisgabe. Allerdings dürften dieselben Kriterien für eine von C ausgehende Informationspreisgabe anwendbar sein, durch die das Geschehen sodann zu einem echten Informations*austausch* wird. Hat auch C, ein Wettbewerber des A, den Dritten B beauftragt, was in „*VM Remonts*" tatsächlich

399 Vgl. EuGH, Urteil vom 21.7.2016, Rs. C-542/14 Rn. 20, 25 „*VM Remonts*"; a.A. *Apostolakis*, CMLR 2017, 605, 626; siehe auch *Doetsch*, S. 75, 81 ff., 113, 162, der nicht von einer Zurechnung fremden Verhaltens, sondern von einer Haftung für die Verletzung eigener Handlungspflichten ausgeht.

400 Vgl. EuGH, Urteil vom 21.7.2016, Rs. C-542/14, Rn. 20 „*VM Remonts*".

401 Vgl. etwa zur Einordnung des Dritten als mittelbaren Stellvertreter *Oechsler*, NZKart 2017, 21.

der Fall war, so ist auch C das Fehlverhalten des Dritten zuzurechnen, sofern die vom EuGH aufgestellten subjektiven Kriterien erfüllt sind. In Bezug auf C läge des Fehlverhalten des B in der Preisgabe vertraulicher Informationen des C gegenüber A. Müssen sich im Ergebnis sowohl A als auch C das jeweilige Fehlverhalten des B zurechnen lassen, wird B also bezogen auf das erste Fehlverhalten der Sphäre des A und bezogen auf das zweite Fehlverhalten der Sphäre des C zugeordnet, so wird erneut die Parallele zum direkten Informationsaustausch deutlich. Wurde der Dritte von beiden Wettbewerbern beauftragt, liegt folglich gerade kein A-B-C-Informationsaustausch vor, sondern vielmehr ein A(B)-(B)C-Informationsaustausch.

bb) Voraussetzungen einer aufeinander abgestimmten Verhaltensweise im Fall des indirekten Informationsaustauschs nach diesem Ansatz

(1) Auftragsverhältnis

Die Zurechnung des Fehlverhaltens eines selbständigen Dritten setzt zunächst eine Beauftragung voraus. Erst die aus dem Vertragsverhältnis[402] folgende Pflicht zur Interessenwahrung rechtfertigt die Zuordnung zur Sphäre des Auftraggebers.[403]

Dem A ist die Informationspreisgabe durch B gegenüber C folglich nur dann zurechenbar, wenn er den B beauftragt hat. Im wechselseitigen Informationsaustausch erfordert eine Zurechnung sodann zudem ein Auftragsverhältnis zwischen C und B.

(2) Subjektives Element

Das Fehlverhalten des beauftragten Dritten wird dem auftraggebenden Unternehmen zunächst dann zugerechnet, wenn es „von den wettbewerbs-

402 Das hier diskutierte Auftragsverhältnis ist nicht strikt im Sinne des § 662 BGB zu verstehen. Auf nationaler Ebene kommen etwa alle mit Dienstleistern geschlossenen Verträge mit Elementen der §§ 611, 631, 675 BGB in Betracht, die zugleich eine Pflicht zur Interessenwahrung beinhalten.

403 Der EuGH geht auf das Erfordernis einer Beauftragung nicht unmittelbar ein, vielmehr war dies schlicht die Ausgangslage der „*VM Remonts*"-Entscheidung, vgl. EuGH, Urteil vom 21.7.2016, Rs. C-542/14, Rn. 20, 25 ff. „*VM Remonts*". Ähnlich *Brömmelmeyer*, WuW 2017, 174, 179 f. Zur Analyse der Relevanz des Auftragsverhältnisses siehe bereits oben Teil 4.B.II.2.a)aa)(1)(c)(bb).

widrigen Zielen seiner Konkurrenten und des Dienstleisters Kenntnis hatte und durch sein eigenes Verhalten dazu beitragen wollte".[404] Dies erfordert keine Absicht des Auftraggebers, sondern es genügt, wenn er die Informationsweitergabe durch den Dritten „ausdrücklich oder stillschweigend gebilligt hat".[405] Somit genügt ein bedingter Vorsatz des Auftraggebers.[406]

Schließlich ist dem Auftraggeber das Fehlverhalten des Dritten auch dann zurechenbar, wenn das auftraggebende Unternehmen eine Weitergabe seiner Informationen durch den Dritten „vernünftigerweise vorhersehen konnte [...] und bereit war, die daraus erwachsende Gefahr auf sich zu nehmen".[407]

A und C ist somit das Fehlverhalten des B – die Offenlegung der vertraulichen Informationen gegenüber dem jeweils anderen – zuzurechnen, wenn sie bezüglich des Verhaltens des B und des jeweiligen Wettbewerbers vorsätzlich handelten, oder wenn sie die Informationsweitergabe vernünftigerweise vorhersehen konnten.[408]

(3) Reaktion des Informationsempfängers

Auch im Rahmen einer von einem bilateralen Informationsaustausch zwischen A und C ausgehenden Analyse stellt sich die Frage nach der notwendigen Reaktion des Informationsempfängers.[409] Der EuGH setzte sich in *„VM Remonts"* nicht mit dieser Problematik auseinander. Nimmt man jedoch bereits im Zwei-Phasen-Modell eine Anwendbarkeit der *„Anic"*-Vermutung an,[410] so muss dies erst recht für diesen Analyseansatz gelten, der das Dreiecksverhältnis auf einen bilateralen und damit direkten Informationsaustausch zwischen A und C reduziert. Somit findet vorliegend die *„Anic"*-Vermutung Anwendung, das heißt, es wird vermutet, dass der Emp-

404 EuGH, Urteil vom 21.7.2016, Rs. C-542/14, Rn. 30 *„VM Remonts"*.
405 EuGH, Urteil vom 21.7.2016, Rs. C-542/14, Rn. 30 *„VM Remonts"*.
406 Vgl. *Brömmelmeyer*, WuW 2017, 174, 179; a.A. scheinbar *Apostolakis*, CMLR 2017, 605, 620 ff.
407 EuGH, Urteil vom 21.7.2016, Rs. C-542/14, Rn. 31 *„VM Remonts"*.
408 Dazu bereits ausführlich Teil 4, B.II.2.a)aa)(1)(c)(aa).
409 Dazu bereits ausführlich im Rahmen der Analyse des Zwei-Phasen-Modells oben Teil 4.B.II.2.a)bb)(2).
410 Dazu ausführlich oben Teil 4.B.II.2.a)bb)(2)(c).

fänger die Informationen künftig im Rahmen seiner eigenen Tätigkeit am Markt berücksichtigen wird, sofern er sich nicht öffentlich distanziert.[411]

(4) Zwischenergebnis

Besteht zwischen A und B bzw. C und B ein Auftragsverhältnis, so wird die Preisgabe von vertraulichen Informationen durch B als das relevante Fehlverhalten des Dritten dem A bzw. dem C zugerechnet, sofern A bzw. C bedingt vorsätzlich handelten oder die Informationsweitergabe durch B jedenfalls vernünftigerweise vorhersehen konnten.

Wird A und C aufgrund dieser Kriterien das Fehlverhalten des B zugerechnet, so reduziert dies das Dreiecksverhältnis auf einen bilateralen Informationsaustausch zwischen A und C, da das Verhalten des B der Sphäre des A bzw. des C zugeordnet wird.

Die „*Anic*"-Vermutung findet Anwendung, sodass vermutet wird, dass der Informationsempfänger die Informationen im Rahmen seiner künftigen Markttätigkeit berücksichtigen wird.

III. Implikationen für die Analyse von Fällen der Preisberatung

Angesichts der in der Praxis vorgefundenen Lösungsansätze stellt sich die Frage, nach welchem dieser Lösungsansätze die eingangs definierten Fälle der Preisberatung zu analysieren sind.

In einem ersten Schritt ist zunächst zu entscheiden, ob eine Lösung über die vertikale Wettbewerbsbeschränkung oder über die horizontale Wettbewerbsbeschränkung geeigneter ist. Teilweise wird insoweit ein zweistufiger Analyseprozess vorgeschlagen.[412] Zu beginnen sei mit der Verfolgung der von den Beteiligten beabsichtigten Wettbewerbsbeschränkung.[413] Dabei

---

411 EuGH, Urteil vom 8.7.1999, Rs. C-49/92 P, Rn. 121 „*Anic Partecipazioni*"; siehe EuGH, Urteil vom 8.7.1999, Rs. C-199/92 P, Rn. 162 „*Hüls*"; EuG, Urteil vom 12.7.2001, verb. Rs. T-202/98 u.a., Rn. 40 „*Tate & Lyle*"; KOMM., Leitlinien zur Anwendbarkeit von Art. 101 des Vertrags über die Arbeitsweise der Europäischen Union auf Vereinbarungen über horizontale Zusammenarbeit, ABl. EU 2011 Nr. C 11/1, Rn. 62; siehe auch *Grave/Nyberg*, in: Loewenheim et al., Art. 101 Abs. 1 AEUV Rn. 312; *Zimmer*, in: Immenga/Mestmäcker, Art. 101 AEUV Rn. 87.

412 *Lubambo*, UCL Journal of Law and Jurisprudence 2015, 135, 147.

413 *Lubambo*, UCL Journal of Law and Jurisprudence 2015, 135, 147.

handle es sich regelmäßig um die horizontale Wettbewerbsbeschränkung.[414] So liege der Schwerpunkt etwa auf der horizontalen Koordinierung, wenn konkurrierende Händler den Dritten lediglich als Informationskanal benutzten.[415] Basierend auf dieser Grundannahme wird sodann vorgeschlagen, vorrangig die horizontale Koordinierung zu verfolgen. Erst wenn dies scheitere, solle auf die Verfolgung der vertikalen Wettbewerbsbeschränkung ausgewichen werden.[416]

In den bereits definierten Fallgruppen der Preisberatung liegen stets vertikale und horizontale Elemente vor. Zwischen den Mandanten und dem Preisberater bestehen individuelle Beratungsverträge. Insoweit könnte man im Verhältnis zwischen Preisberater und Mandant von einem Vertikalverhältnis sprechen. Hinzu kommt jedoch die Frage, in welchem Verhältnis die Mandanten untereinander zueinanderstehen.

In den eingangs definierten Fallgruppen 1 bis 3 handelt es sich bei den Mandanten um Unternehmen, die miteinander in Wettbewerb stehen. Das Verhältnis zwischen dem Preisberater und den Mandanten ist nicht ohne weiteres vergleichbar mit dem Verhältnis zwischen Lieferant und Abnehmer. Ein wesentlicher Unterschied besteht bereits insoweit, als dass Lieferant und Abnehmer auf vor- bzw. nachgelagerten Märkten tätig sind. Ein Berater ist hingegen auf einem separaten Drittmarkt – ohne direkten Bezug zu dem Produktmarkt bzw. einem diesem vor- oder nachgelagerten Markt – tätig.[417] Während bei Dreieckskonstellationen im Verhältnis zwischen Lieferant und Händlern das Instrument der vertikalen Preisbindung zur Verfügung steht, erscheint eine Ausdehnung dieses Konzepts auf Fälle des Verhältnisses zwischen dem Preisberater und seinen Mandanten fernliegend. Sachgerechter erscheint es, einen Lösungsansatz über den (in-)direkten Informationsaustausch, das heißt über die horizontale Wettbewerbsbeschränkung, herzuleiten.[418]

Bezüglich der Fallgruppen 1 bis 3 ist sodann in einem zweiten Schritt zu klären, inwieweit sich die Ergebnisse der vorangegangenen Analyse des indirekten Informationsaustauschs auf Fälle der Preisberatung anwenden lassen. In der Analyse wurden insbesondere unterschiedliche Kriterien herausgearbeitet, je nachdem, ob der Dritte ein Beauftragter ist oder, ob es

414 *Lubambo*, UCL Journal of Law and Jurisprudence 2015, 135, 147; *Lianos*, CMLR 2008, 1027, 1061.
415 *Lubambo*, UCL Journal of Law and Jurisprudence 2015, 135, 147.
416 *Lubambo*, UCL Journal of Law and Jurisprudence 2015, 135, 147.
417 Zum Drittmarktproblem in der Herleitung der Haftung des Dritten siehe unten Teil 4.C.IV.
418 Siehe dazu unten Teil 5.A.

sich um einen sonstigen Dritten (z.B. einen Lieferanten) handelt.[419] Die Fallkonstellationen der Preisberatung befassen sich gerade mit Sachverhalten, in denen ein Unternehmen den Preisberater mit dem Ziel der optimierten Preissetzung beauftragt hat. Die für Zwecke dieser Arbeit definierten Fallgruppen gehen zudem davon aus, dass mehrere Unternehmen, die miteinander in Wettbewerb stehen, denselben Preisberater beauftragt haben. Es bestehen folglich mehrere parallele Auftragsverhältnisse. Aufgrund des zwischen dem Preisberater und dem jeweiligen Mandanten geschlossenen Beratungsvertrags ist der Preisberater zudem, ähnlich dem Rechtsberatungsunternehmen in „*VM Remonts*", zur Dienstleistung sowie zur Interessenwahrung verpflichtet.[420] Folglich sind die vom EuGH in „*VM Remonts*" aufgestellten Kriterien für die nachfolgende Analyse von Fällen der Preisberatung maßgeblich.

Demgegenüber handelt es sich in den eingangs definierten Fallgruppen 4 und 5 um parallele Mandate entlang der Lieferkette. Der Preisberater berät sowohl einen Hersteller als auch einen oder mehrere seiner Händler. Auch wenn in diesen Konstellationen eine starke horizontale Dimension hinzukommen kann, insbesondere, wenn neben dem Hersteller eine Vielzahl von Händlern beraten wird, erscheint die vertikale Wettbewerbsbeschränkung zu überwiegen und eine Lösung über die vertikale Preisbindung geboten.[421]

C. *Die vertikale Dimension von „hub and spoke"-Kartellen: Haftung des „hub" als Kartellmittäter*

I. Einführung

Die soeben dargestellte horizontale Dimension von „hub and spoke"-Konstellationen befasste sich mit der Haftung der „spokes" und der Frage, wann zwischen den „spokes" im Horizontalverhältnis eine aufeinander abgestimmte Verhaltensweise vorliegt. Im Rahmen der vertikalen Dimension der „hub and spoke"-Kartelle ist nun zu untersuchen, wann der „hub", also der Dritte, als Beteiligter des Kartells haftet.

---

419 Siehe dazu oben Teil 4.B.II.2.a)aa)(1)(c).

420 EuGH, Urteil vom 21.7.2016, Rs. C-542/14, Rn. 5, 25 „*VM Remonts*"; vgl. auch *Brömmelmeyer*, WuW 2017, 174, 179 f.

421 Siehe dazu unten Teil 5.B.

Fälle aus der Anwendungspraxis, in denen die Haftung des Dritten im Vordergrund steht, werden häufig begrifflich nicht den „hub and spoke"-Kartellen zugeordnet, sondern laufen vielmehr unter dem Begriff der Kartellgehilfenhaftung.[422] So erwähnt der EuGH in *„AC Treuhand"*[423], seiner Leitentscheidung zur Kartellgehilfenhaftung, nicht einmal Begriff des „hub and spoke"-Kartells.

Als Kartellgehilfe – teilweise auch Kartellwächter[424] – wird ein Dritter bezeichnet, der die Kartellierung einer Gruppe von Wettbewerbern durch sein eigenes Verhalten fördert, indem er beispielsweise Treffen der beteiligten Unternehmen organisiert, die nötigen Räumlichkeiten bereitstellt, Marktdaten analysiert und zur Verfügung stellt oder Streitigkeiten innerhalb des Kartells schlichtet.[425]

---

422 Vgl. die Begrifflichkeit bei *Bremer*, S. 6 ff.; *Chan*, ECLR 2016, 133; *De Stefano*, JECLAP 2015, 689; *Diedrichsen*, ZWH 2016, 16; *Eufinger*, WRP 2012, 1488; *Eufinger*, EWS 2015, 198; *Freiin von dem Bussche/Albrecht*, EWS 2008, 416; *Harding*, ELR 2009, 298; *Koch*, ZWeR 2009, 370; *Otto*, WuW 2016, 454; *Otto*, S. 32 ff.; *Schwartz*, S. 43 f.; *Vallery/Schell*, JECLAP 2016, 254; *Weitbrecht/Baudenbacher*, EuR 2010, 230.

423 EuGH, Urteil vom 22.10.2015, Rs. C-194/14 P, Rn. 7 f. *„AC Treuhand"*; besprechend *Bellamy/Child*, Rn. 2.086; *Berg*, EuZW 2016, 19; *Chan*, ECLR 2016, 133; *De Stefano*, JECLAP 2015, 689; *Diedrichsen*, ZWH 2016, 16; *Engelhoven*, EWiR 2016, 123; *Eufinger*, EWS 2015, 198; *Faull/Nikpay*, Rn. 3.97; *Jungermann/Steger*, DB 2015, 2865; *Oliver/Bombois*, JECLAP 2016, 711, 716; *Otto*, WuW 2016, 454; *Pischel*, CCZ 2016, 95; *Seelos*, Ecolex 2016, 505; *Slobodenjuk*, GWR 2015, 480; *Talbot*, Commercial Law Practitioner 2016, 9; *Vallery/Schell*, JECLAP 2016, 254; siehe auch *Solek*, JECLAP 2017, 15, der zwar inhaltlich die Kartellgehilfenhaftung bespricht, dies jedoch irreführend als passive Beteiligung (*„passive participation")* bezeichnet.

424 *Füller*, in: KölnKomm-KartR, Art. 101 AEUV Rn. 112 ff.; *Hengst*, in: Langen/Bunte Art. 101 AEUV Rn. 147 ff.

425 Vgl. folgende Beispiele aus der europäischen Praxis, in denen Beratungsunternehmen die Rolle des Kartellgehilfen übernahmen: KOMM. 17.12.1980, IV/29.869, ABl. 1980, L 383, S. 19 ff *„Gußglas in Italien"*; KOMM. 17.10.1983, IV/30.064, ABl. 1983, L 317, S. 1 ff. *„Gußeisen und Gußstahlwalzen"*; KOMM. 23.4.1986, IV/31.149, ABl. 1986, L 230, S. 1 *„Polypropylen"*; KOMM. 21.12.1988, IV/31.866, ABl. 1989, L 74, S. 21 ff. *„LDPE"*; KOMM. 13.7.1994, IV/C/33.833, ABl. 1994, L 243, S. 1 ff. *„Karton"*; KOMM. 10.12.2003, COMP/E-2/37.857, ABl. 2005, L 110, S. 40 ff. *„Organische Peroxide"* bestätigt durch EuG, Urteil vom 8.7.2008, Rs. T-99/04, Rn. 112 ff. *„AC Treuhand I"*; KOMM. 11.11.2009, COMP/38589, K(2009) 8682final *„Wärmestabilisatoren"* bestätigt durch EuG, Urteil vom 6.2.2014, Rs. T-27/10 *„AC Treuhand II"* und EuGH, Urteil vom 22.10.2015, Rs. C-194/14 P *„AC Treuhand"*; KOMM. 4.2.2015, AT.39861 *„Yen Interest Rate Derivatives"*, teilweise bestätigt durch EuG, Urteil vom 10.11.2017, Rs. T-180/15 *„ICAP"*. In *„ICAP"* bestätigte das EuG die wesentlichen materiell-rechtlichen Er-

Abzugrenzen ist die Herleitung einer eigenen Haftung des Dritten von der Frage, unter welchen Voraussetzungen dem auftraggebenden Unternehmen das Fehlverhalten des Dritten als eigenes Verhalten zuzurechnen ist, mit der sich der EuGH in der Sache *„VM Remonts“* befasste.[426]

II. Relevanz einer separaten Untersuchung der Haftung des Dritten

Die im Rahmen des Horizontalverhältnis dargestellten Lösungsansätze aus der Anwendungspraxis zeigen, dass eine Haftung des Dritten nicht stets separat hergeleitet werden muss. Insbesondere am Lösungsansatz des Bundeskartellamts wird deutlich, dass eine Erfassung des Dritten als unmittelbarer Beteiligter einer Vereinbarung oder aufeinander abgestimmten Verhaltensweise möglich ist, sofern man den Schwerpunkt der Kartellierung im Vertikalverhältnis verortet. So verfolgte das Bundeskartellamt Dreieckskonstellationen im Lebensmitteleinzelhandel zwischen jeweils einem Hersteller (als dem „hub“) und den beteiligten Händlern (als den „spokes“) als Fälle vertikaler Preisbindung, die gewissermaßen als Reflex einen horizontalen Koordinierungseffekt auslösten.[427]

Dieser Lösungsansatz über das Instrument der vertikalen Preisbindung ist jedoch, wie bereits erörtert, nur dann möglich, wenn der „hub“ und die „spokes“ in einer Lieferbeziehung zueinander stehen, das heißt, wenn sie auf vor- bzw. nachgelagerten Märkten tätig sind.[428] Demgegenüber ist eine solche Herleitung der Haftung des Dritten problematischer, wenn der Dritte auf einem von dem betroffenen Produktmarkt gänzlich unabhängigen Drittmarkt tätig ist und eine Lösung über die vertikale Preisbindung nicht in Betracht kommt. Dies betrifft insbesondere die Kartellbeteiligung von Beratungsunternehmen. Im Ergebnis sah der EuGH im fehlenden unmittelbaren Marktbezug des Dritten keinen Hinderungsgrund für eine eigene kartellrechtliche Haftung des Dritten, jedoch ist der fehlende unmit-

---

wägungen der Kommission und beanstandete lediglich die Feststellung der Kommission zur Dauer der Kartellbeteiligung von ICAP sowie die Bußgeldbemessung in Bezug auf ICAP, vgl. Rn. 239 ff., 281 ff.

426 EuGH, Urteil vom 21.7.2016, Rs. C-542/14, Rn. 25 ff. *„VM Remonts“*; vgl. auch Monopolkommission, XXII. Hauptgutachten 2018, Rn. 254. Dazu bereits ausführlich oben Teil 4.B.I.3.c) sowie Teil 4.B.II.2.b).

427 Zur Praxis des Bundeskartellamts bereits ausführlich oben Teil 4.B.I.1.b).

428 Siehe dazu bereits Teil 4.B.III.

telbare Marktbezug des Dritten gerade Hauptansatzpunkt der Kritik in der Literatur.[429]

III. Entscheidungen aus der europäischen Anwendungspraxis

Entscheidungen aus der europäischen Anwendungspraxis, die sich mit der Haftung Dritter als Kartellbeteiligte befassen, reichen zurück bis in die 1980er Jahre. Erste Klarheit hinsichtlich der diesbezüglichen Rechtslage trat jedoch erst 2015 mit der *„AC Treuhand"*-Entscheidung des EuGH ein.[430] Nachfolgend soll die Entwicklung der europäischen Praxis überblicksartig dargestellt werden.

1. Entscheidungen der Europäischen Kommission

a) Entscheidungen bis „Organische Peroxide"

Erstmals ging die Kommission in der Sache *„Gußglas in Italien"*[431] gegen eine Unternehmensberatung vor. Es handelte sich um die FIDES-Unione Fiduciaria S.p.A. („FIDES"), eine Verwaltungs- und Buchführungsgesellschaft mit Sitz in Mailand, die mit der Überwachung des Kartells beauftragt war. Sie sollte Informationen, die ihr von den Kartellanten übermittelt wurden, den weiteren Beteiligten zur Verfügung stellen und sodann die Einhaltung der Kartellabrede überwachen.[432] Im Ergebnis vertrat die Kommission bereits in dieser frühen Entscheidung die Auffassung, dass auch ein solches Unternehmen Täter des ex-Art. 85 Abs. 1 EG-Vertrag (jetzt Art. 101 Abs. 1 AEUV) sein kann, das selbst nicht auf dem kartellierten

429 In der Literatur zur Kartellgehilfenhaftung wird, typischerweise bezogen auf das Beispiel eines Beratungsunternehmens, diskutiert, ob gerade aufgrund des fehlenden unmittelbaren Marktbezugs des Dritten eine Haftung als Kartellbeteiligter aus Art. 101 Abs. 1 AEUV ausgeschlossen ist. Der EuGH lehnte diese Auffassung ausdrücklich ab und sah keine derartige Einschränkung des Tatbestands, vgl. EuGH, Urteil vom 22.10.2015, Rs. C-194/14 P, Rn. 27 *„AC Treuhand"*. Zur Diskussion in der Literatur sogleich.

430 EuGH, Urteil vom 22.10.2015, Rs. C-194/14 P *„AC Treuhand"*.

431 KOMM. 17.12.1980, IV/29.869, ABl. 1980, L 383, S. 19 ff *„Gußglas in Italien"*; die Praxis der Kommission bis *„Organische Peroxide"* besprechend *Dannecker/Müller*, KSzW 2015, 281, 283; *Freiin von dem Bussche/Albrecht*, EWS 2008, 416, 420; *Otto*, S. 237 ff.; *Schwartz*, S. 48 ff.; *Weitbrecht/Baudenbacher*, EuR 2010, 230, 234.

432 KOMM. 17.12.1980, IV/29.869, ABl. 1980, L 383, S. 20, 22 *„Gußglas in Italien"*.

Markt tätig ist.[433] Eine Bußgeldverhängung auch gegen die FIDES sei aufgrund ihrer Mitverantwortlichkeit für den Kartellverstoß gerechtfertigt.[434] Allerdings handelte es sich um den ersten Fall, in dem sich ein Unternehmen „in einer derartigen Lage der Mitverantwortlichkeit"[435] befand, sodass die Kommission aus diesem Grund letztlich von der Verhängung eines Bußgeldes absah.[436] Es folgten weitere Kartellverfahren, in denen die Kommission eine Mitwirkung von Beratungsunternehmen als Kartellgehilfen aufdeckte, jedoch wurden auch in diesen Fällen keine Bußgelder gegen die Beratungsunternehmen verhängt.[437]

b) „Organische Peroxide" und „Wärmestabilisatoren"

Die Entscheidung *„Organische Peroxide"*[438] (*„AC Treuhand I"*) aus dem Jahr 2003 stellte gewissermaßen einen Wendepunkt dar. In dem der Sache zugrundeliegenden Sachverhalt unterstützte die AC Treuhand AG ein seit 1971 bestehendes Kartell von Chemieherstellern auf dem Markt für organische Peroxide. Seit 1993 überwachte und unterstützte das Beratungsunternehmen das Kartell, beispielsweise durch die Organisation von Treffen, die Unterbreitung von Vorschlägen für Marktanteile und durch Vermittlung bei Unstimmigkeiten innerhalb des Kartells.[439] Die Kommission erkannte in dieser Sache einerseits an, dass sie – vor allem verglichen mit den Aussagen in *„Gußglas in Italien"* (1980) – „nicht immer de[n] gleiche[n]

433 KOMM. 17.12.1980, IV/29.869, ABl. 1980, L 383, S. 24 *„Gußglas in Italien"*; diese Lesart ausdrücklich bestätigend KOMM. 10.12.2003, COMP/E-2/37.857, C(2003) 4570 Rn. 348 *„Organische Peroxide"*.

434 KOMM. 17.12.1980, IV/29.869, ABl. 1980, L 383, S. 26 *„Gußglas in Italien"*.

435 KOMM. 17.12.1980, IV/29.869, ABl. 1980, L 383, S. 26 *„Gußglas in Italien"*.

436 KOMM. 17.12.1980, IV/29.869, ABl. 1980, L 383, S. 26 *„Gußglas in Italien"*.

437 KOMM. 17.10.1983, IV/30.064, ABl. 1983, L 317, S. 1 ff. *„Gußeisen und Gußstahlwalzen"*; KOMM. 23.4.1986, IV/31.149, ABl. 1986, L 230, S. 1 *„Polypropylen"*; KOMM. 21.12.1988, IV/31.866, ABl. 1989, L 74, S. 21 ff. *„LDPE"*; KOMM. 13.7.1994, IV/C/33.833, ABl. 1994, L 243, S. 1 ff. *„Karton"*; vgl. auch *Schwartz*, S. 53, die darin dennoch keine Aufgabe der früheren Rechtsauffassung durch die Kommission sieht.

438 KOMM. 10.12.2003, COMP/E-2/37.857, ABl. 2005, L 110, S. 40 ff. *„Organische Peroxide"*; besprechend *Dannecker/Müller*, KSzW 2015, 281, 284 ff.

439 KOMM. 10.12.2003, COMP/E-2/37.857, ABl. 2005, L 110, S. 40 ff. *„Organische Peroxide"*.

Ansatz"[440] vertreten hatte und griff die ursprünglich vertretene Linie wieder auf. Andererseits setzte sie sich im Rahmen dieser Entscheidung erstmals vertieft mit dem Kriterium des Marktbezugs auseinander.[441] Dabei stellte sie entscheidend darauf ab, dass sich das Verhalten der AC Treuhand AG auf den kartellierten Markt auswirkte.[442] Diese Auswirkungen zeigten sich unabhängig davon, dass die AC Treuhand AG selbst nicht auf dem kartellierten Markt tätig war.[443] Im Übrigen hob die Kommission hervor, dass das Verhalten der AC Treuhand AG von einer wettbewerbsbeschränken Zielsetzung getragen war.[444] Schließlich verhängte die Kommission in diesem Fall erstmals ein Bußgeld auch gegen das Beratungsunternehmen. Da dieses Vorgehen angesichts der bisherigen Kommissionspraxis jedoch ein Novum darstellte, beschränkte sie sich dabei auf eine symbolische Geldbuße in Höhe von 1.000 €.[445]

In der Sache „*Wärmestabilisatoren*" („*AC Treuhand II*") bestätigte die Kommission diese Entscheidungspraxis erneut.[446] Der Sachverhalt war ähnlich gelagert. Es handelte sich um ein Kartell von Herstellern im Bereich der Wärmestabilisatoren. Auch in diesem Fall förderte die AC Treuhand AG das bestehende Kartell durch die Organisation von Treffen in den eigenen Räumlichkeiten, Analysen von Marktdaten, die wiederum den Teilnehmern zur Verfügung gestellt wurden sowie Streitschlichtung innerhalb des Kartells.[447] Während sich die Kommission in ihrer vorherigen Entscheidung noch auf eine symbolische Geldbuße beschränkte, traf

440 KOMM. 10.12.2003, COMP/E-2/37.857, C(2003) 4570 Rn. 454 „*Organische Peroxide*".

441 KOMM. 10.12.2003, COMP/E-2/37.857, C(2003) 4570 Rn. 345 ff. „*Organische Peroxide*".

442 KOMM. 10.12.2003, COMP/E-2/37.857, C(2003) 4570 Rn. 345 „*Organische Peroxide*".

443 KOMM. 10.12.2003, COMP/E-2/37.857, C(2003) 4570 Rn. 345 „*Organische Peroxide*".

444 KOMM. 10.12.2003, COMP/E-2/37.857, C(2003) 4570 Rn. 346 „*Organische Peroxide*".

445 KOMM, 10.12.2003, COMP/E-2/37.857, C(2003) 4570 Rn. 454 „*Organische Peroxide*", bestätigt durch EuG, Urteil vom 8.7.2008, Rs. T-99/04, Rn. 112 ff. „*AC Treuhand I*".

446 KOMM. 11.11.2009, K(2009), 8682final „*Wärmestabilisatoren*"; besprechend *Dannecker/Müller*, KSzW 2015, 281, 284 ff.

447 KOMM. 11.11.2009, K(2009), 8682final, Rn. 108 ff. „*Wärmestabilisatoren*".

die AC Treuhand AG nun ein Bußgeld in Höhe von insgesamt 348.000 €.[448]

2. Entscheidungen des Gerichts erster Instanz

Das EuG bestätigte die Entscheidungen der Kommission in den Verfahren „*Organische Peroxide (AC Treuhand I)*“[449] und „*Wärmestabilisatoren (AC Treuhand II)*“[450] und vertrat damit ebenfalls wiederholt die Auffassung, dass die Beteiligung an der Koordinierung keine eigene Tätigkeit auf dem kartellierten Markt erfordere.[451] Diese Rechtsauffassung begründet das EuG einerseits mit dem Wortlaut des ex-Art. 81 Abs. 1 EG-Vertrag (jetzt Art. 101 Abs. 1 AEUV), andererseits mit dem übergeordneten Zweck des europäischen Wettbewerbsrechts.[452]

Im Rahmen der grammatikalischen Auslegung des Begriffs „Vereinbarungen zwischen Unternehmen“ im Sinne des Art. 81 Abs. 1 EG (jetzt Art. 101 Abs. 1 AEUV) hebt das EuG unter Bezugnahme der vergangenen Entscheidungspraxis europäischer Gerichte das insgesamt weite Verständnis des Vereinbarungsbegriffs hervor.[453] So sei in der Rechtsprechung anerkannt, dass neben horizontalen auch vertikale Vereinbarungen unter den Vereinbarungsbegriff fallen.[454] Vertikale Vereinbarungen beträfen jedoch regelmäßig den Fall, dass die beteiligten Unternehmen nicht auf demselben sachlich relevanten Markt, sondern auf vor- bzw. nachgelagerten Märkten tätig sind.[455] Weiterhin erfasse das Kartellverbot auch solche Vereinbarungen, die von Unternehmen benachbarter Märkte oder sich erst entwickelnder Märkte getroffen werden.[456]

---

448 KOMM. 11.11.2009, K(2009), 8682final, Rn. 744 ff. „*Wärmestabilisatoren*“, bestätigt durch EuG, Urteil vom 6.2.2014, Rs. T-27/10 „*AC Treuhand II*“ und EuGH, Urteil vom 22.10.2015, Rs. C-194/14 P „*AC Treuhand*“.

449 EuG, Urteil vom 8.7.2008, Rs. T-99/04 „*AC Treuhand I*“; besprechend *Howe/Lawrence/Whiteford*, GCLR 2009, 83; *Mayer*, Ecolex 2008, 936; *Mayer*, European Law Reporter 2009, 34.

450 EuG, Urteil vom 6.2.2014, Rs. T-27/10 „*AC Treuhand II*“.

451 EuG, Urteil vom 8.7.2008, Rs. T-99/04, Rn. 119 ff. „*AC Treuhand I*“.

452 EuG, Urteil vom 8.7.2008, Rs. T-99/04, Rn. 119 ff. „*AC Treuhand I*“.

453 EuG, Urteil vom 8.7.2008, Rs. T-99/04, Rn. 116 ff., 118, 123 „*AC Treuhand I*“.

454 EuG, Urteil vom 8.7.2008, Rs. T-99/04, Rn. 120 „*AC Treuhand I*“.

455 EuG, Urteil vom 8.7.2008, Rs. T-99/04, Rn. 120 „*AC Treuhand I*“.

456 EuG, Urteil vom 8.7.2008, Rs. T-99/04, Rn. 121 „*AC Treuhand I*“.

Ferner verweist das EuG auf das in der Entscheidungspraxis europäischer Gerichte zentrale Element des „gemeinsamen Willen[s]"[457] der Beteiligten und der gemeinsamen Zwecksetzung der Wettbewerbsbeschränkung.[458] Ein Verstoß gegen das Kartellverbot liege stets dann vor, wenn ein koordiniertes Verhalten eine Wettbewerbsbeschränkung bezwecke, unabhängig davon, ob ein beteiligtes Unternehmen selbst auf dem betroffenen Markt tätig sei.[459]

Schließlich stützt das EuG seine Rechtauffassung auf teleologische Erwägungen.[460] Anders als von der Verteidigung vorgetragen, erfordere das Selbständigkeitspostulat, als ein Grundprinzip des ex-Art. 81 Abs. 1 EG-Vertrag (jetzt Art. 101 Abs. 1 AEUV), nicht, dass ein Beteiligter einer Koordinierung durch diese in seiner eigenen wettbewerblichen Handlungsfreiheit beschränkt werde.[461] Vielmehr sei das Vorliegen einer Wettbewerbsbeschränkung stets anhand der Gesamtumstände, insbesondere unter Berücksichtigung von Auswirkungen und Zielsetzung des Handelns, zu untersuchen,[462] was somit einer pauschalen Ausnahme von Koordinierungen unter Beteiligung von Unternehmen verschiedener Märkte entgegensteht.

Eine derartige Beschränkung des Anwendungsbereichs des Kartellverbots würde vielmehr Umgehungsmöglichkeiten eröffnen und stünde damit im Widerspruch zum Ziel des europäischen Wettbewerbsrechts, ein System unverfälschten Wettbewerbs zu schaffen.[463]

Schließlich bestätigte das EuG diese Rechtsauffassung in verschiedenen Folgeentscheidungen außerhalb des Kontexts der kartellrechtlichen Haftung von Beratungsunternehmen.[464] So wurde in der Sache „*Deltafina*" ein Unternehmen als Kartelltäter angesehen, das zwar nicht auf demselben Markt wie die weiteren Beteiligten, jedoch auf dem unmittelbar nachgela-

---

457 EuG, Urteil vom 8.7.2008, Rs. T-99/04, Rn. 122 „*AC Treuhand I*".

458 EuG, Urteil vom 8.7.2008, Rs. T-99/04, Rn. 122 „*AC Treuhand I*".

459 EuG, Urteil vom 8.7.2008, Rs. T-99/04, Rn. 122 „*AC Treuhand I*".

460 EuG, Urteil vom 8.7.2008, Rs. T-99/04, Rn. 124 ff. „*AC Treuhand I*".

461 EuG, Urteil vom 8.7.2008, Rs. T-99/04, Rn. 124 ff. „*AC Treuhand I*".

462 EuG, Urteil vom 8.7.2008, Rs. T-99/04, Rn. 126 ff. „*AC Treuhand I*".

463 Vgl. EuG, Urteil vom 8.7.2008, Rs. T-99/04, Rn. 127 „*AC Treuhand I*"; *Kling/Thomas*, § 5 Rn. 3.

464 EuG, Urteil vom 28.4.2010, verb. Rs. T-456/05 u.a., Rn. 53 „*Gütermann und Zwicky*"; EuG, Urteil vom 8.9.2010, Rs. T-29/05, Rn. 36 ff., 45 ff., 51 „*Deltafina*"; zuletzt – im Nachgang der „*AC Treuhand*"-Entscheidung des EuGH – auch EuG, Urteil vom 10.11.2017, Rs. T-180/15 „*ICAP*", besprechend *Bellamy/Child*, Rn. 2.086; *Rodriguez/Noorali*, JECLAP 2018, 320; *Ysewyn/Corbett*, Competition Law and Policy Debate 2018, 4.

gerten Markt tätig war.[465] Das EuG bezog sich hier ausdrücklich auf seine Entscheidung in der Sache *„AC Treuhand I"* und begründete seine Entscheidung im Wege eines erst-recht-Schlusses: Stand der fehlende direkte Marktbezug des Beratungsunternehmens in *„AC Treuhand I"* einer Kartellmittäterschaft nicht im Wege, obwohl es im Verhältnis zu den übrigen Beteiligten des Kartells nicht einmal auf einem benachbarten Markt tätig war, so könne in *„Deltafina"* erst recht nichts anderes gelten, da es sich hier sogar um den unmittelbar nachgelagerten Markt handelte.[466]

3. Schlussanträge des Generalanwalts Wahl im „AC-Treuhand"-Verfahren vor dem EuGH

In seinen Schlussanträgen sprach sich Generalanwalt Wahl gegen die bisherige Kommissionspraxis aus.[467] Im Wege der teleologischen Auslegung kommt er zu dem Ergebnis, dass nur solche Unternehmen Täter des Art. 101 Abs. 1 AEUV sein können, die hinreichenden und beschränkbaren Wettbewerbsdruck aufeinander ausüben.[468] Er stellt folglich weniger auf die Frage des direkten Marktbezugs der Unternehmenstätigkeit ab,[469] als vielmehr auf das Kriterium des wechselseitigen Wettbewerbsdrucks.[470]

Das Kartellverbot bezwecke die Verhinderung von Wettbewerbsbeschränkungen, also von Verhaltensweisen, die eine wettbewerbsbeschränkende Wirkung zeigen oder erwarten lassen.[471] Eine Wettbewerbsbeschränkung liege nur dann vor, wenn der zwischen den Unternehmen bestehende Wettbewerbsdruck verringert oder beseitigt werde.[472] Demgemäß erfordere eine tatbestandsmäßige Koordinierung den Verzicht auf die

465 EuG, Urteil vom 8.9.2010, Rs. T-29/05, Rn. 36 ff., 45 ff., 51 *„Deltafina"*.

466 Vgl. EuG, Urteil vom 8.9.2010, Rs. T-29/05, Rn. 51 *„Deltafina"*.

467 Schlussanträge des GA Wahl, 21.5.2015, C-194/14 P, Rn. 31 ff., 90 *„AC Treuhand II"*.

468 Schlussanträge des GA Wahl, 21.5.2015, C-194/14 P, Rn. 47, 50, 62 *„AC Treuhand II"*.

469 So ausdrücklich Schlussanträge des GA Wahl, 21.5.2015, C-194/14 P, Rn. 53 *„AC Treuhand II"*.

470 Schlussanträge des GA Wahl, 21.5.2015, C-194/14 P, Rn. 47, 50, 62 *„AC Treuhand II"*.

471 Schlussanträge des GA Wahl, 21.5.2015, C-194/14 P, Rn. 44 f., 61 ff. *„AC Treuhand II"*.

472 Schlussanträge des GA Wahl, 21.5.2015, C-194/14 P, Rn. 47, 50 ff., 62 *„AC Treuhand II"*.

künftige Ausübung von Wettbewerbsdruck.[473] Typischerweise besteht ein solcher Wettbewerbsdruck zwischen Wettbewerbern, die auf demselben sachlich und räumlich relevanten Markt tätig sind. Allerdings erkennt auch Generalanwalt Wahl unter Rückgriff auf die Rechtsprechung des EuGH in „*Consten und Grundig*"[474] an, dass eine Koordinierung auch in vertikalen Fallgestaltungen vorliegen kann.[475] In diesen Fällen werde der Wettbewerbsdruck zwischen einem beteiligten Unternehmen und Dritten verringert, jedoch müsse dies auf einer wettbewerbsbeschränkenden Verpflichtung des beteiligten Unternehmens beruhen.[476] Ein Beratungsunternehmen übe jedoch keinen Wettbewerbsdruck auf die von ihm beratenen, kartellbeteiligten Unternehmen aus.[477] Daher liege seitens des Beratungsunternehmens keine Wettbewerbsbeschränkung vor und eine Täterschaft scheide aus.[478]

4. Die „AC Treuhand"-Entscheidung des EuGH

In der Sache „*AC Treuhand*" entschied schließlich erstmals der EuGH höchstrichterlich, unter welchen Voraussetzungen ein Dritter als Kartellgehilfe aus Art. 101 Abs. 1 AEUV haftet. Abweichend von der Empfehlung des Generalanwalts[479] bestätigte der EuGH die Entscheidung des EuG in der Sache „*AC Treuhand*". Dabei machte er sich die Argumentation des EuG sowohl bezogen auf das Ergebnis, als auch auf die Begründung zu eigen.[480]

---

473 Schlussanträge des GA Wahl, 21.5.2015, C-194/14 P, Rn. 47 „*AC Treuhand II*".

474 EuGH, Urteil vom 13.7.1966, verb. Rs. 56/64 u.a., Slg. 1966, 299, 335 ff., 386 ff. „*Consten und Grundig*".

475 Schlussanträge des GA Wahl, 21.5.2015, C-194/14 P, Rn. 54 f. „*AC Treuhand II*".

476 Schlussanträge des GA Wahl, 21.5.2015, C-194/14 P, Rn. 54 „*AC Treuhand II*".

477 Schlussanträge des GA Wahl, 21.5.2015, C-194/14 P, Rn. 65 ff. „*AC Treuhand II*".

478 Schlussanträge des GA Wahl, 21.5.2015, C-194/14 P, Rn. 65 ff. „*AC Treuhand II*".

479 Schlussanträge des GA Wahl vom 21.5.2015, Rs. C-194/14 P, Rn. 31 ff. „*AC Treuhand*".

480 EuGH, Urteil vom 22.10.2015, Rs. C-194/14 P, Rn. 33 ff. „*AC Treuhand*"; besprechend *Berg*, EuZW 2016, 19; *Chan*, ECLR 2016, 133; *De Stefano*, JECLAP 2015, 689; *Diedrichsen*, ZWH 2016, 16; *Doetsch*, S. 77 f.; *Engelhoven*, EWiR 2016, 123; *Eufinger*, EW 2015, 198; *Faull/Nikpay*, Rn. 3.97; *Jungermann/Steger*, DB 2015, 2865; *Oliver/Bombois*, JECLAP 2016, 711, 716; *Otto*, WuW 2016, 454; *Pischel*, CCZ 2016, 95; *Seelos*, Ecolex 2016, 505; *Slobodenjuk*, GWR 2015, 480; *Talbot*, Commercial Law Practitioner 2016, 9; *Vallery/Schell*, JECLAP 2016, 254; *Wagner-von Papp*, in: MünchKomm-WetttbR, Art. 101 AEUV Rn. 299.

Zunächst stellt auch der EuGH fest, dass sich dem Wortlaut des Kartellverbots nicht entnehmen lasse, dass nur solche Unternehmen Partei einer Vereinbarung oder aufeinander abgestimmten Verhaltensweise sein könnten, die auf dem von der Koordinierung betroffenen Markt tätig sind.[481] Mit Blick auf den Einwand eines fehlenden Verstoßes gegen das Selbständigkeitspostulat führt er ferner aus, dass weder die Vereinbarung noch die aufeinander abgestimmte Verhaltensweise „eine wechselseitige Beschränkung der Handlungsfreiheit auf ein und demselben Markt, auf dem alle Parteien vertreten wären“ voraussetze.[482] Der Wortlaut des Kartellverbots beziehe sich „allgemein auf alle Vereinbarungen und abgestimmten Verhaltensweisen, die – sei es in horizontalen oder vertikalen Beziehungen – den Wettbewerb im Gemeinsamen Markt verfälschen, unabhängig davon, auf welchem Markt die Parteien tätig sind“.[483] Schließlich stützt der EuGH seine Rechtsauffassung auf den *effet utile* und führt aus, dass die Gegenauffassung geeignet sei, „die volle Wirksamkeit des in dieser Bestimmung aufgestellten Verbots [zu] mindern, da eine solche Auslegung eine Vereitelung des aktiven Beitrags eines Unternehmens zu einer Wettbewerbsbeschränkung nur deshalb nicht ermöglichen würde, weil dieser Beitrag keine wirtschaftliche Tätigkeit auf dem relevanten Markt betrifft, auf dem die Beschränkung eintritt oder eintreten soll“.[484]

Schließlich formuliert der EuGH die Voraussetzungen, unter denen ein Dritter als Kartellgehilfe haftet. Dies soll dann der Fall sein, wenn der Dritte „durch sein Verhalten zur Erreichung der von allen Beteiligten verfolgten gemeinsamen Ziele beitragen wollte und von dem von anderen Unternehmen in Verfolgung dieser Ziele beabsichtigten oder an den Tag gelegten tatsächlichen Verhalten wusste oder dieses vernünftigerweise vorhersehen konnte und [...] bereit war, die daraus erwachsende Gefahr auf sich zu nehmen.“[485]

Damit lassen sich der *„AC Treuhand“*-Entscheidung drei Voraussetzungen entnehmen, unter denen der Dritte (also der „hub“ einer „hub and spoke“-Konstellation) haftet: Zunächst muss (1.) auf Ebene der „spokes“ eine Koordinierung erfolgen oder eine Koordinierungsabsicht vorliegen, die der Dritte (2.) objektiv durch sein eigenes Verhalten fördert. Die weiteren Ausführungen des EuGH betreffen sodann die subjektiven Haftungs-

481 EuGH, Urteil vom 22.10.2015, Rs. C-194/14 P, Rn. 27 *„AC Treuhand“*.
482 EuGH, Urteil vom 22.10.2015, Rs. C-194/14 P, Rn. 33 *„AC Treuhand“*.
483 EuGH, Urteil vom 22.10.2015, Rs. C-194/14 P, Rn. 35 *„AC Treuhand“*.
484 EuGH, Urteil vom 22.10.2015, Rs. C-194/14 P, Rn. 36 *„AC Treuhand“*.
485 EuGH, Urteil vom 22.10.2015, Rs. C-194/14 P, Rn. 30 *„AC Treuhand“*.

voraussetzungen. In subjektiver Hinsicht stellt der EuGH zwei alternative Kriterien auf. Der Dritte haftet dann, wenn er entweder (3a.) von der Koordinierung bzw. der Koordinierungsabsicht zwischen den „spokes" wusste und diese durch sein eigenes Verhalten fördern wollte oder wenn er (3b.) die Koordinierung oder Koordinierungsabsicht der „spokes" vernünftigerweise hätte vorhersehen können und bereit war, die daraus erwachsende Gefahr zu tragen.[486]

Die ersten beiden Voraussetzungen bedürfen kaum einer Erläuterung. Das Erfordernis einer Koordinierung bzw. Koordinierungsabsicht der weiteren Beteiligten („spokes") verdeutlicht, dass die Haftung des Dritten akzessorisch ausgestaltet ist. Es muss ein teilnahmefähiger Verstoß gegen das Kartellverbot oder jedenfalls die Absicht eines solchen vorliegen. Fehlt es daran, scheidet auch eine Haftung des Dritten aus.[487] Liegt eine solche horizontale Koordinierung oder Koordinierungsabsicht vor, so ist in einem weiteren Schritt ein objektiv koordinierungsförderndes Verhalten des Dritten („hub") erforderlich.

Die dritte Voraussetzung beschreibt zwei verschiedene, alternativ in Betracht kommende subjektive Voraussetzungen (3a. und 3b.).

Das erste subjektive Kriterium (3a.) verlangt positive Kenntnis des Dritten von der Koordinierung bzw. Koordinierungsabsicht der „spokes" und den Willen des Dritten, durch sein eigenes Verhalten dazu beizutragen.[488] In den Worten des EuGH musste der Dritte „durch sein Verhalten zu Erreichung der von allen Beteiligten verfolgten gemeinsamen Ziele beitragen [wollen]".[489] Die für das erste Kriterium verlangten Elemente von Wissen und Wollen beschreiben damit letztlich ein Vorsatzkriterium.

Das zweite subjektive Kriterium (3b.) verlangt demgegenüber, dass der Dritte die horizontale Koordinierung bzw. Koordinierungsabsicht „vernünftigerweise vorhersehen konnte und [...] bereit war, die daraus erwachsende Gefahr auf sich zu nehmen".[490] Wie bereits im Kontext der Entscheidung „*VM Remonts*" und des dortigen, nahezu gleichlautenden Kriteriums eingehend erörtert, ist dies als Vorhersehbarkeit im Sinne eines Kennenmüssens bzw. einer fahrlässigen Unkenntnis zu interpretieren, selbst wenn dies notwendig dazu führt, dass das Element der Gefahrtragungsbe-

486 EuGH, Urteil vom 22.10.2015, Rs. C-194/14 P, Rn. 30 „*AC Treuhand*".

487 Siehe auch Monopolkommission, XXII. Hauptgutachten 2018, Rn. 266 ff.; *Chan*, ECLR 2016, 133, 136.

488 Vgl. auch *Chan*, ECLR 2016, 133, 137 f.

489 EuGH, Urteil vom 22.10.2015, Rs. C-194/14 P, Rn. 30 „*AC Treuhand*".

490 EuGH, Urteil vom 22.10.2015, Rs. C-194/14 P, Rn. 30 „*AC Treuhand*".

reitschaft in den Hintergrund tritt.[491] Der EuGH wiederholte in *„AC Treuhand“* die bereits zuvor in *„Anic Partecipazioni“* und *„Aalborg Portland“* verwendete Formel des Dritten, der „bereit war, die daraus erwachsende Gefahr auf sich zu nehmen“.[492] Die englische Sprachfassung des Urteils legt nahe, dass der Begriff der Gefahr in diesem Kontext als Synonym für den Begriff des Risikos verstanden werden kann.[493] Das Element hat jedoch im Ergebnis keine eigenständige praktische Relevanz.[494]

Ausgehend von *„AC Treuhand“* lassen sich somit im Ergebnis folgende Voraussetzungen der Haftung des Dritten („hub“) festhalten: Zunächst bedarf es einer Koordinierung oder Koordinierungsabsicht der „spokes“, die der Dritte objektiv durch sein Verhalten fördert. Sodann haftet der Dritte zunächst dann, wenn er Kenntnis von der Koordinierung oder Koordinierungsabsicht hatte und durch sein Verhalten die Koordinierung fördern wollte, wenn er also mit Vorsatz handelte. Hatte der Dritte demgegenüber keine tatsächliche Kenntnis der Koordinierung oder Koordinierungsabsicht, so haftet er dennoch, wenn er diese vernünftigerweise vorhersehen konnte. Dem Element der Gefahrtragungsbereitschaft als Bestandteil des letztgenannten subjektiven Kriteriums verbleibt damit kein eigenständiger Bedeutungsgehalt.

IV. Stellungnahmen im Schrifttum

Die gegen die AC Treuhand AG gerichteten Entscheidungen der Kommission (*„Organische Peroxide“* und *„Wärmestabilisatoren“*) sowie die sie bestäti-

---

491 Diese Lesart teilend, wenn auch im Ergebnis ablehnend, *Chan*, ECLR 2016, 133; siehe auch *Schwarzkopf*, S. 188 ff., 191; bezogen auf das subjektive Zurechnungskriterium in der Entscheidung *„VM Remonts“* siehe bereits Teil 4, B.II.2.a)aa)(1)(c)(aa).

492 EuGH, Urteil vom 22.10.2015, Rs. C-194/14 P, Rn. 30 *„AC Treuhand“*; EuGH, Urteil vom 07.01.2004, verb. Rs. C-204/00 P, Rn. 83 ff. *„Aalborg Portland“*; EuGH, Urteil vom 08.07.1999, Rs. C-49/92 P, Rn. 86 ff. *„Anic Partecipazioni“*.

493 EuGH, Urteil vom 22.10.2015, Rs. C-194/14 P, Rn. 30 *„AC Treuhand“*:„[…] the Commission must demonstrate, in order to be able to find that an undertaking participated in an infringement and was liable for all the various elements comprising the infringement, that the undertaking concerned intended to contribute by its own conduct to the common objectives pursued by all the participants and that it was aware of the actual conduct planned or put into effect by other undertakings in pursuit of the same objectives or that it could reasonably have foreseen it and *that it was prepared to take the risk*” [Herv. d. Verf.].

494 So auch *Chan*, ECLR 2016, 133, 138; *Schwarzkopf*, S. 188 ff., 191.

genden gerichtlichen Entscheidungen finden im Schrifttum teilweise Zustimmung,[495] werden jedoch überwiegend abgelehnt.[496] Die im Schrifttum geäußerte Kritik zielt regelmäßig auf eine Beschränkung des Adressatenkreises des Art. 101 Abs. 1 AEUV ab, typischerweise dahingehend, dass nur solche Unternehmen Täter des Art. 101 Abs. 1 AEUV sein können, die unmittelbar selbst auf dem kartellierten Markt tätig sind.[497] Kern der Diskussion ist die Abgrenzung von Täterschaft und Teilnahme im Anwendungsbereich des Art. 101 Abs. 1 AEUV und die damit verbundene Frage, ob auch schlichte Gehilfenhandlungen vom Kartellverbot erfasst sein sollen.[498]

1. Art. 101 Abs. 1 AEUV als Sonderdelikt

Teilweise wird Art. 101 Abs. 1 AEUV als Sonderdelikt qualifiziert, mit der Konsequenz, dass nur derjenige Normadressat und damit Kartelltäter sein könne, den eine aus der jeweiligen Norm folgende rechtliche Sonderpflicht treffe.[499] Ob eine rechtliche Sonderpflicht besteht, sei durch Auslegung zu ermitteln.[500] So ergebe sich die rechtliche Sonderpflicht im Falle des Art. 102 AEUV etwa aus der Begrenzung des Täterkreises auf marktbeherrschende Unternehmen und damit bereits unmittelbar aus dem Wortlaut der Norm.[501] Hingegen sei der Wortlaut des Art. 101 Abs. 1 AEUV

495 Vgl. etwa *Albrecht/Von dem Bussche*, EWiR 2008, 489, 491 f.; *Bremer*, S. 8 ff., 48 f., 154, 259; *de Bronett*, in: Schulte/Just, Art. 101 Rn. 56 f.; *Eufinger*, WRP 2012, 1488, 1490 ff.; *Eufinger*, EWS 2015, 198, 200 ff.; *Freiin von dem Bussche/Albrecht*, EWS 2008, 416, 419 ff.; *Lübbig*, in: Wiedemann, § 8 Rn. 8c; *Schuhmacher*, ZfRV 2009, 9; wohl auch *Roth/Ackermann* in: FK-KartR, Art. 81 Abs. 1 EG Grundfragen Rn. 38, 169.

496 Vgl. etwa *Biermann*, in: Immenga/Mestmäcker, Vor Art. 23 f. VO 1/2003 Rn. 137; *Dannecker*, ÖZK 2010, 171 ff.; *Dannecker/Müller*, KSzW 2015, 281, 288 ff., 291; *Diedrichsen*, ZWH 2016, 16; *Füller*, in: KölnKomm-KartR, Art. 101 AEUV Rn. 110 f.; *Koch*, ZWeR 2009, 370 ff.; *Otto*, WuW 2016, 454, 456 ff.; *Otto*, S. 297 f., 399; *Schwartz*, S. 153 ff.; *Weitbrecht/Baudenbacher*, EuR 2010, 230, 235 ff.

497 Dazu im Einzelnen sogleich.

498 Grundlegend *Schwartz*, S. 5 ff.; vgl. auch *Dannecker/Müller*, KSzW 2015, 281.

499 *Biermann*, in: Immenga/Mestmäcker, Vor Art. 23 f. VO 1/2003 Rn. 74; *Dannecker/Müller*, KSzW 2015, 281, 292 ff.; *Hamann*, S. 185 ff.; *Kindhäuser/Meyer*, in: FK-KartR, Bußgeldrechtliche Folgen Art. 101 Rn. 154; *Tiedemann*, in: FS-Jescheck 1985, 1411, 1419 ff.

500 *Hamann*, S. 185 f.

501 *Hamann*, S. 186.

diesbezüglich nicht eindeutig, da er sich allgemein auf Unternehmen und Unternehmensvereinigungen beziehe, sodass ergänzend der Normzweck heranzuziehen sei.[502] Zugleich sei das Erfordernis einer Sonderpflicht geboten, um den extensiven Täterbegriff des Art. 101 Abs. 1 AEUV im Sinne des Bestimmtheitsgrundsatzes einzuschränken.[503]

So geht *Hamann* davon aus, dass nur solche Unternehmen eine besondere Verantwortung für den Wettbewerb und damit eine rechtliche Sonderpflicht treffe, die einen direkten wirtschaftlichen Vorteil durch die Wettbewerbsbeschränkung erlangen, die auf diese Weise insbesondere ihre eigene Marktstellung stärken und deren Geschäftstätigkeit auf demselben Markt stattfindet, auf dem die Wettbewerbsbeschränkung eintritt.[504] Beratungsunternehmen, die die Rolle eines Kartellgehilfen wahrnehmen, erfüllten diese Kriterien regelmäßig nicht. Ihre eigene Geschäftstätigkeit betreffe weder den kartellierten Markt, noch genüge zur Annahme eines direkten wirtschaftlichen Vorteils die Erwartung eines Entgelts für die erbrachte Dienstleistung in Gestalt der Kartellorganisation.[505]

2. Einschränkung des Täterkreises anhand des Kriteriums der produktbezogenen wirtschaftlichen Nähe

Eine weitere Auffassung geht zwar davon aus, dass nicht jedes beteiligte Unternehmen zwingend selbst auf dem kartellierten Markt tätig sein muss, jedoch müsse zwischen dem Unternehmen und dem betroffenen Markt eine produktbezogene wirtschaftliche Nähe bestehen.[506] Nur bei einem solchen hinreichenden Marktbezug könne eine relevante Verhaltenskoordinierung zwischen den beteiligten Unternehmen angenommen werden.[507]

---

502 *Biermann*, in: Immenga/Mestmäcker, Vor Art. 23 f. VO 1/2003 Rn. 133; *Hamann*, S. 186 f.

503 *Hamann*, S. 185.

504 *Hamann*, S. 186 ff.

505 *Hamann*, S. 188 f.

506 *Jüchser*, S. 44; *Koch*, ZWeR 2009, 370, 383 f.; *Schwartz*, S. 164 ff., 167, 170, 271; ablehnend *Schwarzkopf*, S. 108 ff., der in dieser Auffassung eine vorweggenommene Diskussion der Wettbewerbsbeschränkung bereits im Rahmen des Unternehmensbegriffs sieht.

507 *Koch*, ZWeR 2009, 370, 384.

Zwar lasse sich weder dem Wortlaut der Norm, noch dem Normzweck zwingend das Erfordernis eines unmittelbaren Marktbezugs entnehmen,[508] jedoch folge ein tatbestandliches Einschränkungsbedürfnis aus der Beschränkung des Adressatenkreises auf Unternehmen sowie aus den Tatbestandsmerkmalen der Vereinbarung und der aufeinander abgestimmten Verhaltensweise, die eine unmittelbare Beteiligung an der Maßnahme erforderten.[509] Die Beschränkung des Adressatenkreises auf Unternehmen und der damit verbundene Ausschluss von Privatpersonen beruhe darauf, dass Unternehmen durch ihre wirtschaftliche Tätigkeit – im Falle einer Koordinierung in schädlicher Weise – unmittelbar auf das Wirtschaftsgeschehen Einfluss nehmen können.[510] Die Gefahr wettbewerbsschädlicher Einflussnahme bestehe jedoch nur, wenn sich die Koordinierung inhaltlich auf den betroffenen Markt bezieht, was wiederum nur der Fall sei, wenn eine produktbezogene wirtschaftliche Nähe des handelnden Unternehmens zu dem betroffenen Markt bestehe.[511]

Anhand des Kriteriums der produktbezogenen wirtschaftlichen Nähe gelingt es dieser Auffassung, den Tatbestand einzuschränken, ohne jedoch zugleich vertikale Fallkonstellationen oder Fälle, in denen sich Unternehmen benachbarter Märkte koordinieren, auszuschließen.[512] In den Fällen der Kartellgehilfen fehle es mangels einer Nähe der Beratungsleistung zu den Leistungen des kartellierten Produktmarkts regelmäßig an einer derartigen produktbezogenen wirtschaftlichen Nähe, sodass eine Mittäterschaft des Beratungsunternehmens ausscheiden müsse.[513]

3. Notwendiger Verstoß gegen das Selbständigkeitspostulat

Zuletzt wird in der Literatur auf die fehlende Verletzung des Selbständigkeitspostulats seitens des Beratungsunternehmens verwiesen.[514] Als zentrales Leitbild des europäischen Wettbewerbsrechts verlangt das Selbständigkeitspostulat, dass jedes Unternehmen selbständig über sein künftiges Vor-

---

508 *Koch*, ZWeR 2009, 370, 383 f.
509 *Koch*, ZWeR 2009, 370, 384; ähnlich *Schwartz*, S. 167 ff.
510 *Koch*, ZWeR 2009, 370, 384.
511 *Koch*, ZWeR 2009, 370, 384.
512 *Schwartz*, S. 167.
513 *Koch*, ZWeR 2009, 370, 383 ff.; *Schwartz*, S. 164 ff., 168, 271.
514 *Koch*, ZWeR 2009, 370, 385; *Otto*, S. 358, 362, 400 f.; ablehnend *Schwarzkopf*, S. 107 f.

gehen am Markt entscheidet.[515] Nach herkömmlichem Verständnis liegt ein Verstoß gegen das Selbständigkeitspostulat dann vor, wenn durch die Maßnahme die wettbewerbliche Handlungsfreiheit mindestens eines der beteiligten Unternehmen beschränkt wird.[516] Infolgedessen wird eine Kartellmittäterschaft von Beratungsunternehmen neben ihren Mandanten teilweise mit der Begründung abgelehnt, dass seitens des Beratungsunternehmens kein Verstoß gegen das Selbständigkeitspostulat vorliege, da das Beratungsunternehmen seine eigene Handlungsfreiheit gerade nicht beschränke.[517] Zwischen dem Beratungsunternehmen und den weiteren Beteiligten liege keine inhaltlich übereinstimmende Kollusion vor.[518] Ein Beratungsunternehmen, das selbst keine produktbezogene Nähe zu dem kartellierten Markt habe, schränke seine Handlungsfreiheit nicht ein, da es sich weder selbst zu einem bestimmten Verhalten verpflichte, noch habe sich ein anderes Unternehmen ihm gegenüber zu einem bestimmten Verhalten verpflichtet.[519] Das Selbständigkeitspostulat wird von dieser Literaturauffassung als maßgebliches Kriterium herangezogen, da es gerade der Abgrenzung von erlaubtem und verbotenem Verhalten diene.[520] Eine tatbestandsmäßige Koordinierung erfordere daher in allen Tatbestandsvarianten zwingend einen Verstoß gegen das Selbständigkeitspostulat.[521]

---

515 Vgl. EuGH, Urteil vom 14.7.1972, Rs. 48/69, Rn. 104 ff. *„ICI“* ; EuGH, Urteil vom 16.12.1975, verb. Rs. 40/73 u.a., Rn. 173 *„Suiker Unie“*.

516 EuGH, Urteil vom 16.12.1975, verb. Rs. 40/73 u.a., Rn. 173 f. *„Suiker Unie“*; KOMM., Leitlinien zur Anwendbarkeit von Artikel 101 des Vertrags über die Arbeitsweise der Europäischen Union auf Vereinbarungen über horizontale Zusammenarbeit, ABl. 2011 C 11/1 ff., Rn. 27; *Koch*, ZWeR 2009, 370, 385; *Lübbig*, in: Wiedemann, § 8 Rn. 21; *Wiedemann*, in: Wiedemann, § 2 Rn. 3.

517 *Koch*, ZWeR 2009, 370, 385; *Otto*, S. 358, 362, 400 f.; *Otto*, WuW 2016, 454, 457 f.

518 *Koch*, ZWeR 2009, 370, 385.

519 *Koch*, ZWeR 2009, 370, 385; *Otto*, S. 274 ff., 279.

520 *Koch*, ZWeR 2009, 370, 384; *Otto*, S. 276.

521 *Koch*, ZWeR 2009, 370, 385; *Otto*, S. 276. Zu den Ausprägungen des Selbständigkeitspostulats im Rahmen der Auslegung des Art. 101 Abs. 1 AEUV siehe auch unten Teil 5.A.III.2.b)bb)(2)(b)(bb).

4. Eigene wirtschaftliche Tätigkeit des Beratungsunternehmens auf dem kartellierten Markt

Demgegenüber nehmen andere – ähnlich oder sogar in Übereinstimmung mit dem EuGH in „*AC Treuhand*"[522] – ein eigenes relevantes Verhalten beteiligter Beratungsunternehmen auf dem kartellierten Markt an und leiten so eine Normadressatenstellung, das heißt letztlich eine mögliche Täterschaft, von Beratungsunternehmen her.

So gehen *Roth/Ackermann* unter Bezugnahme auf die Rechtsprechung des EuGH davon aus, dass auch eine nur mittelbare Einflussnahme auf die Tätigkeit eines anderen Unternehmens eine relevante wirtschaftliche Tätigkeit im Sinne des Unternehmensbegriffs darstellt, sofern die Einflussnahme kontrollierende Wirkung entfaltet.[523] Bereits die Organisation eines fremden Kartells stelle insoweit eine für das Kartellverbot relevante wirtschaftliche Tätigkeit dar, auch wenn das organisierende Unternehmen selbst nicht auf dem kartellierten Markt tätig ist.[524]

In eine ähnliche Richtung geht der Ansatz von *Schuhmacher*. Über eine weite Auslegung des Unternehmensbegriffs sowie unter Heranziehung des als umfassend verstandenen Schutzzwecks des Kartellverbots gelangt er zu der Annahme einer eigenen wirtschaftlichen Tätigkeit des Beratungsunternehmens auch auf dem kartellierten Markt.[525] So solle nicht die Zuordnung des Unternehmens zum Markt für Unternehmensberatungsdienstleistungen über die Normadressatenstellung entscheiden. Vielmehr müsse der Fokus auf der Koordinierungstätigkeit auf dem kartellierten Markt liegen.[526] Die Verhaltenskoordinierung der dort tätigen Unternehmen sei eine eigene wirtschaftliche Tätigkeit des Beratungsunternehmens auf dem kartellierten Markt.[527] Eine solche eigene Tätigkeit liege bereits dann vor, wenn ein Bezug zum kartellierten Markt hergestellt würde, was insbesondere dann der Fall sei, wenn sich das Unternehmen auf dem anderen Markt „einbringt".[528] Da das Beratungsunternehmen durch sein eigenes Verhalten den Wettbewerb auf dem kartellierten Markt beeinflusse, bestünde ein direkter Bezug zu dem geschützten Rechtsgut.[529] Im Ergebnis

---

522 EuGH, Urteil vom 22.10.2015, Rs. C-194/14 P, Rn. 35 „*AC Treuhand*".
523 *Roth/Ackermann*, in: FK-KartR, Art. 81 Abs. 1 EG Grundfragen Rn. 38.
524 *Roth/Ackermann*, in: FK-KartR, Art. 81 Abs. 1 EG Grundfragen Rn. 38.
525 *Schuhmacher*, ZfRV 2009, 9, 12.
526 *Schuhmacher*, ZfRV 2009, 9, 12.
527 *Schuhmacher*, ZfRV 2009, 9, 12.
528 *Schuhmacher*, ZfRV 2009, 9, 12.
529 *Schuhmacher*, ZfRV 2009, 9, 12.

erübrigt sich nach diesen Auffassungen ein Rückgriff auf die Figur der Teilnahme (in Abgrenzung zur Täterschaft), da eine unmittelbar eigene Tathandlung des Beratungsunternehmens im Sinne des Art. 101 Abs. 1 AEUV begründet wird.[530]

5. Zwischenergebnis

Der EuGH erteilte den dargestellten Vorschlägen zur Einschränkung des Täterkreises des Art. 101 Abs. 1 AEUV in seiner Entscheidung in der Sache *„AC Treuhand“* eine Absage. Gestützt auf grammatikalische und teleologische Erwägungen kommt er zu dem Ergebnis, dass der Adressatenkreis des Art. 101 Abs. 1 AEUV alle Unternehmen erfasst, unabhängig davon, auf welchem Markt sie tätig sind und ob ihre wirtschaftliche Tätigkeit einen direkten Bezug zum kartellierten Markt aufweist.[531] Diese Rechtsprechung soll im Folgenden als Ausgangspunkt der Analyse einer Haftung Dritter dienen.

V. Zwischenergebnis: Merkmale der europäischen Kartellgehilfenhaftung ausgehend von der „AC Treuhand“-Entscheidung des EuGH

Die dargestellten Stellungnahmen im Schrifttum zielten darauf ab, den Täterkreis des Art. 101 Abs. 1 AEUV einzugrenzen und eine Grenze zwischen Täterschaft und Teilnahme zu definieren. Der Ansatz der europäischen Rechtsprechung lässt demgegenüber auf einen Einheitstäterbegriff schließen, wie er auch im deutschen Ordnungswidrigkeitenrecht Anwendung findet.[532] So führte das EuG aus, dass der Grundsatz der Gesetzmäßigkeit *(nulla poena sine lege)* keine „Unterscheidung des Täters vom Beteiligten derart verlangt, dass der Letztgenannte nicht bestraft werden könnte, wenn die einschlägige Rechtsvorschrift nicht ausdrücklich eine Sanktion gegen ihn vorsieht.“[533] Entscheidend sei vielmehr, „dass das Verhalten der

---

530 So jedenfalls *Schuhmacher*, ZfRV 2009, 9, 11 ff., 14.

531 EuGH, Urteil vom 22.10.2015, Rs. C-194/14 P, Rn. 35 *„AC Treuhand“*. Zur Vereinbarkeit dieser Auslegung mit den dogmatischen Grundlagen des Art. 101 Abs. 1 AEUV siehe auch unten Teil 5.A.III.2.b)bb)(2).

532 EuG, Urteil vom 8.7.2008, Rs. T-99/04, Rn. 149 *„AC Treuhand I“*; vgl. auch *Dannecker/Müller*, KSzW 2015, 281, 289; *Seelos*, Ecolex 2016, 505, 506 f.; *Weitbrecht/Baudenbacher*, EuR 2010, 230, 236; ablehnend *Schwarzkopf*, S. 87 ff.

533 EuG, Urteil vom 8.7.2008, Rs. T-99/04, Rn. 149 *„AC Treuhand I“*.

beschuldigten Person [...] unter die Definition des Täters der betreffenden Zuwiderhandlung fallen muss, so wie sie sich dem Wortlaut der fraglichen Bestimmung – gegebenenfalls in der entsprechenden Auslegung durch die Rechtsprechung – entnehmen lässt."[534] Folglich ist die europäische Kartellgehilfenhaftung dahingehend zu verstehen, dass der Dritte, der die vom EuGH aufgestellten Kriterien erfüllt, als Mittäter des Kartells anzusehen ist.[535]

Anhand der vom EuGH aufgestellten Kriterien werden jedoch Haftungslücken deutlich.[536] Die Haftung des Dritten ist letztlich nur eine akzessorische Haftung, die ihrerseits vom Vorliegen einer horizontalen Koordinierung oder jedenfalls einer horizontalen Koordinierungsabsicht abhängig ist.[537] Eine Täterschaft des Dritten ist folglich nach bisherigen Grundsätzen dann ausgeschlossen, wenn im Horizontalverhältnis kein Verstoß gegen das Kartellverbot vorliegt und auch eine horizontale Koordinierungsabsicht nicht nachweisbar ist.[538] Denkbar ist etwa, dass der Dritte – wie im Sachverhalt der Entscheidung *„VM Remonts"*[539] – die Koordinierung selbständig und ohne das Wissen der „spokes" herbeiführt, also gewissermaßen als mittelbarer Täter agiert.[540] Angesichts dieser Haftungslücken hat die Monopolkommission bereits eine Ergänzung der bisherigen Haftungsgrundsätze empfohlen.[541]

D. Zwischenergebnis zu der Behandlung von Dreieckssachverhalten im europäischen Kartellrecht mit Blick auf die Analyse von Fällen der Preisberatung

In diesem Abschnitt wurde die für „hub and spoke"-Kartelle typische Dreieckskonstellation in eine horizontale und eine vertikale Dimension aufge-

534 EuG, Urteil vom 8.7.2008, Rs. T-99/04, Rn. 149 *„AC Treuhand I"*.
535 Vgl. auch *Dannecker/Müller*, KSzW 2015, 281, 289; *Weitbrecht/Baudenbacher*, EuR 2010, 230, 236.
536 So auch Monopolkommission, XXII. Hauptgutachten 2018, Rn. 269 ff.
537 EuGH, Urteil vom 22.10.2015, Rs. C-194/14 P, Rn. 30 *„AC Treuhand"*.
538 Vgl. Monopolkommission, XXII. Hauptgutachten 2018, Rn. 266, in deren Analyse Preisalgorithmen und eine mögliche Haftung der die Algorithmen entwickelnden IT-Dienstleister im Fokus stehen.
539 EuGH, Urteil vom 21.7.2016, Rs. C-542/14 *„VM Remonts"*.
540 Vgl. Monopolkommission, XXII. Hauptgutachten 2018, Rn. 266.
541 Monopolkommission, XXII. Hauptgutachten 2018, Rn. 269 ff., 273; siehe dazu auch *Doetsch*, S. 154 f.

spalten und beide Ebenen getrennt voneinander betrachtet. Während sich die horizontale Dimension mit der Haftung der „spokes“ und dem Vorliegen einer horizontalen Vereinbarung oder einer horizontal aufeinander abgestimmten Verhaltensweise befasst, geht es auf der vertikalen Ebene um die Haftung des Dritten („hub“) als Kartellbeteiligter.

Die Haftung der „spokes“ wird in der Anwendungspraxis anhand verschiedener Lösungsansätze festgestellt. Ist der Dritte ein gemeinsamer Lieferant, so bietet sich eine Verfolgung der vertikalen Wettbewerbsbeschränkung (v.a. in Form der vertikalen Preisbindung) an. In der Praxis finden sich jedoch auch Beispiele, die eine solche Fallkonstellation als horizontale Wettbewerbsbeschränkung in Form des indirekten Informationsaustauschs geprüft haben.

Ist der Dritte ein Beratungsunternehmen, sei es ein Rechtsberater oder auch ein Preisberater, und stehen die Mandanten miteinander in Wettbewerb, so ist ausgehend von der horizontalen Wettbewerbsbeschränkung zu untersuchen, ob der zwischen dem Berater und den Mandanten erfolgende indirekte Informationsaustausch eine aufeinander abgestimmte Verhaltensweise darstellt. Dabei sind insbesondere die vom EuGH in *„VM Remonts“* aufgestellten Kriterien maßgebend, denen zufolge das Fehlverhalten eines beauftragten, selbständigen Dritten dem Auftraggeber zuzurechnen ist, wenn dieser bedingten Vorsatz bezüglich des Fehlverhaltens des Dritten hatte oder wenn er die Informationsweitergabe durch den Dritten bloß vernünftigerweise vorhersehen konnte. Infolge dieser Verhaltenszurechnung reduziert dies das faktisch bestehende Dreiecksverhältnis wertungsmäßig auf einen bilateralen Informationsaustausch zwischen dem auftraggebenden Unternehmen (A) und dem Informationsempfänger (C), da das Verhalten des Dritten (B) der Sphäre des jeweiligen Auftraggebers zugeordnet wird.

Die Haftung des „hub“, also des Dritten, richtet sich nach den vom EuGH in *„AC Treuhand“* aufgestellten Kriterien. Danach haftet der Dritte zunächst akzessorisch, das heißt es muss eine Koordinierung bzw. Koordinierungsabsicht der „spokes“ vorliegen, die der Dritte objektiv durch sein Verhalten fördert. Sodann haftet der Dritte, wenn er Kenntnis von der Koordinierung bzw. Koordinierungsabsicht hatte und durch sein Verhalten dazu beitragen wollte, wenn sein objektiv kartellförderndes Verhalten mithin von Vorsatz, sei es in Gestalt der Absicht oder nur eines Eventualvorsatzes, getragen war. Ferner haftet der Dritte auch dann, wenn er keine tatsächliche Kenntnis der Koordinierung oder Koordinierungsabsicht hatte, wenn er diese jedoch vernünftigerweise vorhersehen konnte.

Diese Grundsätze der europäischen Rechtsprechung eröffnen erhebliche Haftungsrisiken sowohl für die entsprechenden Berufsträger, die als koordinierungsfördernde Dritte in Betracht kommen, als auch für die Unternehmen, die an den Dritten herantreten. Insbesondere die Ausweitung der Haftung auf Fälle des Wissenmüssens – sei es, dass das auftraggebende Unternehmen vernünftigerweise erkennen konnte, dass der beauftragte Dritte eine Koordinierung mit den Wettbewerbern des auftraggebenden Unternehmens herbeiführen wird (so die Konstellation nach *„VM Remonts"*) oder dass der Dritte wiederum vernünftigerweise erkennen konnte, dass er durch sein Verhalten zu einer Koordinierung im Horizontalverhältnis beiträgt (so die Konstellation nach *„AC Treuhand"*) – erweitern das Haftungsrisiko deutlich.[542]

Eine derartige Haftungserweiterung stellt jedoch noch keinen unangemessenen Eingriff in die unternehmerische Freiheit gemäß Art. 16 EU-GRCh dar. Zwar sind alle Beschränkungen des unternehmerischen Handelns an Art. 16 EU-GRCh zu messen, jedoch findet die individuelle Wettbewerbsfreiheit ihre Grenze gerade in der Wettbewerbsfreiheit der anderen Marktteilnehmer.[543] Schon aufgrund der Einheit der Rechtsordnung können unternehmerische Entscheidungen und Verhaltensweisen, die auf Wettbewerbsverstöße nach Art. 101 Abs. 1 AEUV gerichtet sind, von vorn herein nicht schützenswert sein.

Rechtstreue Unternehmen, die die Begehung von Kartellverstößen vermeiden wollen, werden insbesondere infolge der EuGH-Rechtsprechung in *„VM Remonts"* künftig ihre Compliance-Maßnahmen verschärfen müssen.[544] Aufgrund des rechtspolitischen Bedürfnisses nach einer Verhinderung der Kartellförderung durch Dritte ist dies jedoch als Konsequenz letztlich hinzunehmen.[545]

Nur durch ein solches Haftungssystem kann verhindert werden, dass Dritte ihr Geschäftsmodell auf Dienstleistungen in der Gestalt von „Kartellgehilfenschaft" ausrichten. Die zahlreichen dargestellten Verfahren, an denen die AC Treuhand AG bzw. ihre Rechtsvorgängerin beteiligt waren,[546] mögen insoweit als Beispiel dienen und belegen, dass die berufs-

---

542 Vgl. auch *Talbot*, Commercial Law Practitioner 2016, 233, 235.

543 *Bernsdorff*, in: NK-EUGrCh, Art. 16 GRCh Rn. 15.

544 Vgl. dazu aus der Praxis *Berg*, EuZW 2016, 737, 740; *Schaper*, jurisPR-Compl 4/2016 Anm. 1.

545 So auch *Talbot*, Commercial Law Practitioner 2016, 233, 235.

546 Siehe dazu bereits Teil 4.C.III.

rechtlichen Vorgaben[547] allein keine hinreichende abschreckende Wirkung entfalten.

Das vom EuGH mit „*AC Treuhand*" und „*VM Remonts*" verschärfte Haftungssystem entspricht vielmehr dem europäischen Grundsatz des *effet utile*,[548] indem es Umgehungsmöglichkeiten unterbindet und die praktische Wirksamkeit des Kartellverbots gewährleistet. Gerade die Kartellförderung durch professionell agierende Dritte ist geeignet, die Kartellstabilität zu fördern, ihre Aufdeckung zu erschweren und einen entsprechend größeren Schaden zu verursachen.[549] Aus der Perspektive der auftraggebenden Unternehmen betrachtet, soll es diesen gerade verwehrt werden, sich gewissermaßen hinter dem Dienstleister verstecken zu können und so der Verantwortung für einen Kartellverstoß zu entgehen.[550]

Dabei hat der EuGH in „*VM Remonts*" verglichen mit dem Vorschlag des Generalanwalts Wathelet noch einen moderateren Mittelweg beschritten: Der Generalanwalt schlug ursprünglich eine „widerlegliche[...] Vermutung der Verantwortlichkeit eines Unternehmens für gegen das Wettbewerbsrecht verstoßende Handlungen eines Dritten, dessen Dienstleistungen es in Anspruch genommen hat und der nicht als ein in dieses Unternehmen eingegliedertes Hilfsorgan angesehen werden kann"[551] vor. Diese Vermutung sollte selbst dann anwendbar sein, „wenn die Handlungen des Dritten sich von den ihm übertragenen Aufgaben unterscheiden, und sogar dann, wenn nicht bewiesen ist, dass das Unternehmen, das seine Leistungen in Anspruch genommen hat, Kenntnis von seinen Handlungen hatte oder diesen zugestimmt hat".[552]

Im nachfolgenden Abschnitt wird die Analyse am Beispiel von Fällen der Preisberatung ferner der Frage nachgehen, ob und inwieweit im derzeitigen Haftungssystem noch zu korrigierende Haftungslücken bestehen.

547 Dazu bereits Teil 1.D.

548 So auch *Brömmelmeyer*, WuW 2017, 174, 179.

549 Vgl. dazu *Schwartz*, S. 43 f.; *Schwarzkopf*, S. 49 f.; *Van Cayseele*, JECLAP 2014, 164, 165.

550 Schlussanträge des GA Wathelet, 3.12.2015, C-542/14, Rn. 61 „*VM Remonts*"; *Brömmelmeyer*, WuW 2017, 174, 179; *Talbot*, Commercial Law Practitioner 2016, 233, 235.

551 Schlussanträge des GA Wathelet, 3.12.2015, C-542/14, Rn. 63 „*VM Remonts*".

552 Schlussanträge des GA Wathelet, 3.12.2015, C-542/14, Rn. 63 „*VM Remonts*"; ablehnend *Schaper*, jurisPR-Compl 4/2016 Anm. 1, da es praktisch nicht möglich sei, diese Vermutung zu widerlegen.

Teil 5: Analyse der kartellrechtlichen Haftung in Fällen der Preisberatung

A. *Kartellrechtliche Haftung bei einer Koordinierung im Horizontalverhältnis*

Zunächst sollen die Fälle untersucht werden, in denen die Mandanten miteinander in Wettbewerb stehen und in denen durch die Einschaltung desselben Preisberaters eine horizontale Preiskoordinierung erzielt wird. Dabei ist jeweils in einem ersten Schritt die Haftung der Mandanten und sodann in einem zweiten Schritt die Haftung des Preisberaters zu erörtern.

I. Fall 1: Beauftragung aufgrund einer Vereinbarung zwischen den Wettbewerbern

Als erste Fallgruppe wurde der Fall definiert, dass Unternehmen, die miteinander in Wettbewerb stehen, vereinbaren, denselben Preisberater zu beauftragen, um auf diesem Wege künftig ihre Preise zu koordinieren. Im Ausgangsszenario soll dabei unterstellt werden, dass der Preisberater in diesen Plan eingeweiht ist und, dass er sich bereit erklärt, dieses Vorgehen durch seine Beratungsdienstleistung zu unterstützen. In einer Abwandlung wird von dem Fall ausgegangen, dass der Preisberater nicht ausdrücklich in die Absprache der Wettbewerber eingeweiht wird, er die Absicht seiner Mandanten jedoch anhand der Umstände erkennt und entsprechend berät.

1. Haftung der Mandanten

Das beschriebene Verhalten der Mandanten könnte bereits eine Vereinbarung im Sinne des Art. 101 Abs. 1 AEUV darstellen.[553] Nach ständiger

553 Siehe auch die im Kontext von Preisalgorithmen diskutierte parallele Fallkonstellationen. So wird angenommen, dass eine Vereinbarung im Sinne des Art. 101 Abs. 1 AEUV vorliegt, wenn Wettbewerber vereinbaren, denselben Algorithmen zu verwenden, um auf diese Weise eine Koordinierung zu erzielen, oder eine bereits erzielte Koordinierung durch den Einsatz eines gemeinsamen

Rechtsprechung des EuGH liegt eine Vereinbarung im Sinne des Art. 101 Abs. 1 AEUV vor, wenn „die betreffenden Unternehmen ihren gemeinsamen Willen zum Ausdruck gebracht haben, sich auf dem Markt in einer bestimmten Weise zu verhalten".[554] Dies erfordert noch keine Einigung über spezifische Details der Abstimmung, vielmehr genügt eine grundsätzliche Willenseinigung bezüglich der geplanten Wettbewerbsbeschränkung.[555] Anders als die Tatbestandsvariante der aufeinander abgestimmten Verhaltensweise erfordert die Vereinbarung jedoch keinen tatsächlichen Koordinierungserfolg. Erfasst sind somit auch solche Abreden, die (noch) nicht umgesetzt wurden.[556]

In der vorliegenden Fallkonstellation einigen sich die Wettbewerber sowohl über das Koordinierungsziel, das in einer künftigen Preisabsprache besteht, als auch über die Modalitäten anhand derer diese Koordinierung erzielt werden soll. Der vereinbarte Koordinierungsmechanismus sieht vor, dass die Koordinierung auf indirektem Wege unter Zwischenschaltung eines gemeinsamen Preisberaters herbeigeführt werden soll. Insoweit handelt es sich um eine Vereinbarung im Sinne des Art. 101 Abs. 1 AEUV, die zudem eine bezweckte Wettbewerbsbeschränkung gemäß Art. 101 Abs. 1 lit. a) AEUV darstellt. Anknüpfungspunkt der Wettbewerbsbeschränkung ist zunächst der Schutz der wirtschaftlichen Handlungsfreiheit der an der Vereinbarung beteiligten Unternehmen.[557] Dies wurde im Laufe der Zeit durch den EuGH um den Faktor der Außenwirkung ergänzt, wonach nicht nur die Handlungsfreiheit der unmittelbar an der Maßnahme beteiligten Unternehmen, sondern auch die Handlungsfreiheit Dritter am Markt geschützt ist.[558] An dieser Stelle könnte man im vorliegenden Fall einwenden, dass die getroffene Abrede lediglich das Vorbereitungssta-

---

Algorithmus am Markt umzusetzen oder zu überwachen. Vgl. etwa OECD, Policy Roundtable – Algorithms and Collusion – Note from the European Union, DAF/COMP/WD(2017)12, Rn. 24 f.; OECD, Policy Roundtable – Algorithms and Collusion – Note by the United States, DAF/COMP/WD(2017)41, Rn. 13 f.; *Ezrachi/Stucke*, Virtual Competition, S. 36, 39 ff.

554 EuGH, Urteil vom 6.1.2004, Rs. C-2/01 P u.a., Rn. 97 *„Adalat"*; vgl. *Hengst*, in: Langen/Bunte, Art. 101 AEUV Rn. 84.

555 *Hengst*, in: Langen/Bunte, Art. 101 AEUV Rn. 94.

556 *Hengst*, in: Langen/Bunte, Art. 101 AEUV Rn. 95.

557 EuGH, Urteil vom 14.7.1981, Rs. 172/80, Rn. 14 *„Züchner"*; *Füller*, in: KölnKomm-KartR, Art. 101 AEUV Rn. 200 ff.; *Hengst*, in: Langen/Bunte, Art. 101 AEUV Rn. 180.

558 Siehe etwa EuGH, Urteil vom 11.9.2008, Rs. C-279/06, Rn. 42 f. *„CEPSA"*; vgl. auch *Füller*, in: KölnKomm-KartR, Art. 101 AEUV Rn. 203; *Hengst*, in: Langen/Bunte, Art. 101 AEUV Rn. 186 ff.

dium betrifft und dass noch keine tatsächliche Preisabrede getroffen wurde. Diese wäre sodann als Kernbeschränkung als bezweckte Wettbewerbsbeschränkung im Sinne des Art. 101 Abs. 1 lit. a) AEUV einzuordnen. Für die Annahme einer Wettbewerbsbeschränkung genügt es jedoch bereits, wenn die Maßnahme „das Potenzial hat, negative Auswirkungen auf den Wettbewerb zu entfalten“[559], was vorliegend gegeben ist.

Zudem erfasst das Regelbeispiel des Art. 101 Abs. 1 lit. a) AEUV auch solche Vereinbarungen, mit denen ein Preismeldesystem etabliert wird, sowie „alle Manipulationen des Preisbildungsmechanismus“.[560] Im hier diskutierten Fall liegt eine vergleichbare Situation vor, die eine Subsumtion unter lit. a) rechtfertigt. Zunächst weist die beschriebene Fallkonstellation Ähnlichkeit zu einem Preismeldesystem auf. In einem typischen Preismeldesystem werden identifizierende strategische Informationen, insbesondere Preisdaten, über eine Meldestelle und somit auf indirektem Wege zwischen den Wettbewerbern ausgetauscht.[561] In der dargestellten Preisberatungskonstellation ist es die primäre Aufgabe des Preisberaters, anhand der ihm aus jedem einzelnen Mandat zur Verfügung stehenden Daten mögliche kollusive Strategien zu ermitteln und eine entsprechende Preisempfehlung auszusprechen. Dabei kann vereinbart werden, dass der Preisberater jedem beteiligten Unternehmen neben der Preisempfehlung auch die strategischen Informationen der Wettbewerber, gewissermaßen die „Rohdaten“, die seiner Analyse zugrunde lagen, zur Verfügung stellen soll. Denkbar ist jedoch auch, dass die strategischen Daten in den Hintergrund treten und der Fokus vielmehr allein auf der kollusiven Preisempfehlung liegt, die sodann ohne weiteres Hinterfragen umgesetzt werden soll. In einem solchen Fall fehlt es an einem klassischen indirekten Informationsaustausch. Es liegt jedoch insoweit eine entscheidende Ähnlichkeit zum Preismeldesystem vor, als dass die strategischen Informationen der beteiligten Wettbewerber demjenigen Beteiligten vorliegen, der die Preisentscheidung trifft, in diesem Fall dem Berater, sodass eine ähnliche Wirkung wie im Fall eines Preismeldeverfahrens eintritt. Nicht zuletzt stellt die beschriebene Vorgehensweise eine Manipulation des üblichen Preisbildungsmechanismus dar.[562] Indem die Aufgabe der Preissetzung auf einen gemeinsamen Dritten ausgelagert wird, der seinerseits über sämtliche strategischen

---

559 EuGH, Urteil vom 04.06.2009, Rs. C-8/08, Rn. 31 „*T-Mobile Netherlands*“.

560 *Füller*, in: KölnKomm-KartR, Art. 101 AEUV Rn. 289; *Wollmann/Herzog*, in: MünchKomm-WettbR (2. Aufl.), Art. 101 AEUV Rn. 179.

561 Vgl. *Füller*, in: KölnKomm-KartR, Art. 101 AEUV Rn. 289, 326 f.

562 Vgl. *Füller*, in: KölnKomm-KartR, Art. 101 AEUV Rn. 289.

Daten aus der Sphäre seiner Auftraggeber verfügen soll, wird ein Preissetzungsmechanismus festgelegt, der darauf abzielt, die wettbewerbstypischen Unsicherheiten und Risiken in der Preissetzung auszuschalten.

Bezogen auf die erste Fallgruppe lässt sich somit festhalten, dass im Horizontalverhältnis eine Vereinbarung vorliegt, die zugleich eine bezweckte Wettbewerbsbeschränkung im Sinne des Art. 101 Abs. 1 lit. a) AEUV darstellt.

2. Haftung des Preisberaters

Der Preisberater haftet in dieser Fallkonstellation, wenn sein Verhalten die vom EuGH in „*AC Treuhand*" aufgestellten Voraussetzungen der Kartellgehilfenhaftung erfüllt. Zunächst muss auf horizontaler Ebene eine Koordinierung oder jedenfalls eine Koordinierungsabsicht vorliegen, die der Dritte durch sein eigenes Verhalten fördern will. Dabei ist er sich des Verhaltens bzw. der Absichten der Unternehmen bewusst oder er hätte die Koordinierung bzw. die Koordinierungsabsicht vernünftigerweise vorhersehen können und war bereit, das resultierende Risiko zu tragen.[563] Wie bereits eingangs erörtert, kommt dem Kriterium der Risikotragungsbereitschaft in der zweiten Variante des subjektiven Merkmals keine eigenständige Bedeutung zu.[564]

Im hier diskutierten Ausgangsszenario der ersten Fallgruppe wird davon ausgegangen, dass der Preisberater in die Koordinierungsabsicht seiner Mandanten ausdrücklich eingeweiht wurde und er sich in der Folge bereit erklärt, dieses Vorgehen durch seine Beratung zu unterstützen. Im Horizontalverhältnis liegt nicht nur eine Koordinierungsabsicht vor, sondern auch eine tatbestandsmäßige Vereinbarung im Sinne des Art. 101 Abs. 1 AEUV, sodass das erste Kriterium erfüllt ist. Ferner hat sich der Preisberater in dieser Fallkonstellation in voller Kenntnis der Umstände explizit zur Kartellförderung bereit erklärt. Dies kann insbesondere durch die gezielte Entwicklung koordinierter Preisstrategien erfolgen. Ein solches Verhalten stellt eine bewusste Kartellförderung in Kenntnis der horizontalen Koordinierung dar. Der Dritte handelt in dieser Konstellation vorsätzlich. Die Voraussetzungen einer Haftung als Kartellgehilfe sind damit gegeben.

---

563 EuGH, Urteil vom 22.10.2015, Rs. C-194/14 P, Rn. 30 „*AC Treuhand*". Dazu bereits oben Teil 4.C.III.4.

564 Dazu bereits ausführlich Teil 4.C.III.4.

Geht man von einer Abwandlung dieses ersten Falles dahingehend aus, dass die Mandanten den Preisberater nicht ausdrücklich in ihren Plan einweihen, dass dieser jedoch aufgrund der Umstände die Koordinierungsabsicht seiner Mandanten erkennt und bewusst entsprechend berät, so liegt ebenfalls eine bewusste Kartellförderung seitens des Preisberaters vor und die Voraussetzungen einer Haftung als Kartellgehilfe sind gegeben.

3. Ergebnis zu Fall 1

Vereinbaren mehrere miteinander in Wettbewerb stehende Unternehmen, denselben Preisberater zu konsultieren, um auf diese Weise eine Preiskoordinierung zu erzielen, so stellt dies eine tatbestandsmäßige Vereinbarung im Sinne des Kartellverbots dar. Diese hat eine bezweckte Wettbewerbsbeschränkung zum Gegenstand und erfüllt das Regelbeispiel des Art. 101 Abs. 1 lit. a) AEUV.

Die Haftung des Preisberaters als Mittäter des Art. 101 Abs. 1 AEUV richtet sich nach den vom EuGH in „*AC Treuhand*“ aufgestellten Kriterien. Es ist zunächst davon auszugehen, dass der Preisberater in die Absichten der weiteren Beteiligten eingeweiht ist. Selbst wenn dies nicht der Fall sein sollte, so wird ihm das Koordinierungspotential der Situation und damit letztlich auch die Koordinierungsabsicht seiner Mandanten anhand der Umstände dennoch regelmäßig erkennbar sein. Sodann liegt seitens des Preisberaters eine bewusste Kartellförderung durch gezielte, preiskoordinierende Beratung vor, die eine Haftung als Kartellgehilfe und damit als Mittäter des Art. 101 Abs. 1 AEUV auslöst.

II. Fall 2: Beauftragung im Bewusstsein der Gegenseitigkeit

Als zweite Fallgruppe wurde der Fall definiert, dass sich mehrere, miteinander in Wettbewerb stehende Unternehmen jeweils autonom für die Beauftragung desselben Preisberaters entscheiden. Diese Entscheidung ist motiviert durch das Bewusstsein, dass alle relevanten Wettbewerber ebenfalls durch dieses Preisberatungsunternehmen beraten werden. Alle Beteiligten sind sich zudem bewusst, dass auf diesem Weg eine Preiskoordinierung in Form einer einheitlichen Preisanhebung erreicht werden kann bzw. erhoffen sich eine solche Wirkung.

1. Haftung der Mandanten

In einer solchen Fallkonstellation liegt keine Willensübereinstimmung in Form einer Vereinbarung im Sinne des Art. 101 Abs. 1 AEUV vor. In Betracht kommt jedoch das Vorliegen einer aufeinander abgestimmten Verhaltensweise.

Dabei soll zunächst analysiert werden, ob eine aufeinander abgestimmte Verhaltensweise nach allgemeinen Grundsätzen – in der Gestalt eines „typischen" Kartells – hergeleitet werden kann. Sollte dies nicht der Fall sein, werden ergänzend „atypische" Formen der Kartellierung, namentlich die bereits dargestellten „hub and spoke"-Grundsätze, herangezogen.

a) Aufeinander abgestimmte Verhaltensweise nach allgemeinen Grundsätzen („typisches Kartell")

Nach ständiger Rechtsprechung des EuGH ist eine aufeinander abgestimmte Verhaltensweise jede „Koordinierung zwischen Unternehmen, die zwar noch nicht bis zum Abschluss eines Vertrags im eigentlichen Sinne gediehen ist, jedoch bewusst eine praktische Zusammenarbeit an die Stelle des mit Risiken verbundenen Wettbewerbs treten lässt".[565] Dabei handelt es sich um einen zweigliedrigen Tatbestand, der neben der Verhaltensabstimmung auch einen Erfolgseintritt am Markt verlangt.[566] Somit erfordert auch die Tatbestandsvariante der aufeinander abgestimmten Verhaltensweise eine Willensübereinstimmung, die jedoch hinsichtlich ihrer Intensität unterhalb der Schwelle zur Vereinbarung bleibt.[567] Relevantes Kriterium zur Feststellung einer Verhaltensabstimmung im Rahmen der aufeinander abgestimmten Verhaltensweise ist vielmehr die unmittelbare oder mittelbare Fühlungnahme zwischen Unternehmen.[568] Hauptanwendungsfall der Fühlungnahme ist wiederum der Informationsaustausch.[569]

---

565 EuGH, Urteil vom 16.12.1975, Rs. 40/73 u.a., Rn. 26 ff. „*Suiker Unie*"; EuGH, Urteil vom 04.06.2009, Rs. C-8/08, Rn. 26 „*T-Mobile Netherlands*".

566 *Füller*, in: KölnKomm-KartR, Art. 101 AEUV Rn. 144.

567 Siehe auch *Füller*, in: KölnKomm-KartR, Art. 101 AEUV Rn. 142, der insoweit von einem abgeschwächten subjektiven Element spricht.

568 EuGH, Urteil vom 16.12.1975, Rs. 40/73 u.a., Rn. 173 f. „*Suiker Unie*"; EuGH, Urteil vom 04.06.2009, Rs. C-8/08, Rn. 33 „*T-Mobile Netherlands*"; vgl. auch *Füller*, in: KölnKomm-KartR, Art. 101 AEUV Rn. 142.

569 *Füller*, in: KölnKomm-KartR, Art. 101 AEUV Rn. 142.

In der vorliegenden Fallkonstellation erfolgt offensichtlich kein direkter Informationsaustausch zwischen den Mandanten. Anders als in der ersten Fallkonstellation kommunizieren die Wettbewerber zu keinem Zeitpunkt direkt miteinander. Vielmehr handeln sie schlicht in dem Bewusstsein, dass auch ihre Konkurrenten durch diesen Preisberater beraten werden, und somit in einem Bewusstsein der Gegenseitigkeit.

b) Aufeinander abgestimmte Verhaltensweise nach „hub and spoke"-Grundsätzen („atypisches Kartell")

In der vorliegenden Fallgestaltung kommt vielmehr allenfalls eine indirekte Fühlungnahme über den Preisberater als dem gemeinsamen Verbindungspunkt in Betracht. Fraglich ist, inwieweit sich die bereits herausgearbeiteten Kriterien zur kartellrechtlichen Behandlung von Dreieckskonstellationen auf diesen Sachverhalt anwenden lassen.

Die Analyse der horizontalen Dimension von „hub and spoke"-Konstellationen hat bereits gezeigt, dass eine Differenzierung danach vorzunehmen ist, ob zwischen den „spokes" und dem „hub" eine Lieferbeziehung besteht oder ob es sich bei dem Dritten um einen beauftragten, selbständigen Dienstleister handelt. Vorliegend handelt es sich um ein Dreiecksverhältnis zwischen dem Preisberater und seinen Mandanten, die ihrerseits miteinander in Wettbewerb stehen. Der Preisberater ist gerade ein von jedem einzelnen Mandanten, also den „spokes", beauftragter, selbständiger Dienstleister. In einer solchen Konstellation besteht insoweit eine erhebliche Nähe zu der vom EuGH entschiedenen Sache *„VM Remonts"*, in der die Koordinierung durch einen Rechtsberater gesteuert wurde.

Ausgehend von der Rechtsprechung des EuGH in *„VM Remonts"* muss sich ein Unternehmen das Fehlverhalten eines von ihm beauftragten, selbständigen Dienstleisters dann zurechnen lassen, wenn es entweder Kenntnis von dessen Fehlverhalten hatte und es ausdrücklich oder stillschweigend billigte oder wenn es das Fehlverhalten vernünftigerweise hätte vorhersehen können und „bereit war, die daraus erwachsende Gefahr auf sich zu nehmen".[570]

570 EuGH, Urteil vom 21.7.2016, Rs. C-542/14, Rn. 30 f. *„VM Remonts"*. Zur Auslegung dieser Kriterien bereits ausführlich Teil 4.B.II.2.a)aa)(1)(c)(aa).

aa) Identifizierung des relevanten Fehlverhaltens

Wendet man die in *„VM Remonts"* aufgestellten Grundsätze auf die vorliegende Konstellation des Preisberaters an, so ist zunächst fraglich, worin genau das Fehlverhalten des Preisberaters liegt, das dem Mandanten sodann zugerechnet werden könnte.

In *„VM Remonts"* stellte der EuGH in seiner Analyse auf die Informationsweitergabe durch den Dienstleister und die damit verbundene Offenlegung vertraulicher Informationen gegenüber den Konkurrenten des Mandanten als das maßgebliche Fehlverhalten ab.[571] Zu berücksichtigen ist dabei, dass der Entscheidung keine Informationsweitergabe im engeren Sinne zugrunde lag. Der Rechtsberater reichte gerade nicht unmittelbar Informationen des einen Mandanten an einen anderen Mandanten weiter. Vielmehr verwendete der Rechtsberater die internen Informationen der Mandanten, um für jeden Mandanten ein Angebot für ein Ausschreibungsverfahren zu erstellen, das daher im Ergebnis auf einer Koordinierungsstrategie beruhte.[572] Somit erlangten die Mandanten nie die ursprünglichen internen Informationen ihrer Konkurrenten – die „Rohdaten" – wie im Fall des typischen direkten oder indirekten Informationsaustauschs, sondern sie erlangten nur das „Produkt" dieser Informationen, hier jeweils einen koordinierten Angebotsentwurf.

Damit stellte der EuGH den klassischen Informationsaustausch, das heißt die unmittelbare Offenlegung der ursprünglichen Daten gegenüber Wettbewerbern, dem Fall gleich, dass ein Dritter die Informationen sammelt, verarbeitet und sodann im Rahmen seiner Beratungsleistung zu einem koordinierten „Produkt" zusammenführt.

Dieser Gleichstellung beider Fallgestaltungen ist zuzustimmen. So wird bei dem direkten, klassischen Informationsaustausch basierend auf der *„Anic"*-Vermutung ohnehin vermutet, dass der Empfänger die erlangten Informationen im Rahmen seiner künftigen Preissetzung berücksichtigen wird.[573] Es wird folglich vermutet, dass es zu einem Koordinierungserfolg kommt.[574] In der beschriebenen Dreieckskonstellation, in der der Dritte die Informationen sammelt und verarbeitet, anstatt die Informationen

571 EuGH, Urteil vom 21.7.2016, Rs. C-542/14, Rn. 30 f. *„VM Remonts"*.

572 Zum Sachverhalt vgl. EuGH, Urteil vom 21.7.2016, Rs. C-542/14, Rn. 7 ff. *„VM Remonts"*.

573 EuGH, Urteil vom 8.7.1999, Rs. C-49/92 P, Rn. 121 *„Anic Partecipazioni"*. Siehe bereits oben Teil 4.B.II.2.a)bb)(2)(c)(bb).

574 Vgl. bereits zum Umfang der *„Anic"*-Vermutung Teil 4.B.II.2.a)bb)(2)(c)(cc).

selbst weiterzureichen, wird derselbe Koordinierungserfolg erreicht, womöglich sogar noch in effizienterer Form. Dies wird insbesondere am Beispiel des Preisberaters deutlich.

Wie der Rechtsberater in der Sache „*VM Remonts*" übermittelt auch der Preisberater nicht die Informationen selbst zwischen seinen Mandanten. Vielmehr registriert der Preisberater alle Informationen, die er aus den einzelnen Mandaten erlangt und erlangt so, je nach Anzahl der Mandanten eines Marktes, umfassendes Marktwissen. Dieses Marktwissen sowie seine besondere Expertise in Bezug auf Preissetzungsstrategien im Allgemeinen ermöglichen es ihm in professioneller Weise, eine geeignete Preisstrategie für alle seine Mandanten zu entwickeln, was möglicherweise gerade auf die Ermittlung eines geeigneten Gleichgewichtspreises hinausläuft. Ein Vergleich von traditionellem Informationsaustausch einerseits und dieser Form der Informationsverarbeitung und -zusammenführung durch einen Dritten andererseits zeigt einen deutlichen qualitativen Unterschied beider Verhaltensweisen dahingehend, dass die Informationsverarbeitung und -zusammenführung durch den Dritten im Zweifel sogar noch zu einer professionelleren Koordinierung führt. Würde der Preisberater in einer solchen Situation lediglich die ursprünglichen Informationen zwischen seinen Mandanten weiterreichen, so wäre es diesen möglich, eigene Erwägungen zur Preissetzung anzustellen. Da sie jedoch im Gegensatz zu einem Preisberater regelmäßig über weniger Preissetzungsexpertise verfügen werden, dürfte eine professionelle, koordinierte Preissetzung durch einen Preisberater den schwerwiegenderen Koordinierungserfolg mit sich bringen.

Wird also die klassische Informationsweitergabe als relevante Fühlungnahme zwischen den Wettbewerbern qualifiziert, so muss dies erst recht der Fall sein, wenn die vertraulichen Informationen nicht unmittelbar weitergerecht werden, sondern wenn diese zunächst von einem Dritten zusammengeführt und professionell zu einer Koordinierungsstrategie aufbereitet werden und die Unternehmen sodann nur das „Produkt" der Beratungsleistung erlangen.[575]

Ausgehend von diesen Erwägungen ist schließlich die Frage zu beantworten, worin genau das – im nächsten Schritt, abhängig von den subjektiven Umständen, zuzurechnende – Fehlverhalten des Beraters liegt.

575 In der Dreieckskonstellation ist die Annahme einer Fühlungnahme weiterhin abhängig von den sogleich zu erörternden subjektiven Umständen.

Der EuGH stellte in „*VM Remonts*" ausdrücklich auf die Offenlegung vertraulicher Informationen gegenüber den Wettbewerbern ab.[576] Obige Erwägungen legen demgegenüber nahe, dass es präziser wäre, das Fehlverhalten in der Informationssammlung und -zusammenführung sowie der daraus folgenden Umsetzung einer Koordinierungsstrategie zu sehen. Allgemeiner formuliert lässt sich das Fehlverhalten des Beraters, sei es ein Rechtsberater oder ein Preisberater, in der Verwendung von Informationen des einen Mandanten im Rahmen weiterer Mandate ausmachen.

Dennoch ist die Herangehensweise des EuGH letztlich in sich stimmig. Die Rechtsfolge der vom EuGH in „*VM Remonts*" aufgestellten Kriterien ist gerade, dass dem auftraggebenden Unternehmen das Fehlverhalten des Dienstleisters zugerechnet wird.[577] Kern des Problems ist damit letztlich die Identifizierung äquivalenter Verhaltensweisen in der Dreieckskonstellation einerseits und im klassischen, direkten Informationsaustausch andererseits. Insoweit ist die Informationssammlung und -zusammenführung durch den Dritten wertungsmäßig das funktionale Äquivalent der klassischen Informationsweitergabe zwischen Wettbewerbern. Verwendet der beauftragte Dienstleister die vertraulichen Informationen eines Mandanten in der Bearbeitung weiterer Mandate, so muss sich das auftraggebende Unternehmen diese „Informationsweitergabe im weiteren Sinne" als eigenes Fehlverhalten zurechnen lassen, sofern die weiteren subjektiven Voraussetzungen einer Zurechnung vorliegen.

Im Fall der Preisberatung liegt das Fehlverhalten des Preisberaters somit in der Verwendung vertraulicher Informationen des einen Mandanten im Rahmen der Beratung weiterer Mandanten als „Informationsweitergabe im weiteren Sinne".

bb) Die subjektiven Anforderungen

Der Mandant muss sich das Fehlverhalten des Preisberaters jedoch nur dann zurechnen lassen, wenn die vom EuGH in „*VM Remonts*" aufgestellten subjektiven Anforderungen ebenfalls erfüllt sind.

Zum einen muss sich der Mandant das Fehlverhalten des von ihm beauftragten Preisberaters zurechnen lassen, wenn er wusste, dass dieser die Informationen auch in der Bearbeitung weiterer Mandate verwenden wird

576 EuGH, Urteil vom 21.7.2016, Rs. C-542/14, Rn. 30 f. „*VM Remonts*".
577 EuGH, Urteil vom 21.7.2016, Rs. C-542/14, Rn. 25 ff. „*VM Remonts*".

und dies ausdrücklich oder stillschweigend billigte.[578] Dabei stellt der EuGH fest, dass von einem solchen Vorsatz des Mandanten dann nicht ausgegangen werden kann, „wenn der Dienstleister, ohne das auftraggebende Unternehmen darüber zu informieren, dessen vertrauliche Geschäftsinformationen genutzt hat, um die Angebote der Konkurrenten zu erstellen."[579] Von einem Vorsatz der Mandanten des Preisberaters lässt sich jedoch ausgehen, wenn sich die Mandanten etwa zunächst nur des Umstandes bewusst waren, dass auch ihre Wettbewerber durch diesen Preisberater beraten werden, der Berater jedoch sodann im Beratungsgespräch auch gezielt auf diese Umstände und die Vorteile einer koordinierten Preissetzung hinwies.

Ferner muss sich ein Mandant das Fehlverhalten des Preisberaters nach der Rechtsprechung des EuGH dann zurechnen lassen, wenn er die Informationsverwendung im Rahmen weiterer Mandate vernünftigerweise vorhersehen konnte.[580] Dies wirft die Frage auf, aus welchen Umständen geschlossen werden kann, dass der Mandant das Fehlverhalten des Preisberaters vernünftigerweise vorsehen konnte.

Eine solche Vorhersehbarkeit des Fehlverhaltens wird man jedenfalls dann annehmen müssen, wenn die Mandanten sich der parallelen Beratungsverträge zwischen dem Preisberater und den weiteren Wettbewerbern bewusst sind, wenn etwa bekannt ist, dass alle nennenswerten Marktteilnehmer durch denselben, spezialisierten Preisberater beraten werden und somit bereits die Befürchtung besteht, einen Wettbewerbsnachteil zu erleiden, wenn diesem Trend im Einzelfall nicht gefolgt wird. In einem solchen Fall ist den Mandanten zwar nicht zweifelsfrei erkennbar, dass sich die parallele Beratung tatsächlich auf denselben Produktmarkt im Sinne der kartellrechtlichen Marktabgrenzung bezieht. Dennoch müssen die Mandanten in einer solchen Situation die potenziell widerstreitenden Interessen der Auftraggeber erkennen, die sich möglicherweise nur durch eine Koordinierungsstrategie ausgleichen lassen. Allein dieser Umstand stellt bereits ein Warnsignal dar.

Die hier diskutierte zweite Fallgruppe geht gerade von dem Fall aus, dass sich die Wettbewerber in der Beauftragung desselben Preisberaters zwar nicht abgesprochen haben, die Beauftragung jedoch im Bewusstsein der Gegenseitigkeit erfolgte. Die Wettbewerber sind sich der hervorgehobenen Marktstellung des Preisberatungsunternehmens als marktführender

578 Vgl. EuGH, Urteil vom 21.7.2016, Rs. C-542/14, Rn. 30 „*VM Remonts*".

579 EuGH, Urteil vom 21.7.2016, Rs. C-542/14, Rn. 30 „*VM Remonts*".

580 Vgl. EuGH, Urteil vom 21.7.2016, Rs. C-542/14, Rn. 31 „*VM Remonts*".

Preisberater sowie der parallelen Mandate bewusst. Möglicherweise haben sich die Unternehmen gerade aufgrund der Stellung des Preisberaters als Marktführer für eine Beauftragung dieses Preisberaters entschieden. Das angenommene weitreichende Marktwissen des Preisberaters und seine besondere Branchenkenntnis können schließlich ausschlaggebende Faktoren für die Beauftragung gewesen sein. Möglich ist ferner, dass den Mandanten eine aus der Beratung resultierende, koordinierte, ihren Gewinn maximierende Preisstrategie, die keiner ausdrücklichen Kommunikation mit den Wettbewerbern bedurfte, gerade willkommen ist.

Die Nachweisbarkeit dieser subjektiven Anforderungen ist in der Praxis freilich schwierig. Ein Indiz für eine notwendige Kenntnis können gerade öffentliche Referenzlisten auf der Webseite des Preisberater darstellen.[581]

In der anwaltlichen Praxis wurden bereits vereinzelt Lösungen in der Vertragsgestaltung vorgeschlagen. So solle der zwischen dem Berater und dem einzelnen Mandanten geschlossene Vertrag Klauseln zur Absicherung der Mandanten (z.B. Exklusivitätsbindungen) vorsehen, um eine Haftungszurechnung nach den Grundsätzen der Entscheidung „*VM Remonts*“ von vornherein auszuschließen.[582] Ein solcher Ansatz mag zwar im Einzelfall geeignet sein, eine Haftung der Mandanten – jedenfalls mangels Nachweisbarkeit – auszuschließen, lässt jedoch immer noch Möglichkeiten offen für ein Fehlverhalten des Beraters, denn auch die bereits im (rein privatrechtlichen) Berufsrecht verankerten Prinzipien scheinen – wie die ausgewertete Fallpraxis belegt – keine hinreichend abschreckende Wirkung zu entfalten.[583]

cc) Rechtsfolge

Liegen diese subjektiven Mindestanforderungen vor, so ist dem auftraggebenden Unternehmen das Fehlverhalten des Preisberaters, also die Verwendung der Informationen im Rahmen weiterer Mandate, als „Informationsweitergabe im weiteren Sinne“ zuzurechnen. Das tatsächliche Verhalten des Preisberaters wird rechtlich somit der Sphäre des Mandanten zuge-

---

581 Gerade vor diesem Hintergrund ist es gut nachvollziehbar, dass ein führendes Preisberatungsunternehmen, das ursprünglich öffentliche Referenzlisten auf seiner Webseite bereitstellte, diese nun gelöscht hat, vgl. dazu bereits die in der Einleitung genannten Beispiele.

582 Siehe dazu *Berg*, EuZW 2016, 737, 740; *Schaper*, jurisPR-Compl 4/2016 Anm. 1; *Talbot*, Commercial Law Practitioner 2016, 233, 235.

583 Dazu unten Fallgruppe 3, insbesondere Teil 5.A.III.2.c)bb)(2).

ordnet. Der Mandant wird folglich so behandelt, als hätte er selbst vertrauliche Informationen gegenüber seinen Wettbewerbern preisgegeben, sodass wertungsmäßig ein direkter Informationsaustausch zwischen Wettbewerbern vorliegt.

In Fällen des direkten Informationsaustauschs ist gemäß der „*Anic*"-Vermutung davon auszugehen, dass der Empfänger die erlangten Informationen im Rahmen des eigenen künftigen Vorgehens am Markt berücksichtigen wird.[584] Folglich bedarf es für die Feststellung einer aufeinander abgestimmten Verhaltensweise keiner weiteren Reaktion am Markt. Die Umsetzung am Markt wird vermutet.[585] In den Fällen der Preisberatung läge ein solcher Koordinierungserfolg ohnehin bereits dann vor, wenn die Mandanten die koordinierte Preisempfehlung am Markt umsetzen.

2. Haftung des Preisberaters

Die Haftung des Preisberaters richtet sich erneut nach den vom EuGH aufgestellten Kriterien. Insoweit lässt sich hier auf die Aussagen zur ersten Fallgruppe verweisen. Die notwendige Koordinierung oder Koordinierungsabsicht im Horizontalverhältnis ist gegeben, da zwischen den Wettbewerbern eine aufeinander abgestimmte Verhaltensweise vorliegt. Geht man davon aus, dass sich der Berater der Gesamtumstände bewusst ist, und spricht er gezielt Preisempfehlungen auf der Grundlage einer Koordinierungsstrategie aus, so handelt er bewusst kartellfördernd. Die Voraussetzungen der Kartellgehilfenhaftung sind dann erfüllt.

3. Ergebnis zu Fall 2

Haben miteinander in Wettbewerb stehende Unternehmen keine Vereinbarung getroffen, denselben Preisberater zu konsultieren, aber sind sie sich des Umstandes bewusst, dass auch ihre Wettbewerber durch diesen Preisberater beraten werden, so kann eine aufeinander abgestimmte Verhaltensweise im Sinne des Art. 101 Abs. 1 AEUV vorliegen. Aufgrund der konkreten Gestalt des Sachverhalts ist eine solche jedoch anhand der dargestellten Grundsätze der kartellrechtlichen Behandlung von Dreieckskonstellationen als atypische Form der Kartellierung herzuleiten.

---

584 EuGH, Urteil vom 8.7.1999, Rs. C-49/92 P, Rn. 121 „*Anic Partecipazioni*".

585 Zum Vermutungsumfang bereits oben Teil 4.B.II.2.a)bb)(2)(c)(cc).

Ausgehend von der „*VM Remonts*"-Entscheidung des EuGH muss sich ein Mandant in einer solchen Fallkonstellation das Fehlverhalten des Preisberaters unter den dort entwickelten Voraussetzungen zurechnen lassen. Als relevantes Fehlverhalten des Preisberaters wurde insoweit die Verwendung vertraulicher Informationen des einen Mandanten im Rahmen der Beratung weiterer Mandanten identifiziert. Wird dies dem Mandanten als eigenes Fehlverhalten zugerechnet, so liegt wertungsmäßig ein Fall des direkten Informationsaustauschs zwischen den Mandanten vor, sodass auch die „*Anic*"-Vermutung Anwendung findet.

Die Haftung des Preisberaters richtet sich wiederum nach den vom EuGH in „*AC Treuhand*" aufgestellten Kriterien, die regelmäßig erfüllt sein werden, wenn der Preisberater bewusst in der dargestellten Weise koordinierungsfördernd berät.

III. Fall 3: Beauftragung aufgrund autonomer Entscheidung der Mandanten bei fehlender Kenntnis von den Parallelmandaten

Als dritte Fallgruppe wurde der Fall definiert, dass zwar alle wesentlichen Wettbewerber eines Marktes durch dasselbe Preisberatungsunternehmen beraten werden, die Mandanten jedoch untereinander keine Kenntnis von der parallelen Beratung haben. Jedes Unternehmen hat sich autonom für eine Beratung durch das Preisberatungsunternehmen entschieden. Auch Referenzen bisheriger Mandate sind nicht öffentlich verfügbar. Der Preisberater erstellt Preisempfehlungen, die alle verfügbaren Informationen berücksichtigen und auf einer Koordinierungsstrategie beruhen.

1. Haftung der Mandanten

Auch in dieser Fallkonstellation fehlt es an einer Vereinbarung zwischen den Wettbewerbern hinsichtlich der Beauftragung desselben Preisberaters. Die Mandanten sind sich der parallelen Mandate zwischen dem Preisberater und ihren Wettbewerbern nicht einmal bewusst.

Wendet man auch in diesem Fall die vom EuGH in „*VM Remonts*" aufgestellten Kriterien an, so liegt zwar ein Fehlverhalten des beauftragten Dienstleisters vor, da dieser vertrauliche Informationen eines Mandanten auch in der Bearbeitung weiterer Mandate verwendet, jedoch fehlt es an dem notwendigen Wissen bzw. der notwendigen Vorhersehbarkeit seitens der Mandanten.[586]

Haben die Mandanten keine positive Kenntnis von den parallelen Mandaten ihrer Konkurrenten und weist der Preisberater seine Mandanten nicht ausdrücklich auf bestehende Beratungsverträge mit den Wettbewerbern oder die Verwendung von Informationen im Rahmen der weiteren Mandate hin, scheidet ein Vorsatz der Mandanten aus.[587] Sind den Mandanten die parallelen Beratungsverträge auch nicht aus sonstigen Quellen, z.B. öffentlichen Referenzlisten des Beratungsunternehmens, erkennbar und bestanden auch keine sonstigen Anhaltspunkte, so konnten die Mandanten das Fehlverhalten des Preisberaters nicht vernünftigerweise vorhersehen.

Eine Zurechnung des Fehlverhaltens des Preisberaters nach den in *„VM Remonts"* aufgestellten Grundsätzen scheidet aus. Mangels Fühlungnahme liegt zwischen den Mandanten in einer solchen Konstellation keine horizontal aufeinander abgestimmte Verhaltensweise im Sinne des Art. 101 Abs. 1 AEUV vor.

2. Haftung des Preisberaters

Fraglich ist, ob in dieser Fallgestaltung eine Haftung des Preisberaters in Betracht kommt, obwohl bereits die Mandanten mangels Vorliegens eines Abstimmungstatbestandes nicht kartellrechtlich haften.

a) Anwendung der in „AC Treuhand" aufgestellten Kriterien

Wendet man die vom EuGH in *„AC Treuhand"* aufgestellten Kriterien der Kartellgehilfenhaftung als eine Konkretisierung der Auslegung des Art. 101 Abs. 1 AEUV auf den vorliegenden Fall an, so scheidet eine Haftung des Beraters aus. Die Kartellgehilfenhaftung ist danach akzessorisch ausgestaltet und setzt voraus, dass eine horizontale Koordinierung oder jedenfalls eine Koordinierungsabsicht gegeben ist.[588] Dies ist vorliegend gerade nicht der Fall. Zwischen den Mandanten liegt keine aufeinander ab-

---

586 Dazu bereits soeben Teil 5.A.II.

587 Vgl. EuGH, Urteil vom 21.7.2016, Rs. C-542/14, Rn. 30 *„VM Remonts"*.

588 Vgl. EuGH, Urteil vom 22.10.2015, Rs. C-194/14 P, Rn. 30 *„AC Treuhand"*; siehe auch Monopolkommission, XXII. Hauptgutachten 2018, Rn. 266, in deren Ana-

gestimmte Verhaltensweise vor und mangels Kenntnis von den Parallelmandaten kann auch keine Koordinierungsabsicht der Mandanten angenommen werden.

Gerade in der vorliegenden Fallkonstellation sowie in der der Entscheidung „*VM Remonts*" zugrunde liegenden Konstellation erscheint dieses Ergebnis jedoch unbefriedigend, hat doch der Dritte eigenmächtig einen Koordinierungserfolg herbeigeführt.[589]

b) Diskussion möglicher Lösungsansätze de lege lata

Somit stellt sich die Frage, ob eine Haftung des Preisberaters in einer solchen Konstellation, in der er durch seine unwissenden Mandanten, also gewissermaßen als mittelbarer Kartelltäter, einen Koordinierungserfolg herbeiführt, auf anderen Wegen hergeleitet werden kann.[590] Dabei sollen in einem ersten Schritt Ansätze im Rahmen des geltenden, geschriebenen Rechts diskutiert werden. Zunächst stellt der zwischen dem Preisberater und dem jeweiligen Mandanten geschlossene Beratungsvertrag einen möglichen Anknüpfungspunkt dar. Zu denken ist sodann auch an eine extensivere Auslegung des Art. 101 Abs. 1 AEUV in der Erfassung Dritter im Rahmen des geschriebenen Rechts. Schließlich lässt sich über eine Anwendung des Art. 102 AEUV nachdenken.

aa) Der Beratungsvertrag als wettbewerbsbeschränkende Vereinbarung im Sinne des Art. 101 Abs. 1 AEUV

Eine Haftung des Dritten könnte unmittelbar aus dem zwischen dem Preisberater und dem einzelnen Mandanten geschlossenen Beratungsvertrag folgen, wenn dieser Vertrag für sich genommen bereits eine Wettbewerbsbeschränkung zum Gegenstand hätte.[591]

---

lyse Preisalgorithmen und eine mögliche Haftung der die Algorithmen entwickelnden IT-Dienstleister im Fokus stehen.

589 Vgl. bereits Monopolkommission, XXII. Hauptgutachten 2018, Rn. 266 ff.

590 Zur Einordnung als mittelbarer Täter siehe Monopolkommission, XXII. Hauptgutachten 2018, Rn. 266.

591 Zur Herleitung einer Haftung von Beratern im Allgemeinen aus dem Dienstvertrag siehe insbesondere *Bremer*, S. 49 ff.; *Koch*, ZWeR 2009, 370, 373 ff.; *Otto*, S. 241 ff.; *Schwartz*, S. 155 ff.; *Schwarzkopf*, S. 126 ff.

Ein solcher Ansatz wurde schon in der vor der *„AC Treuhand"*-Entscheidung des EuGH erschienenen Literatur zur Haftung von Kartellgehilfen diskutiert, jedoch überwiegend abgelehnt.[592] Dabei wird die Qualifizierung des Beratungsvertrags als wettbewerbsbeschränkende Vereinbarung im Sinne des Art. 101 Abs. 1 AEUV typischerweise gerade unter Verweis auf eine als notwendig empfundene Beschränkung des Täterkreises des Art. 101 Abs. 1 AEUV abgelehnt.[593] So könne eine Haftung des Dritten nicht aus dem Beratungsvertrag als relevante Vereinbarung abgeleitet werden, da es an einem Unmittelbarkeitszusammenhang zwischen dem Beratungsvertrag und der Kartellierung fehle.[594] Die Inhalte des Beratungsvertrags seien lediglich entferntere Kausalbeiträge der späteren Koordinierung.[595] Vereinzelt wird zur Begründung auch auf einen fehlenden Verstoß gegen das Selbständigkeitspostulat verwiesen.[596]

Demgegenüber hat der EuGH derartige Versuche, den Tatbestand des Art. 101 Abs. 1 AEUV dahingehend einschränkend auszulegen, dass ein unmittelbarer Marktbezug des Dritten erforderlich wäre, in seiner *„AC Treuhand"*-Entscheidung ausdrücklich abgelehnt.[597] Verzichtet man mit dem EuGH auf die dargestellten Ausprägungen eines Unmittelbarkeitserfordernisses, so ließe sich ein Beratungsvertrag grundsätzlich als wettbewerbsbeschränkende Vereinbarung im Sinne des Art. 101 Abs. 1 AEUV qualifizieren.

Dafür spricht zum einen, dass eine (vertikale) Wettbewerbsbeschränkung nicht nur dann vorliegt, wenn eine Einschränkung der Handlungs-

---

592 Eine Qualifizierung des Dienstvertrags als wettbewerbsbeschränkende Vereinbarung ablehnend, siehe insbesondere *Koch*, ZWeR 2009, 370, 373 f.; *Otto*, S. 241 ff., 278 f., 298; *Schwartz*, S. 155 ff. Demgegenüber hält *Bremer*, S. 49 ff., 62, 69, die Annahme einer tatbestandsmäßigen Vereinbarung grundsätzlich für möglich, will jedoch im Einzelfall als Korrektiv auf den „inneren Zusammenhang" zwischen dem Dienstvertrag und der Kartellierung abstellen. Zuletzt hielt auch *Schwarzkopf*, S. 126 ff., die Annahme eines Kartellverstoßes gestützt auf die „Unterstützungsabrede" für möglich. Sieht die Abrede eine umfassende Betreuung vor, will *Schwarzkopf* ferner eine bezweckte Wettbewerbsbeschränkung annehmen, vgl. *Schwarzkopf*, S. 143 ff., 163 f.

593 Dazu bereits oben Teil 4.C.IV.

594 Vgl. *Koch*, ZWeR 2009, 370, 373; *Schwartz*, S. 155 ff., 157.

595 *Koch*, ZWeR 2009, 370, 373; *Schwartz*, S. 155 ff., 159.

596 Vgl. *Otto*, S. 241 ff., 278 f., 298, dem zufolge durch den Beratungsvertrag die Unsicherheiten auf den betroffenen Märkten, das heißt dem Beratungsmarkt einerseits und dem kartellierten Produktmarkt andererseits, nicht reduziert würden. Inhalt des Vertrags sei vielmehr allein eine gegen Entgelt zu erbringende Dienstleistung.

597 EuGH, Urteil vom 22.10.2015, Rs. C-194/14 P, Rn. 33 ff. *„AC Treuhand"*.

freiheit zulasten eines unmittelbar an der Vereinbarung beteiligten Unternehmens eintritt, sondern vielmehr auch dann, wenn die Vereinbarung sonstige Dritte in ihrer Handlungsfreiheit beschränkt.[598] Ferner genügt es für die Annahme einer Wettbewerbsbeschränkung bereits, wenn die Maßnahme „das Potenzial hat, negative Auswirkungen auf den Wettbewerb zu entfalten".[599]

Folglich wäre eine Qualifizierung des zwischen dem Preisberater und dem einzelnen Mandanten geschlossenen Beratungsvertrags als Vereinbarung im Sinne des Art. 101 Abs. 1 AEUV grundsätzlich möglich.[600]

Entscheidend ist jedoch letztlich der Inhalt des konkreten Beratungsvertrags, einschließlich möglicher späterer, gegebenenfalls mündlicher Änderungen und Erweiterungen. Von einer wettbewerbsbeschränkenden Vereinbarung ließe sich etwa dann ausgehen, wenn die Mandanten – wie in der ersten Fallgruppe – bereits über ihr Koordinierungsziel gesprochen und den Preisberater in ihre Pläne eingeweiht haben. Erklärt sich dieser bereit, entsprechend zu beraten und die Koordinierung auf diese Weise gezielt zu fördern, so findet die Koordinierung Eingang in den Beratungsvertrag. Durch den Beratungsvertrag zwischen dem Preisberater und dem einzelnen Mandanten werden zwar weder der Preisberater noch die Mandanten in ihrer Handlungsfreiheit beschränkt, jedoch folgt aus der Vereinbarung das Potenzial einer künftigen negativen Auswirkung auf die Handlungsfreiheit Dritter, z.B. der Abnehmer der Mandanten. Gegenstand des Beratungsvertrags ist dann eine Wettbewerbsbeschränkung.[601]

Selbst wenn die Koordinierung nicht von vornherein zwischen den Mandanten vereinbart und mit dem Preisberater abgesprochen war, kann sie später noch im Rahmen der Beratung diskutiert und damit Gegenstand des Beratungsvertrags werden.

Handelt der Berater hingegen – wie in der hier diskutierten, dritten Fallgruppe angenommen – eigenmächtig und ohne Rücksprache mit den Mandanten, denen die Koordinierung auch nicht in sonstiger Weise erkennbar war, dann findet die Koordinierung gerade keinen Eingang in den Beratungsvertrag. Der Inhalt des Beratungsvertrags beschränkt sich so-

---

598 *Füller*, in: KölnKomm-KartR, Art. 101 AEUV Rn. 203; *Hengst*, in: Langen/Bunte, Art. 101 AEUV Rn. 186 ff.

599 EuGH, Urteil vom 04.06.2009, Rs. C-8/08, Rn. 31 „*T-Mobile Netherlands*".

600 So im Grundsatz auch *Bremer*, S. 55 ff., 69 und *Schwarzkopf*, S. 126 ff.

601 *Schwarzkopf*, S. 126 ff., 139 ff., 163 f. hält sogar die Annahme einer bezweckten Wettbewerbsbeschränkung für möglich, wenn die „Unterstützungsabrede" eine umfassende Betreuung der beteiligten Unternehmen durch den Kartellgehilfen vorsieht.

dann auf das legitime, individuelle Ziel der Gewinnmaximierung zugunsten des jeweiligen Mandanten. Von der Vereinbarung einer Wettbewerbsbeschränkung kann hingegen nicht die Rede sein.

Folglich lässt sich eine Haftung des Beraters zwar grundsätzlich aus dem Beratungsvertrag als Vereinbarung im Sinne des Art. 101 Abs. 1 AEUV ableiten, jedoch reicht diese Haftung nicht weiter als eine Haftung nach den bereits vom EuGH in „*AC Treuhand*“ aufgestellten Kriterien. In der hier diskutierten Fallgruppe haftet der Preisberater folglich weder nach den Kriterien des EuGH noch unmittelbar aus dem Beratungsvertrag.

bb) Haftung des mittelbaren Kartelltäters im Rahmen des Art. 101 Abs. 1 AEUV de lege lata?

Zwar lässt sich die vom EuGH in „*AC Treuhand*“ etablierte Kartellgehilfenhaftung als konkretisierende Auslegung des Art. 101 Abs. 1 AEUV verstehen, jedoch soll nun untersucht werden, inwieweit eine Haftung des Dritten als mittelbarer Kartelltäter, jenseits der Kartellgehilfenhaftung des EuGH, bereits *de lege lata* aus Art. 101 Abs. 1 AEUV abgeleitet werden kann.

Konkret wird der Frage nachgegangen, ob Fälle mittelbarer Kartelltäterschaft oder, allgemeiner gefasst, Fälle, in denen nicht ein Beteiligter alleine, sondern erst ein Zusammenwirken der Beteiligten die Tatbestandsmerkmale des Art. 101 Abs. 1 AEUV erfüllt, bereits *de lege lata* unter das Kartellverbot subsumiert werden können.

(1) Begriff der mittelbaren Täterschaft und Übertragung auf den kartellrechtlichen Kontext

Im nationalen Strafrecht ist die mittelbare Täterschaft in § 25 Abs. 1 Alt. 2 StGB geregelt.[602] Gemäß § 25 Abs. 1 StGB wird als Täter bestraft, „wer die Straftat selbst oder durch einen anderen begeht“. Merkmal der mittelbaren Täterschaft ist, dass der unmittelbar Handelnde, der Vordermann, zwar den Taterfolg durch sein Verhalten herbeiführt, jedoch aufgrund eines Defizits nicht zur Verantwortung gezogen werden kann.[603] Demgegenüber

602 Für eine rechtsvergleichende Aufarbeitung der mittelbaren Täterschaft in anderen europäischen Rechtsordnungen siehe *Weisser*, S. 149 ff.

603 *Joecks*, in: MünchKomm-StGB, § 25 Rn. 59.

führt der Hintermann den Taterfolg nicht selbst, sondern „durch“ den Vordermann als Werkzeug herbei. Entscheidend ist dabei letztlich, dass der Hintermann Tatherrschaft über den Vordermann – sei es beispielsweise kraft überlegenen Wissens oder Willens – ausübt und damit das Defizit des Vordermanns gewissermaßen ausgleicht.[604] Rechtsfolge der mittelbaren Täterschaft ist sodann, dass der Hintermann sich das Verhalten des Vordermanns als eigenes Verhalten zurechnen lassen muss.[605]

Eine ähnliche Situation zeichnet sich in der hier diskutierten dritten Fallgruppe ab. Die Mandanten des Preisberaters sind sich der Umstände der Koordinierung sowie des Koordinierungserfolges nicht bewusst. Mangels Kenntnis lässt sich im Verhältnis der Mandanten untereinander kein horizontaler Abstimmungstatbestand im Sinne des Art. 101 Abs. 1 AEUV feststellen.[606] Hätten die Mandanten hingegen Kenntnis von den Umständen, so läge eine horizontal aufeinander abgestimmte Verhaltensweise vor und ihnen könnte ein kartellrechtlicher Vorwurf gemacht werden.[607] Folglich besteht auf Seite der Mandanten in der hier diskutierten dritten Fallgruppe in subjektiver Hinsicht ein haftungsausschließendes Defizit. Der Preisberater hingegen hat umfassende Kenntnis von den Umständen und führt den Koordinierungserfolg bewusst durch die Mandanten als Werkzeuge herbei. Er gleicht insoweit das Wissensdefizit der Mandanten aus. Folglich liegt eine klassische Konstellation mittelbarer Täterschaft vor.[608]

Im Kartellrecht erscheint die Annahme einer mittelbaren Kartelltäterschaft insbesondere in Anbetracht der Rechtsfolgen auf den ersten Blick befremdlich. Während die Unternehmen, deren Verhalten unmittelbar von der Koordinierung betroffen ist, nicht haften würden, soll nun allein der Dritte, der die Koordinierung orchestriert hat, haften. Dies ist jedoch, wie soeben erörtert, gerade die typische Grundkonstellation der mittelbaren Täterschaft.[609] An dieser grundsätzlichen Parallele ändert auch der Umstand nichts, dass die Mandanten des Preisberaters, je nachdem wie

---

604 *Joecks*, in: MünchKomm-StGB, § 25 Rn. 59 ff., 84 ff.

605 *Joecks*, in: MünchKomm-StGB, § 25 Rn. 59.

606 Dazu soeben Teil 5.A.III.1.

607 Vgl. dazu die hier diskutierte zweite Fallgruppe, Teil 5.A.II.1.

608 Vgl. auch Monopolkommission, XXII. Hauptgutachten 2018, Rn. 266 bezogen auf das Beispiel von IT-Dienstleistern, die eine Koordinierung zwischen den Softwareverwendern herbeiführen.

609 Siehe im nationalen Strafrecht § 25 Abs. 1 Alt. 2 StGB; vgl. auch *Joecks*, in: MünchKomm-StGB, § 25 Rn. 59 ff.

lange die Koordinierung bereits bestand, erhebliche Gewinne aus dem Verhalten ziehen konnten.[610]

(2) Auslegung des Art. 101 Abs. 1 AEUV

Zunächst ist der Frage nachzugehen, ob Art. 101 Abs. 1 AEUV dahingehend ausgelegt werden kann, dass eine mittelbare Kartelltäterschaft bereits *de lege lata* vom Kartellverbot erfasst ist. So könnte Art. 101 Abs. 1 AEUV etwa in der Weise auszulegen sein, dass nicht jeder Beteiligte die Tatbestandsmerkmale des Kartellverbots selbst verwirklichen muss, sondern dass es genügt, wenn mehrere Beteiligte den Tatbestand des Art. 101 Abs. 1 AEUV erst in ihrem Zusammenwirken erfüllen. Sollte dies nicht der Fall sein, so lässt sich immer noch in einem zweiten Schritt darüber nachdenken, ob das europäische kartellrechtliche Haftungssystem in dieser Weise *de lege ferenda* ergänzt werden sollte.

Im Rahmen des Art. 101 Abs. 1 AEUV sind dabei zwei Tatbestandsmerkmale als mögliche Anknüpfungspunkte bedeutsam: Zum einen der Unternehmensbegriff, der den Normadressaten definiert, zum anderen das Merkmal der Vereinbarung, des Beschlusses oder der aufeinander abgestimmten Verhaltensweise, als der tatbestandsmäßigen Maßnahme.

(a) Der mittelbare Kartelltäter als Normadressat des Art. 101 Abs. 1 AEUV de lege lata

Nach dem Wortlaut sind Unternehmen und Unternehmensvereinigungen die Normadressaten des Art. 101 Abs. 1 AEUV. In ständiger Rechtsprechung wird ein Unternehmen als „jede eine wirtschaftliche Tätigkeit ausübende Einheit, unabhängig von ihrer Rechtsform und der Art ihrer Finanzierung“[611] definiert und letztlich im Sinne eines weiten, funktionalen Unternehmensbegriffs konkretisiert.[612]

---

610 Zu den bußgeldrechtlichen Konsequenzen und notwendigen Anpassungen der Bußgeldzumessung sogleich Teil 5.A.III.2.c)bb)(3) und (4)(b).

611 StRspr seit EuGH, Urteil vom 23.4.1991, Rs. C-41/90, Rn. 21 *„Höfner und Elser“*.

612 Zu den Einzelheiten siehe *Grave/Nyberg*, in: Loewenheim et al., Art. 101 Abs. 1 AEUV Rn. 97 ff.; *Zimmer*, in: Immenga/Mestmäcker, Art. 101 Abs. 1 AEUV Rn. 9.

Versuche in der Literatur, den Unternehmensbegriff dahingehend einzuschränken, dass ein unmittelbarer Marktbezug zum kartellierten Markt erforderlich sein soll, wies der EuGH zuletzt explizit zurück.[613] Diese Vorschläge in der Literatur beruhten auf teleologischen Erwägungen und fanden im Wortlaut der Norm gerade keine Anknüpfung.[614] Ausgehend von dieser Feststellung des EuGH lässt sich Art. 101 Abs. 1 AEUV folglich gerade kein Erfordernis eines unmittelbaren Marktbezugs ableiten. Normadressat des Kartellverbots sind somit allgemein Unternehmen und Unternehmensvereinigungen, ohne dass sich dem Wortlaut eine Einschränkung dahingehend entnehmen ließe, dass nur solche Unternehmen erfasst sein sollen, die selbst unmittelbar auf dem kartellierten Markt tätig sind.[615]

Dritte, die kartellfördernde Dienstleistungen am Markt anbieten, seien es Unternehmensberater im Allgemeinen oder auf die Preisberatung spezialisierte Dienstleister, fallen folglich unter den Unternehmensbegriff des Art. 101 Abs. 1 AEUV. Die konkrete Art der Kartellförderung spielt an dieser Stelle noch keine Rolle, sodass auch potenzielle mittelbare Kartelltäter in einem ersten Schritt zunächst Normadressaten des Art. 101 Abs. 1 AEUV sind.

(b) Die mittelbare Kartelltäterschaft als relevantes Verhalten im Sinne des Art. 101 Abs. 1 AEUV de lege lata

Fraglich ist jedoch, ob *de lege lata* das Verhalten des mittelbaren Kartelltäters ein tatbestandsmäßiges Verhalten im Sinne des Art. 101 Abs. 1 AEUV darstellt.

---

613 EuGH, Urteil vom 22.10.2015, Rs. C-194/14 P, Rn. 27 *„AC Treuhand“*. Ausführlich zu der Diskussion um eine solche Einschränkung des Unternehmensbegriffs bereits oben Teil 4.C.IV.

614 Zu den teleologischen Erwägungen insbesondere *Otto*, S. 263 ff., 295 f.; *Schwartz*, S. 153 ff. Ausführlich zu den verschiedenen Strömungen in der Literatur bereits oben Teil 4.C.IV.

615 Vgl. EuGH, Urteil vom 22.10.2015, Rs. C-194/14 P, Rn. 27 *„AC Treuhand“*; i.E. ebenso *Roth/Ackermann*, in: FK-KartR, Art. 81 Abs. 1 EG Grundfragen Rn. 38; *Schuhmacher*, ZfRV 2009, 9, 12.

(aa) Grammatikalische Auslegung

Gemäß dem Wortlaut des Art. 101 Abs. 1 AEUV „sind alle Vereinbarungen zwischen Unternehmen, Beschlüsse von Unternehmensvereinigungen und aufeinander abgestimmte Verhaltensweisen [...]" verboten. Damit lassen sich dem Wortlaut unmittelbar nur verbotene *Maßnahmen* entnehmen, ohne jedoch deutliche Aussagen über das verbotene *Verhalten* im Kontext der Maßnahme zu treffen.[616]

(bb) Teleologische Auslegung anhand des Selbständigkeitspostulats

Insoweit ist das Selbständigkeitspostulat als zentrale Auslegungsmaxime des Kartellverbots heranzuziehen.[617] Eine Konsequenz des Selbständigkeitspostulats ist, dass zunächst im ersten Schritt überhaupt ein Verhalten als Anknüpfungspunkt des kartellrechtlichen Vorwurfs erforderlich ist. In einem zweiten Schritt dient das Selbständigkeitspostulat sodann der Abgrenzung von kartellrechtswidrigem Verhalten einerseits und zulässigem Verhalten andererseits.[618]

Im Ausgangspunkt ist festzustellen, dass Art. 101 Abs. 1 AEUV nicht jeden Koordinierungserfolg erfasst, sondern nur solche Koordinierungserfolge, die auf einem wettbewerbsschädlichen Verhalten beruhen, das heißt, auf einem solchen Verhalten, das „eine praktische Zusammenarbeit an die Stelle des mit Risiken verbundenen Wettbewerbs treten lässt".[619] Dies wird etwa anhand der Fälle der Verhaltensabstimmung über den Markt deutlich.[620] Auch wenn bewusstes Parallelverhalten zu einem unerwünschten Marktergebnis führt,[621] so fehlt es doch an einem Verstoß gegen das Selbständigkeitspostulat, das „Unternehmen zwar nicht das Recht [nimmt], sich dem festgestellten oder erwarteten Verhalten ihrer Konkurrenten auf intelligente Weise anzupassen", das „jedoch streng jeder unmittelbaren

---

616 Vgl. EuGH, Urteil vom 22.10.2015, Rs. C-194/14 P, Rn. 27 „*AC Treuhand*".

617 *Grave/Nyberg*, in: Loewenheim et al., Art. 101 Abs. 1 AEUV Rn. 193.

618 Vgl. *Grave/Nyberg*, in: Loewenheim et al., Art. 101 Abs. 1 AEUV Rn. 193.

619 EuGH, Urteil vom 04.06.2009, Rs. C-8/08, Rn. 26 „*T-Mobile Netherlands*"; EuGH, Urteil vom 16.12.1975, verb. Rs. 40/73 u.a., Rn. 26 „*Suiker Unie*"; EuGH, Urteil vom 31.3.1993, verb. Rs. C-89/85 u.a., Rn. 63 „*Ahlström*".

620 Vgl. dazu insbesondere *Zimmer*, in: Immenga/Mestmäcker, Art. 101 Abs. 1 AEUV Rn. 64, 95 ff.

621 Vgl. Monopolkommission, XXII. Hauptgutachten 2018, Rn. 167, 173 im Kontext unerwünschter Koordinierungsfolgen des Einsatzes von Preisalgorithmen.

oder mittelbaren Fühlungnahme" entgegensteht.[622] Beobachtet ein Unternehmen die Preissetzung seiner Wettbewerber, um die eigenen Preise sodann entsprechend „mit wachem Sinn" anzupassen, ist dies gerade Ausdruck des Selbständigkeitspostulats.[623] So mag zwar ein unerwünschtes Marktergebnis eintreten, jedoch fehlt es mangels Fühlungnahme in Fällen des bewussten Parallelverhaltens an einem vorwerfbaren Verhalten im Sinne des Art. 101 Abs. 1 AEUV.[624] Somit folgt aus dem Selbständigkeitspostulat in einem ersten Schritt zunächst das grundsätzliche Erfordernis einer Verhaltensweise.

Im zweiten Schritt ist sodann fraglich, welche konkreten Verhaltensweisen als relevante Maßnahme qualifiziert werden können. In der Rechtsprechung erfolgte – ausgehend vom Selbständigkeitspostulat – eine Konkretisierung des notwendigen Verhaltens insbesondere anhand der Bildung von Fallgruppen. Beispielhaft für diese Konkretisierung ist etwa die in ständiger Rechtsprechung wiederholte Formel, wonach das Selbständigkeitspostulat „streng jeder unmittelbaren oder mittelbaren Fühlungnahme" entgegensteht.[625] Das vor allem in den diversen Ausgestaltungen von Fällen des Informationsaustauschs diskutierte Kriterium der Fühlungnahme beschreibt dabei letztlich eine nach Art. 101 Abs. 1 AEUV verbotene Verhaltensweise.[626]

(cc) Konkretisierung relevanter Verhaltensweisen Dritter durch den EuGH

Probleme wirft die Konkretisierung relevanter Verhaltensweisen auf, wenn Dritte involviert sind. Betrachtet man den Wortlaut des Art. 101 Abs. 1

622 EuGH, Urteil vom 16.12.1975, verb. Rs. 40/73 u.a., Rn. 173 f. *„Suiker Unie"*; EuGH, Urteil vom 28.05.1998, Rs. C-7/95 P, Rn. 87 *„Deere"*; EuGH, Urteil vom 08.07.1999, Rs. C-49/92 P, Rn. 117 *„Anic Partecipazioni"*.

623 Siehe zu dieser in ständiger Rechtsprechung wiederholten Formel etwa EuGH, Urteil vom 16.12.1975, verb. Rs. 40/73 u.a., Rn. 173 f. *„Suiker Unie"*; EuGH, Urteil vom 14.07.1981, Rs. 172/80, Rn. 14 *„Züchner"*; EuGH, Urteil vom 28.05.1998, Rs. C-7/95 P, Rn. 87 *„Deere"*; siehe außerdem *Füller*, in: KölnKomm-KartR, Art. 101 Rn. 143.

624 Vgl. *Füller*, in: KölnKomm-KartR, Art. 101 Rn. 143; *Hengst*, in: Langen/Bunte, Art. 101 Rn. 117.

625 EuGH, Urteil vom 16.12.1975, verb. Rs. 40/73 u.a., Rn. 173 f. *„Suiker Unie"*; EuGH, Urteil vom 28.05.1998, Rs. C-7/95 P, Rn. 87 *„Deere"*; EuGH, Urteil vom 08.07.1999, Rs. C-49/92 P, Rn. 117 *„Anic Partecipazioni"*.

626 Vgl. *Füller*, in: KölnKomm-KartR, Art. 101 AEUV Rn. 142, 152 f.

AEUV im Lichte des Selbständigkeitspostulates, ist zunächst im Ausgangspunkt die Annahme naheliegend, dass Täter des Art. 101 Abs. 1 AEUV nur derjenige sein kann, der selbst Partei einer tatbestandsmäßigen Maßnahme, also selbst Partei einer Vereinbarung, eines Beschlusses oder einer aufeinander abgestimmten Verhaltensweise ist.[627]

Dem ist der EuGH jedoch in seiner „*AC Treuhand*"-Entscheidung entgegengetreten. Aus der offenen Formulierung des Art. 101 Abs. 1 AEUV, die allein auf das Vorliegen einer Vereinbarung, eines Beschlusses oder einer aufeinander abgestimmten Verhaltensweise Bezug nimmt, folgert der EuGH, dass Täter des Art. 101 Abs. 1 AEUV nicht nur derjenige ist, der selbst Partei der Maßnahme ist, sondern auch ein Dritter, der die Maßnahme durch sein eigenes Verhalten bewusst fördert.[628] Folglich lassen sich die Fälle der Kartellgehilfenschaft, wie sie dem Fall „*AC Treuhand*" zugrunde lagen, noch durch eine weite Auslegung des Tatbestands vom Kartellverbot erfassen. Zwar entwickelte der EuGH in „*AC Treuhand*" die kartellrechtlichen Haftungsgrundsätze fort, jedoch bewegte er sich dabei weiterhin innerhalb der Grenzen des Wortlauts.[629]

(dd) Die mittelbare Kartelltäterschaft im Lichte der dargestellten Grundsätze

Fraglich ist nun, ob sich eine mittelbare Kartelltäterschaft in ähnlicher Weise aus dem Tatbestand ableiten lässt. Ein wichtiger Unterschied zu den Kartellgehilfenfällen besteht bereits darin, dass im Fall des Kartellgehilfen überhaupt eine tatbestandsmäßige Maßnahme – also eine Vereinbarung, ein Beschluss oder eine aufeinander abgestimmte Verhaltensweise – vorliegt. An dieser im Grundsatz vorliegenden Maßnahme beteiligt sich sodann ein Dritter. Ausgehend von der Rechtsprechung des EuGH in „*AC Treuhand*" haften im Ergebnis diejenigen Unternehmen für die verwirklichte Maßnahme, die entweder selbst Partei der Maßnahme sind oder die Maßnahme durch ihr eigenes Verhalten fördern.[630] Die vom EuGH in „*AC*

---

627 So etwa das Vorbringen der Verteidigung der AC Treuhand AG, vgl. EuGH, Urteil vom 22.10.2015, Rs. C-194/14 P, Rn. 18 ff. „*AC Treuhand*".

628 EuGH, Urteil vom 22.10.2015, Rs. C-194/14 P, Rn. 27 ff. „*AC Treuhand*"; so auch *Schuhmacher*, ZfRV 2009, 9, 12.

629 Kritisch, unter Anführung teleologischer sowie rechtsstaatlicher Gründe, insbesondere *Koch*, ZWeR 2009, 370, 373 ff.; *Otto*, S. 235 ff., 295 f.; *Schwartz*, S. 153 ff.

630 EuGH, Urteil vom 22.10.2015, Rs. C-194/14 P, Rn. 27 „*AC Treuhand*".

Treuhand" etablierte Kartellgehilfenhaftung ist damit akzessorisch ausgestaltet.[631]

Im Fall des mittelbaren Kartelltäters liegt zwar ein horizontaler Koordinierungserfolg vor, jedoch beruht dieser, aufgrund eines subjektiven Defizits der „Vordermänner", gerade nicht auf einem Verhalten, das als Vereinbarung, Beschluss oder aufeinander abgestimmte Verhaltensweise qualifiziert werden kann. In einer Gesamtschau der Umstände fehlt es folglich – bei formaler Betrachtung – insgesamt an einer tatbestandsmäßigen Maßnahme. Eine „Beteiligung" an einer tatbestandsmäßigen Maßnahme – wie sie in „*AC Treuhand*" festgestellt werden konnte – kommt folglich gerade nicht in Betracht.

Man könnte nun auf den Gedanken kommen, in Fällen mittelbarer Täterschaft eine hypothetische Betrachtungsweise anzuwenden, indem man auf die Lage abstellt, die hypothetisch bestünde, wenn die Vordermänner nicht an dem Defizit leiden würden, das der überlegene Hintermann seinerseits ausgleicht. Im Ergebnis könnte man so auf eine hypothetische Maßnahme abstellen.

Dies lässt sich anhand der hier diskutierten dritten Fallgruppe weiter verdeutlichen: Hätten die Vordermänner – hier die Mandanten – Kenntnis der Umstände, so läge eine tatbestandsmäßige Maßnahme in Form einer horizontalen aufeinander abgestimmten Verhaltensweise vor.[632] Tatsächlich haben sie jedoch keine Kenntnis und leiden somit an einem subjektiven Defizit, das der Preisberater, der seinerseits über umfassende Kenntnis der Umstände verfügt, jedoch ausgleicht. In ihrer Gesamtheit erfüllen die Beteiligten durch ihr Zusammenwirken das Tatbestandsmerkmal der Maßnahme, hier in Form der aufeinander abgestimmten Verhaltensweise. Im Ergebnis könnte man vorliegend also auf eine hypothetische aufeinander abgestimmte Verhaltensweise abstellen.

Für eine solche extensive Auslegung des Tatbestandsmerkmals der Maßnahme spricht zunächst der *effet utile*, der als Auslegungsmaxime dem Unionsrecht zu seiner praktischen Wirksamkeit verhelfen soll.[633] Das beschriebene Verhalten des mittelbaren Kartelltäters, der wissentlich eine Koordinierung herbeiführt, widerspricht den Wertungen des Kartellverbots, ist jedoch ohne eine entsprechende, erweiternde Auslegung des Art. 101 Abs. 1

631 EuGH, Urteil vom 22.10.2015, Rs. C-194/14 P, Rn. 30 „*AC Treuhand*".

632 Siehe dazu bereits Fallgruppe 2 oben Teil 5.A.II.

633 Vgl. *Gaitanides*, in: Von der Groeben/Schwarze/Hatje, Art. 19 EUV Rn. 45; *Kaufmann*, in: EU-WirtschaftsR-HdB, P.II. Rn. 62 ff.; *Mayer*, in: Grabitz/Hilf/Nettesheim, Art. 19 EUV Rn. 57 f.; *Otto*, S. 53 ff.

AEUV nicht im Rahmen des Kartellverbotstatbestands erfassbar. Eine Erfassung der hier dargestellten mittelbaren Kartelltäterschaft unter dem Tatbestand des Art. 101 Abs. 1 AEUV würde Lücken – und damit Umgehungsmöglichkeiten – im Haftungssystem vermeiden.

Für eine Erstreckung des Art. 101 Abs. 1 AEUV auf Fälle mittelbarer Kartelltäterschaft spricht insbesondere auch die daraus resultierende Abschreckungswirkung gegenüber Dritten, Kartellierungen auf Drittmärkten zu fördern. Die nationalen berufsrechtlichen Vorgaben – etwa der Verhaltenskodex des deutschen BDU e.V., der bloß privatrechtlicher Natur ist – entfalten keine nennenswerte disziplinierende Wirkung.[634] Erste disziplinierende Wirkung dürfte zwar mit der höchstrichterlichen Bestätigung der Kartellgehilfenhaftung durch den EuGH im Jahr 2015 eingetreten sein, jedoch unterlaufen die festgestellten Haftungslücken diese Wirkung. So stünde die Kommission auch dann vor der hier diskutierten Problematik, wenn die Mandanten tatsächlich zwar von den Umständen wussten, diese möglicherweise sogar vereinbart hatten, die Kommission dies jedoch nicht nachweisen kann. In einem solchen Fall würden weder die Mandanten, noch der Preisberater haften. Stünde hingegen die Bewirkung der Koordinierung durch den Preisberater fest und würde dieser unabhängig von den Mandanten haften, so bestünde von vornherein kein Anreiz für den Dritten, die Koordinierung zu fördern.

Insoweit könnte man nun zu dem Schluss kommen, dass der Tatbestand des Art. 101 Abs. 1 AEUV nicht nur dann erfüllt ist, wenn tatsächlich eine Maßnahme nach herkömmlichen Grundsätzen vorliegt, sondern auch dann erfüllt sein soll, wenn diese Maßnahme hypothetisch vorläge. Eine hypothetische Maßnahme würde aus einer Gesamtschau der Umstände folgen und läge dann vor, wenn die Tatbestandsmäßigkeit der Maßnahme an einem Defizit der Vordermänner scheitert, das der mittelbare Kartelltäter beherrschte und seinerseits kompensiert.

Gegen eine solche Sichtweise könnte man jedoch einwenden, dass sie die Grenzziehung zwischen kartellrechtlich erlaubtem und verbotenem Verhalten verwässern würde: Für den Fall des bewussten Parallelverhaltens ist anerkannt, dass zwar ein unerwünschtes Marktergebnis eintritt, dass dieses jedoch mangels eines relevanten Verhaltens – genauer gesagt mangels eines Verstoßes gegen das Selbständigkeitspostulat – nicht vom Kartellverbot erfasst ist.[635] Bezogen auf den Tatbestand des Kartellverbots liegt

634 Dazu bereits oben Teil 1.D.

635 *Füller*, in: KölnKomm-KartR, Art. 101 AEUV Rn. 143.

in einer solchen Konstellation also ein unerwünschter Markterfolg, jedoch keine tatbestandsmäßige Maßnahme vor.

Ähnlich ist die Situation – jedenfalls auf den ersten Blick – in dem hier diskutierten Fall. Die einem Defizit unterliegenden Mandanten führen einen Markterfolg herbei. Aufgrund des Defizits liegt jedoch nach herkömmlichem Verständnis des Art. 101 Abs. 1 AEUV keine tatbestandsmäßige Maßnahme vor. Auch in dieser Konstellation liegt also ein unerwünschter Markterfolg vor, der allerdings nicht von einer tatsächlichen tatbestandsmäßigen Maßnahme, sondern lediglich von einer – hier zunächst gedanklich unterstellten – hypothetischen Maßnahme begleitet wird.

Dieser Vergleich wirft letztlich die Frage auf, inwieweit – bei Eintreten eines unerwünschten Markterfolgs – ein Unterschied gemacht werden kann zwischen dem Fall, dass keine tatbestandsmäßige Maßnahme vorliegt (so im Fall des bewussten Parallelverhaltens) oder, dass zwar nicht tatsächlich, jedoch hypothetisch eine tatbestandsmäßige Maßnahme vorliegt (so in dem hier gedanklich unterstellten Fall der mittelbaren Täterschaft).

Dennoch verbleibt mit Blick auf das Selbständigkeitspostulat ein Unterschied zwischen beiden Konstellationen. Das Verhalten, das im Fall des Parallelverhaltens den unerwünschten Markterfolg herbeiführt, also das wechselseitige Beobachten und Anpassen eigener Preise zwischen den Wettbewerbern, ist gerade Ausdruck des Selbständigkeitspostulats.[636] Das Verhalten entspricht damit gerade den Wertungen des Kartellverbots. Dies ist nicht der Fall bei der hier diskutierten mittelbaren Kartelltäterschaft. Das Verhalten, das dort den unerwünschten Markterfolg herbeiführt, die bewusste Herbeiführung des Koordinierungserfolgs durch den Dritten, z.B. den Preisberater, unter Einsatz der Vordermänner als Werkzeuge, steht gerade im Widerspruch zu den Wertungen des Kartellrechts. Der Dritte arrangiert bewusst einen Koordinierungserfolg – als das begriffliche Gegenstück zum Selbständigkeitspostulat[637] – zwischen den Mandanten.

Somit bleibt eine Grenzziehung zwischen kartellrechtswidrigem und erlaubtem Verhalten auch bei Anwendung der hier diskutierten hypothetischen Betrachtungsweise, die eine tatbestandsmäßige Maßnahme auch dann annehmen will, wenn die Tatbestandsmäßigkeit der Maßnahme an

---

636 EuGH, Urteil vom 16.12.1975, Rs. 40/73 u.a., Rn. 173 „*Suiker Unie*“; EuGH, Urteil vom 14.07.1981, Rs. 172/80, Rn. 14 „*Züchner*“; EuGH, Urteil vom 04.06.2009, Rs. C-8/08, Rn. 33 „*T-Mobile Netherlands*“; *Füller*, in: KölnKomm-KartR, Art. 101 AEUV Rn. 143.

637 *Grave/Nyberg*, in: Loewenheim et al., Art. 101 Abs. 1 AEUV Rn. 193.

einem Defizit der Vordermänner scheitert, das der Dritte seinerseits beherrscht und kompensiert, möglich. Die Verwässerung der Grenzziehung tritt nur auf den ersten Blick ein. Tatsächlich bleibt jedoch das Selbständigkeitspostulat das maßgebliche und weiterhin aussagekräftige Abgrenzungskriterium.

Folglich lässt sich die hier diskutierte hypothetische Betrachtungsweise grundsätzlich mit den dogmatischen Grundpfeilern des Art. 101 Abs. 1 AEUV vereinbaren. Problematisch ist jedoch letztlich, ob möglicherweise bereits die Wortlautgrenze überschritten ist. Die hier diskutierte Lösung würde auf Folgendes hinauslaufen: Täter des Art. 101 Abs. 1 AEUV wäre, wer entweder (1.) selbst Partei einer tatbestandsmäßigen Maßnahme ist – so die Grundkonstellation des Art. 101 Abs. 1 AEUV –, oder (2.) wer als Dritter die tatbestandsmäßige Maßnahme anderer Unternehmen fördert – so die Konstellation in *„AC Treuhand"* –, oder schließlich (3.) in der hier diskutierten Konstellation der mittelbaren Kartelltäterschaft, wer „durch" andere, einem Defizit unterliegende Unternehmen bewusst einen Koordinierungserfolg herbeiführt. Während in den ersten beiden Fallkonstellationen tatsächlich eine tatbestandsmäßige – und damit teilnahmefähige – Maßnahme vorliegt, fehlt es an ebendieser in der zuletzt genannten Konstellation. Dort liegt allein eine hypothetische Maßnahme vor.

Der Tatbestand verlangt seinem Wortlaut nach – trotz seiner offenen und konkretisierungsbedürftigen Formulierung – jedoch letztendlich das Vorliegen einer Vereinbarung, eines Beschlusses oder einer aufeinander abgestimmten Verhaltensweise. Eine bloß hypothetische Maßnahme erfüllt diese Anforderung gerade nicht. Vielmehr würde eine solche Sichtweise die Grenzen des Wortlauts überschreiten. Dies legt auch die *„AC Treuhand"*-Entscheidung des EuGH nahe, in der der EuGH die Haftung des Dritten zwingend akzessorisch ausgestaltete und damit von dem Vorliegen einer tatbestandsmäßigen Maßnahme bzw. mindestens einer horizontalen Koordinierungsabsicht abhängig machte.[638] Nicht zuletzt ist Art. 101 Abs. 1 AEUV im Lichte von Art. 49 EU-Grundrechtecharta, das heißt insbesondere im Lichte des Gesetzmäßigkeitsprinzips sowie des Bestimmtheitsgrundsatzes, auszulegen, sodass der Wortlautgrenze letztlich eine zentrale Bedeutung zukommt.[639]

---

638 EuGH, Urteil vom 22.10.2015, Rs. C-194/14 P, Rn. 30 *„AC Treuhand"*.

639 Zur Berücksichtigung der EU-Grundrechtecharta im Rahmen der Auslegung des Unionsrechts siehe *Gaitanides*, in: Von der Groeben/Schwarze/Hatje, Art. 19 EUV Rn. 24 ff. Näher zum Gesetzmäßigkeitsprinzip sowie zum Bestimmtheitsgrundsatz im Unionsrecht gemäß Art. 49 EU-GRCh siehe *Lemke*, in: Von der

(3) Zwischenergebnis

Folglich kann eine mittelbare Kartelltäterschaft *de lege lata* nicht auf Art. 101 Abs. 1 AEUV gestützt werden.[640] Zwar lassen sich teleologische Erwägungen für eine Erstreckung der Norm auf die mittelbare Kartelltäterschaft anführen und auch das Selbständigkeitspostulat als zentrale Auslegungsmaxime des Art. 101 Abs. 1 AEUV ist mit der hier diskutierten Lösung über eine hypothetische Betrachtungsweise grundsätzlich vereinbar, jedoch überschreitet dieser Ansatz letztlich die Wortlautgrenze, die nicht zuletzt aufgrund von Art. 49 EU-Grundrechtecharta zwingend zu beachten ist.

cc) Anwendung des Art. 102 AEUV

Auf der Suche nach einer Lösung im Rahmen des geltenden, geschriebenen Rechts, lässt sich vorliegend ferner über eine Anwendung des Art. 102 AEUV nachdenken. Geht man von einem marktführenden Preisberater aus, der von Unternehmen gerade aufgrund seines Erfolges, seiner besonderen Expertise und seinem umfassenden Marktwissen beauftragt wird, so könnte man in der Beratung unter Anwendung einer Koordinierungsstrategie eine missbräuchliche Ausnutzung von Marktmacht sehen.

Dafür müsste aus den Umständen zunächst eine marktbeherrschende Stellung des Preisberaters folgen. Nach ständiger Rechtsprechung des EuGH ist eine marktbeherrschende Stellung „die wirtschaftliche Machtstellung eines Unternehmens [...], die dieses in die Lage versetzt, die Aufrechterhaltung eines wirksamen Wettbewerbs auf dem relevanten Markt zu verhindern, indem sie ihm die Möglichkeit verschafft, sich seinen Wettbewerbern, seinen Abnehmern und letztlich den Verbrauchern gegenüber in einem nennenswerten Umfang unabhängig zu verhalten".[641]

Groeben/Schwarze/Hatje, Art. 49 GRC Rn. 4 ff.; *Alber*, in: Stern/Sachs, Art. 49 EU-GRCh Rn. 8 ff. Bereits im Kontext der Kartellgehilfenhaftung, die sich, wie hier gezeigt, noch deutlich offensichtlicher unter den Wortlaut des Kartellverbots subsumieren lässt, wurden in erheblichem Umfang rechtsstaatliche Bedenken geäußert, siehe dazu ausführlich statt aller *Otto*, S. 68 ff., 223 ff. und *Schwartz*, S. 223 ff.

640 So im Ergebnis auch Monopolkommission, XXII. Hauptgutachten 2018, Rn. 266.

641 EuGH, Urteil vom 13.2.1979, Rs. 85/76, Rn. 38 „*Hoffmann LaRoche*".

Ausgehend von dieser Formulierung könnte man vorliegend auf den ersten Blick annehmen, dass sich der Preisberater gerade aufgrund seiner Position als Marktführer in einer solchen Lage befindet, die es ihm ermöglicht, den Wettbewerb auf dem Markt seiner Mandanten, also dem kartellierten Produktmarkt, zu verhindern. Ob eine solche Sichtweise unter Art. 102 AEUV Bestand haben kann, ist jedoch im Folgenden zu überprüfen.

(1) Marktbeherrschende Stellung des Preisberaters

Zur Feststellung einer marktbeherrschenden Stellung bedarf es zunächst einer Marktabgrenzung als Bezugspunkt der Analyse.[642] Bezogen auf diesen Markt ist sodann anhand verschiedener Faktoren die Marktmacht des Preisberaters festzustellen.[643]

(a) Marktabgrenzung

Der relevante Markt ist zunächst anhand des Bedarfsmarktkonzeptes abzugrenzen. Danach gehören zu einem sachlich relevanten Markt alle Produkte bzw. Dienstleistungen, die aus Sicht der Marktgegenseite funktional austauschbar sind.[644]

In diesem Fall bietet der Berater Preisberatung, das heißt auf eine professionelle Preissetzung gerichtete, somit spezialisierte Unternehmensberatung an. In Anbetracht der Vielzahl möglicher Beratungsaspekte – z.B. Preisberatung, Personalberatung, Sanierungsberatung, Insolvenzberatung, Beratung im Bereich Marketing, Steuerberatung und schließlich Rechtsberatung[645] – wird man zunächst anhand der konkret nachgefragten Art der Beratung abgrenzen müssen. Aus Sicht der nachfragenden Unternehmen erfüllt die Preisberatung einen grundlegend anderen Zweck als etwa die Personalberatung, sodass es an einer funktionalen Austauschbarkeit fehlt. Folglich ist im Grundsatz kein sachlich relevanter Markt für „Unternehmensberatung im Allgemeinen“ anzunehmen, sondern vielmehr ein sach-

642 *Bulst*, in: Langen/Bunte, Art. 102 AEUV Rn. 37.
643 *Bulst*, in: Langen/Bunte, Art. 102 AEUV Rn. 44 ff.
644 Vgl. *Busche*, in: KölnKomm-KartR, Art. 102 AEUV Rn. 14, 18 ff.
645 Vgl. etwa die diversen Fachverbände des BDU e.V. https://www.bdu.de/der-bdu/unsere-fachverbaende/ (letzter Aufruf: 18.2.2019).

lich relevanter Markt der jeweiligen Art der Beratung, z.B. ein Markt für Preisberatungsleistungen.

Ausgehend von dem Konzept der Angebotsumstellungsflexibilität sind jedoch in den Markt auch solche Anbieter von Unternehmensberatungsleistungen einzubeziehen, die bisher noch keine Preisberatung anbieten, die jedoch eine entsprechende Expertise aufbauen und ihr Angebot an Beratungsleistungen künftig ausweiten können.[646]

Demgegenüber ist eine engere Marktabgrenzung, etwa in der Weise, dass die jeweils auf eine bestimmte Branche spezialisierte Preisberatung einen eigenen sachlich relevanten Markt darstellen soll, abzulehnen. Kern der nachgefragten Dienstleistung ist die Anwendung gängiger Methoden der Preisoptimierung,[647] die zwar je nach Branche unterschiedlich effektiv sein können, die jedoch auf denselben Grundlagen und denselben grundsätzlichen Erwägungen beruhen. Kenntnis der Besonderheiten einer Branche sind demgegenüber nicht Teil des angebotenen Produkts, sondern vielmehr von dem Berater im Rahmen der Mandatsbearbeitung notfalls zu erarbeiten.

Folglich ist der sachlich relevante Markt im Grundsatz der Markt für Preisberatung.

(b) Beurteilung der Marktmacht eines Preisberaters

Bezogen auf diesen Markt ist nun in einem zweiten Schritt die Marktmacht des Preisberaters festzustellen. Dies erfolgt anhand einer Gesamtbetrachtung verschiedener Faktoren, insbesondere des Marktanteils, der Marktstruktur sowie der Unternehmensstruktur.[648] Entscheidend ist letztlich, ob das Unternehmen „in die Lage versetzt [wird], die Aufrechterhaltung eines wirksamen Wettbewerbs auf dem relevanten Markt zu verhindern" und ob es ihm möglich ist, „sich seinen Wettbewerbern, seinen Abnehmern und letztlich den Verbrauchern gegenüber in einem nennenswerten Umfang unabhängig zu verhalten".[649]

646 Zur Angebotsumstellungsflexibilität siehe *Busche*, in: KölnKomm-KartR, Art. 102 AEUV Rn. 27.
647 Dazu bereits ausführlich Teil 1.C.
648 *Bulst*, in: Langen/Bunte, Art. 102 AEUV Rn. 44 ff.
649 EuGH, Urteil vom 13.2.1979, Rs. 85/76, Rn. 38 „*Hoffmann LaRoche*".

Die oben definierten Fallgruppen, die Gegenstand der Analyse sind, gehen von einem marktführenden Preisberatungsunternehmen aus. Eine marktbeherrschende Stellung wird für Zwecke der Analyse unterstellt.

(c) Zwischenergebnis

Ausgehend von diesen Erwägungen wird vorliegend von einer marktbeherrschenden Stellung des Preisberaters auf dem Markt für Preisberatung ausgegangen.

(2) Missbräuchliche Ausnutzung

Fraglich ist sodann, ob das Verhalten des Preisberaters eine missbräuchliche Ausnutzung seiner marktbeherrschenden Stellung darstellt. Ein missbräuchliches Ausnutzen liegt dann vor, wenn das marktbeherrschende Unternehmen seinen Verhaltensspielraum dazu nutzt, Marktergebnisse zu erzielen, die bei Wettbewerb nicht eingetreten wären.[650]

Die besondere Marktstellung des Preisberaters – als Marktführer im Bereich der Preisberatung, die mit einer besonderen Expertise und besonderer Branchenkenntnis verbunden ist, und die gerade Grund dafür ist, dass Unternehmen ihn mit der Preissetzung beauftragen – erlaubt es ihm, die Marktbedingungen auf dem Markt, auf dem seine Mandanten tätig sind, zu beeinflussen. Er hat es in der Hand, Koordinierungsstrategien zu entwickeln und durch seine Mandanten auf dem Markt umzusetzen. Haben die Mandanten nicht einmal Kenntnis von der Koordinierungsstrategie des Preisberaters, so handelt allein der Preisberater unter Ausnutzung der besonderen Umstände. Insoweit könnte man von einer Ausnutzung seiner Marktstellung sprechen.

Allerdings erfüllt diese Art der Ausnutzung gerade nicht den Tatbestand des Art. 102 AEUV. Anders als Art. 101 AEUV[651] erfordert Art. 102 AEUV in der Tat einen unmittelbaren Marktbezug des Unternehmens in der Wei-

650 Zum weiten Missbrauchsbegriff sowie zur Abgrenzung von Ausbeutungs-, Behinderungs- und Marktstrukturmissbräuchen siehe *Bulst*, in: Langen/Bunte, Art. 102 AEUV Rn. 82 ff., 90 ff.

651 Dazu oben Teil 4.C.IV.

se, dass das marktbeherrschende Unternehmen seine besondere Stellung gerade auf dem von ihm beherrschten Markt ausnutzt.[652]

Dafür spricht bereits die in ständiger Rechtsprechung wiederholte Formel des EuGH, der zufolge eine marktbeherrschende Stellung das Unternehmen gerade „in die Lage versetzt, die Aufrechterhaltung eines wirksamen Wettbewerbs auf dem relevanten Markt zu verhindern, indem sie ihm die Möglichkeit verschafft, sich *seinen* Wettbewerbern, *seinen* Abnehmern und letztlich den Verbrauchern gegenüber in einem nennenswerten Umfang unabhängig zu verhalten“.[653]

Eine Rechtsfolge einer marktbeherrschenden Stellung – hier, unterstellt, des Preisberaters auf dem Markt für Preisberatungsleistungen – ist die besondere Verantwortung des Marktbeherrschers für den Restwettbewerb.[654] Diese Verantwortung bezieht sich jedoch lediglich auf sein Verhalten auf „seinem“ Markt. Sie umfasst weder eine Verantwortung für die Marktstruktur „seines“ Marktes[655], noch eine Verantwortung für Drittmärkte.

Insoweit ist Art. 102 AEUV – im Gegensatz zu Art. 101 AEUV – in der Tat als Sonderdelikt zu qualifizieren,[656] das sich nur an marktbeherrschende Unternehmen richtet und sodann auch nur Verhaltensweisen auf dem beherrschten Markt erfasst.

Letztlich beruht die Einflussnahme des Preisberaters auf die Marktbedingungen des von der Koordinierung betroffenen Produktmarktes auch nicht zwingend auf dessen marktbeherrschender Stellung auf dem Markt für Preisberatungsleistungen. Eine solche Einflussnahme kann vielmehr auch ein nichtmarktbeherrschender Preisberater ausüben. Handelt es sich um einen marktführenden Preisberater, so ist die Einflussnahme möglicherweise aufgrund seiner besonderen Expertise und Marktkenntnis qualitativ problematischer, jedoch ist der Effekt der Einflussnahme auf einen Drittmarkt nicht notwendig eine Besonderheit einer marktbeherrschenden Stellung, sondern vielmehr eine Besonderheit der mit Beratern entstehenden Dreieckskonstellation im Allgemeinen.

---

652 So im Ergebnis auch *Otto*, S. 369 f.

653 EuGH, Urteil vom 13.2.1979, Rs. 85/76, Rn. 38 „*Hoffmann LaRoche*“ [Herv. d. Verf.].

654 EuGH, Urteil vom 9.11.1983, Rs. 322/81, Rn. 57 „*Michelin*“; EuGH, Urteil vom 6.12.2012, Rs. C-457/10 P, Rn. 98 „*Astra Zeneca*“; EuGH, Urteil vom 6.9.2017, Rs. C-413/14 P, Rn. 135 f. „*Intel*“; vgl. auch *Bulst*, in: Langen/Bunte, Art. 102 AEUV Rn. 86.

655 Vgl. *Busche*, in: KölnKomm-KartR, Art. 102 AEUV Rn. 199 f.

656 Vgl. *Hamann*, S. 186.

(3) Zwischenergebnis

Eine Haftung des Preisberaters aus Art. 102 AEUV wegen einer missbräuchlichen Ausnutzung seiner marktbeherrschenden Stellung auf dem Markt für Preisberatungsleistungen scheidet mangels direkten Marktbezugs zu dem koordinierten Markt aus.[657]

Denkbar bleibt eine Anwendung des Art. 102 AEUV allein in Bezug auf die Mandanten, sofern diese bewusst koordiniert handeln und damit möglicherweise die Voraussetzungen der kollektiven Marktbeherrschung eines Oligopols erfüllen.[658] In diesem Fall sind jedoch bereits die Voraussetzungen des Art. 101 Abs. 1 AEUV erfüllt.[659]

dd) Fazit zu den Lösungsansätzen de lege lata

Eine Haftung von Beratungsunternehmen kann grundsätzlich auch aus dem mit dem jeweiligen Mandanten geschlossenen Beratungsvertrag abgeleitet werden. In der vorliegenden Fallkonstellation scheidet dieser Ansatz jedoch aus, da die Mandanten gerade keinerlei Kenntnis von der Herbeiführung einer Koordinierung durch den Berater haben, die wettbewerbswidrigen Verhaltensweisen also gerade keinen Eingang in den Beratungsvertrag finden.

Vielmehr lässt sich die in dieser Fallkonstellation festgestellte Verhaltensweise des Beraters als mittelbare Tatbegehung durch die Mandanten als Werkzeuge qualifizieren. Diese Form der mittelbaren Kartelltäterschaft lässt sich jedoch nicht unter Art. 101 Abs. 1 AEUV in der geltenden Fassung subsumieren. Zwar sprechen teleologische Erwägungen für eine entsprechend extensive Auslegung des Art. 101 Abs. 1 AEUV, jedoch überschreitet ein solcher Ansatz letztlich den Wortlaut, der vorliegend – gerade im Lichte des Art. 49 EU-Grundrechtecharta – eine zwingende Grenze setzt.

Eine Anwendung des Art. 102 AEUV auf einen – wenn auch marktführenden – Preisberater in der Weise, dass die Herbeiführung eines Koordinierungserfolgs auf einem nicht von dem Preisberater beherrschten Pro-

---

657 So auch *Otto*, S. 369 f.

658 Vgl. EuG, Urteil vom 06.06.2002, Rs. T-342/99, Rn. 62 *„Airtours"*; EuG, Urteil vom 26.01.2005, Rs. T-193/02, Rn. 111 *„Piau"*.

659 Siehe dazu die Erörterungen zur ersten und zweiten Fallgruppe, Teil 5.A.I.1. und II.1.

duktmarkt als Missbrauch seiner Marktmacht qualifiziert würde, scheidet ebenfalls aus. Anders als Art. 101 Abs. 1 AEUV verlangt Art. 102 AEUV einen unmittelbaren Marktbezug, das heißt die missbräuchliche Ausnutzung einer marktbeherrschenden Stellung muss sich gerade auf den beherrschten Markt beziehen.

c) Diskussion möglicher Lösungsansätze de lege ferenda

Wie soeben festgestellt, besteht *de lege lata* keine Möglichkeit, das Verhalten des Preisberaters angemessen zu erfassen. Insoweit stellt sich die Frage nach einer geeigneten Lösung *de lege ferenda*.

Einen möglichen Ansatzpunkt stellt eine berufsrechtliche Regulierung der Beratertätigkeit dar, um derartiges Beraterverhalten – und damit den herbeigeführten Koordinierungserfolg bereits *ex ante* – zu vermeiden. Demgegenüber ist als *ex post* eingreifende Lösung eine Reform des kartellrechtlichen Haftungssystems unter Einführung der Figur der mittelbaren Kartelltäterschaft in Betracht zu ziehen.

aa) Möglichkeit einer berufsrechtlichen Regulierung der Beratertätigkeit

Zunächst soll untersucht werden, ob eine einfach-gesetzliche berufsrechtliche Regelung, die die hier in Frage stehende, koordinierungsfördernde Beratertätigkeit schon *ex ante* verhindern würde, eine geeignete Lösung darstellen kann.

Dabei soll in einem ersten Schritt das bisher existierende Regelwerk für die Tätigkeit des Unternehmensberaters ausgewertet werden. In einem zweiten Schritt soll sodann erörtert werden, inwieweit, angelehnt an das für Rechtsanwälte geltende Berufsrecht, für Unternehmensberater eine berufsrechtliche Regelung geschaffen werden sollte, die eine parallele Beratung mehrerer, miteinander in Wettbewerb stehender Mandanten verbietet.

(1) Bereits existierende „berufsrechtliche" Regelungen der Tätigkeit von Unternehmensberatern

Die Tätigkeit von Unternehmensberatern ist bislang nicht gesetzlich reguliert und auch die Bezeichnung als „Unternehmensberater" ist nicht gesetzlich geschützt.[660] Die existierenden Berufsregeln sind allein privatrechtlicher Natur, gesetzt durch den bereits eingangs erwähnten BDU e.V.[661] Zwar enthält der Verhaltenskodex des BDU e.V. grundlegende Prinzipien, wie das Verbot der Ausführung rechtswidriger oder unlauterer Aufträge oder das Verbot der Annahme von Aufträgen mehrerer Mandanten, deren Interessen sich widersprechen, sowie das Gebot der Verschwiegenheit, jedoch entspricht dieses Regelwerk aufgrund seines privatrechtlichen Rahmens nicht annähernd einem formalgesetzlichen Berufsrecht. Nennenswerte Konsequenzen muss ein Berater im Fall eines Verstoßes kaum befürchten.[662]

Unabhängig von der Rechtsnatur des Verhaltenskodex ist angesichts der beschriebenen Rechtslage in der vorliegend diskutierten Fallkonstellation fraglich, ob überhaupt ein Verstoß gegen den bestehenden Verhaltenskodex vorliegt.

Führt ein Berater autonom und ohne das Wissen seiner Mandanten einen Koordinierungserfolg zwischen ebendiesen herbei, so ließe sich – bei streng formalem Verständnis der Verschwiegenheitspflicht gemäß § 3 des BDU-Verhaltenskodex – kein Verstoß gegen diese feststellen. Der Berater gibt zwischen den Mandanten gerade keine Informationen weiter. Dennoch tritt im Ergebnis ein Erfolg ein, der ebenfalls eingetreten wäre, wenn der Berater die Informationen direkt zwischen den Mandanten übermittelt hätte und diese die Informationen verwendet hätten.

Bei einem entsprechend formalen Verständnis ließe sich ferner argumentieren, dass gerade kein Verstoß gegen das Verbot der Übernahme von Aufträgen, die die Vornahme rechtswidriger Handlungen erfordern, vorliegt (vgl. § 2 Abs. 2 des BDU-Verhaltenskodex). Mit dieser Regelung knüpft der privatrechtliche Verhaltenskodex gerade an die geltende Rechtslage an, die hier jedoch zu dem beschriebenen Ergebnis gelangt, dass die Mandanten nicht gegen das Kartellverbot verstoßen und das Verhalten des Beraters – aufgrund der Akzessorietät der Kartellteilnahme – seinerseits nicht gegen das Kartellverbot verstößt. Zwar steht das Verhalten des Beraters im Widerspruch zu den Wertungen des Kartellverbots, jedoch erfüllt es gerade nicht den Tatbestand des Art. 101 Abs. 1 AEUV. Folglich

660 Vgl. https://www.bdu.de/der-bdu/unsere-branche/berufsfeld-berater/ (letzter Aufruf: 13.03.2019).

661 Siehe dazu bereits oben Teil 1.D.

662 Zu den internen Sanktionsmöglichkeiten sowie zu der geringen disziplinierenden bzw. abschreckenden Wirkung der bisherigen Rechtslage in Bezug auf unternehmensberatende Tätigkeiten siehe bereits oben Teil 1.D.

erfordert ein Auftrag in der hier diskutierten dritten Fallgruppe *de lege lata* gerade keine Vornahme rechtswidriger Verhaltensweisen.

§ 4 des BDU-Verhaltenskodex statuiert das Verbot der Annahme von Aufträgen, bei denen ein Interessenkonflikt zwischen mehreren Mandaten besteht. Zwar ließe sich in der hier diskutierten dritten Fallgruppe grundsätzlich auf den ersten Blick ein Interessenkonflikt zwischen den Mandanten annehmen, jedoch schafft es der Preisberater durch die Aussprache koordinierter Preisempfehlungen gerade, allen Mandanten gleichermaßen gerecht zu werden. Im Ergebnis profitieren alle Mandanten von einer koordinierten Preissetzungen und das sogar – in Anbetracht ihrer fehlenden Kenntnis der Umstände – ohne einem kartellrechtlichen Haftungsrisiko ausgesetzt zu sein. Ziel der Preisberatung ist gerade die Maximierung des Gewinns, nicht des Marktanteils.[663] Somit ließe sich argumentieren, dass der hier beschriebene Fall gerade kein Fall eines Interessenkonflikts im Sinne des § 4 des BDU-Verhaltenskodex ist.[664]

Unter anderem aufgrund der Anknüpfung des Verhaltenskodex an die bestehende Rechtslage läge folglich bei einer formalen Anwendung der dortigen Regelungen in der vorliegenden Fallkonstellation nicht einmal ein Verstoß des Beraters gegen den BDU-Verhaltenskodex vor.

Das bisher geltende Regelwerk für die Tätigkeit von Unternehmensberatern ist mithin nicht geeignet, das in der dritten Fallgruppe der Preisberatung diskutierte Verhalten – also die autonome Herbeiführung eines Koordinierungserfolgs durch den Berater ohne das Wissen seiner Mandanten – *ex ante* zu verhindern.

(2) Lösung über eine berufsrechtliche Regelung der Beratertätigkeit de lege ferenda?

Würde man das hier beschriebene Beraterverhalten *de lege ferenda* auf nationaler Ebene durch eine einfachgesetzliche Regelung verbieten und Sanktionen, beispielsweise Bußgelder oder als *ultima ratio* ein Berufsverbot, für den Fall der Zuwiderhandlung regeln, so könnte man den aus die-

663 *Simon*, Preisheiten, S. 34, 51.

664 Ohnehin steht das Verbot des § 4 des BDU-Verhaltenskodex unter einem Einverständnisvorbehalt. Sind die Auftraggeber mit der parallelen Beratung einverstanden – so wie etwa in der bereits oben diskutierten ersten Fallgruppe der Preisberatung – so scheidet ein Verstoß von vornherein aus.

sem Beraterverhalten resultierenden Koordinierungserfolg zwischen den Mandanten bereits *ex ante* effektiv vermeiden.

(a) Einschlägige Regelungen im anwaltlichen Berufsrecht

So könnte insbesondere das für Rechtsanwälte geltende Berufsrecht als Vorbild dienen. Für Rechtsanwälte finden sich die soeben in Bezug auf Unternehmensberater beschriebenen Verhaltenspflichten in § 43a BRAO i.V.m. § 2 und § 3 BORA. Die gesetzliche Regelung des § 43a BRAO wird dabei durch die BORA – die Berufsordnung der Rechtsanwälte – teilweise inhaltlich wiederholt, teilweise konkretisiert und ergänzt.[665]

Unter anderem folgt etwa das Verbot der Vertretung widerstreitender Interessen aus § 43a BRAO i.V.m. § 3 BORA. Der Tatbestand ist erfüllt, wenn ein Rechtsanwalt bei (Teil-)Identität der Rechtssachen die widerstreitenden Interessen mehrerer Mandanten wahrnimmt.[666] Maßgeblich sind bloß rechtliche, nicht rein wirtschaftliche Interessen der Mandanten, wobei umstritten ist, ob das objektive oder subjektive Interesse des Mandanten entscheidend sein soll.[667] In § 3 Abs. 3 BORA heißt es außerdem: „Der Rechtsanwalt hat schon den Anschein der Vertretung widerstreitender Interessen zu vermeiden."

Für eine Relevanz anwaltlichen Berufsrechts als mögliches Vorbild für das Berufsrecht der Unternehmensberater spricht nicht zuletzt, dass beide Berufsgruppen gleichermaßen im Rahmen einer Koordinierung zwischen Mandanten aktiv werden können. Wie *„VM Remonts"* verdeutlicht, können sowohl Preisberater (und sonstige Unternehmensberater) als auch Rechtsberater durch gezielte Beratung eine Preiskoordinierung zwischen ihren Mandanten bewirken.

Teilweise wird die Vertretung mehrerer Bieter in einem Vergabeverfahren durch denselben Rechtsanwalt unter Verweis auf den bloß wirtschaftlichen Interessengegensatz für zulässig gehalten.[668] In der Auslegung des § 43a BRAO liegt der Fokus typischerweise auf einem Widerspruch der rechtlichen Interessen der Mandanten. Die wirtschaftlichen Interessen sei-

---

665 Zum Verhältnis der beiden Regelwerke siehe *Zuck*, in: Gaier/Wolf/Göcken, § 43a BRAO Rn. 44.

666 Vgl. zu den Einzelheiten *Zuck*, in: Gaier/Wolf/Göcken, § 43a BRAO/ § 3 BORA Rn. 5 ff.

667 Vgl. *Henssler*, in: Henssler/Prütting, § 43a BRAO Rn. 172 ff.

668 *Zuck*, in: Gaier/Wolf/Göcken, § 43a BRAO/ § 3 BORA Rn. 10.

en nur insoweit relevant, als diese mit rechtlichen Interessen verbunden sind.[669] Probleme wirft dies insbesondere dann auf, wenn die rechtlichen Interessen der Mandanten zwar gleichgerichtet sind, jedoch von gegenläufigen wirtschaftlichen Interessen begleitet werden.[670] Andere wollen die wirtschaftlichen Interessen aufgrund ihrer häufig untrennbaren Verknüpfung mit den rechtlichen Interessen im Rahmen des § 43a BRAO i.V.m. § 3 BORA stärker in der Auslegung der Norm berücksichtigen und nehmen auch in diesem Fall einen tatbestandsmäßigen Interessenkonflikt an. Dieser Auffassung zufolge ist es einem Rechtsanwalt untersagt, mehrere Bieter eines Ausschreibungsverfahrens parallel zu vertreten.[671]

Tatsächlich tritt in dem „*VM Remonts*" zugrunde liegenden Sachverhalt nicht zwingend ein Interessengegensatz der Mandanten ein. Zum einen erfüllt der Rechtsanwalt durch die (heimliche) Koordinierung gerade die wirtschaftlichen Interessen seiner Mandanten, indem er ein für alle Mandanten positives Koordinierungsergebnis herbeiführt. Sieht man das objektivierte rechtliche Interesse der Mandanten in der Sache „*VM Remonts*" in der Erstellung eines rechtmäßigen Angebots, so ist auch dieses Interesse bezüglich aller Mandanten gewahrt. Aus kartellrechtlicher Sicht liegt auf Ebene der Mandanten gerade aufgrund ihrer fehlenden Kenntnis der Umstände kein Verstoß gegen Art. 101 Abs. 1 AEUV vor. Unterstellt man ferner die Einhaltung vergaberechtlicher Vorschriften für die Erstellung von Angeboten, so hat der Rechtsanwalt zwar ein koordiniertes, jedoch rechtmäßiges Angebot erstellt. Der Rechtsanwalt hat es im Ergebnis somit gerade geschafft, unter Ausnutzung einer Rechtslücke die rechtlichen und wirtschaftlichen Interessen mehrerer Mandanten gleichermaßen zu vertreten und allen Mandanten gerecht zu werden. Zwar widerspricht sein Verhalten damit den Wertungen des Kartellverbots, jedoch liegt – wie bereits erörtert – *de lege lata* kein tatbestandsmäßiger Kartellverstoß vor.[672]

Ob das beschriebene Verhalten einen Verstoß des Rechtsanwalts gegen § 43a BRAO i.V.m. § 3 BORA darstellt, kann vorliegend letztlich offen bleiben. Zum einen könnte zur Lösung der vorliegenden Konfliktlage *de lege ferenda* eine Norm losgelöst von dem Verbot der Wahrnehmung widerstreitender Interessen geschaffen werden. Zum anderen ist bereits

---

669 *Zuck*, in: Gaier/Wolf/Göcken, § 43a BRAO Rn. 7.

670 Vgl. *Henssler*, in: Henssler/Prütting, § 43a BRAO Rn. 170.

671 *Henssler*, in: Henssler/Prütting, § 43a BRAO Rn. 170, 182.

672 Siehe dazu bereits oben Teil 5.A.III.1. Bereits aus diesem Grund scheidet auch eine Strafbarkeit gem. § 298 StGB aus, der kartellrechtsakzessorisch ausgestaltet aus, vgl. *Hohmann*, in: MünchKomm-StGB § 298 Rn. 70 ff.

grundsätzlich fraglich, ob das anwaltliche Berufsrecht überhaupt als Vorbild für ein Berufsrecht der Unternehmensberater dienen kann oder ob Rechtsanwälten vielmehr eine Sonderstellung zukommt.

(b) Stellungnahme

Im Vergleich zu Unternehmensberatern im Allgemeinen – und zu Preisberatern im Besonderen – kommt Rechtsanwälten ein besonderer Status zu, der eine Vorbildfunktion des anwaltlichen Berufsrechts grundsätzlich ausschließt. Die in § 43a BRAO i.V.m. der BORA statuierten Verhaltenspflichten bezwecken zum einen den Schutz des Vertrauensverhältnisses zu den Mandanten.[673] Diese Zwecksetzung ließe sich tatsächlich noch auf die Berufsgruppe der Unternehmensberater übertragen. Allerdings beruht § 43a BRAO darüber hinaus maßgeblich auf der Zielsetzung, die Funktionsfähigkeit der Rechtspflege zu wahren.[674] Aus § 1 BRAO folgt ferner der besondere Status des Rechtsanwalts als „unabhängiges Organ der Rechtspflege". Aufgrund dieser besonderen Stellung werden die Verhaltenspflichten des § 43a BRAO – teilweise auch als „core values" bezeichnet – als Alleinstellungsmerkmale des Rechtsanwalts gegenüber anderen Dienstleistern eingeordnet.[675] Dies spricht bereits für sich genommen gegen eine Übertragung anwaltlichen Berufsrechts auf sonstige beratende Berufe, wie etwa Unternehmensberater oder in diesem Fall Preisberater.

Gegen den hier diskutierten berufsrechtlichen Lösungsansatz spricht ferner, dass sich kein allgemeines Regulierungsbedürfnis der Berufsgruppe der Unternehmensberater ausmachen lässt. Vielmehr bezieht sich der hier erörterte Ansatz nur punktuell auf die Lösung eines konkreten kartellrechtlichen Problems. Anstelle einer marktspezifischen Regulierung sollte dann jedoch eine Lösung im Kartellrecht gesucht werden.

673 *Henssler*, in: Henssler/Prütting, § 43a BRAO Rn. 1; *Zuck*, in: Gaier/Wolf/Göcken, § 43a BRAO/ § 3 BORA Rn. 4.
674 *Henssler*, in: Henssler/Prütting, § 43a BRAO Rn. 1; *Zuck*, in: Gaier/Wolf/Göcken, § 43a BRAO/ § 3 BORA Rn. 4.
675 *Henssler*, in: Henssler/Prütting, § 43a BRAO Rn. 1.

bb) Reform des kartellrechtlichen Haftungssystems unter Einführung einer mittelbaren Kartelltäterschaft

Wie bereits festgestellt, lässt sich die mittelbare Kartelltäterschaft *de lege lata* nicht aus Art. 101 Abs. 1 AEUV ableiten. Zwar sprechen der Telos des Kartellverbots sowie der *effet utile* im Rahmen der Auslegung für eine mittelbare Kartelltäterschaft, jedoch würde eine solche Auslegung die Wortlautgrenze überschreiten. Die daraus resultierende Haftungslücke ließe sich jedoch durch eine Reformierung des unionskartellrechtlichen Haftungssystems schließen.[676]

(1) Keine richterliche Rechtsfortbildung

Eine Einführung der mittelbaren Kartelltäterschaft im Wege der richterlichen Rechtsfortbildung scheidet – anders als noch die Etablierung der Kartellgehilfenhaftung – aus. Gemäß Art. 19 Abs. 1 UAbs. 1 EUV besteht die Aufgabe des EuGH in der „Wahrung des Rechts bei der Auslegung und Anwendung der Verträge“. Diese Aufgabe des EuGH umfasst auch den Auftrag, geltendes Recht zu konkretisieren und fortzubilden, wobei die Grenze in der Schaffung neuen Rechts und neuer Zuständigkeiten liegt.[677] In der Auslegung durch den EuGH nimmt die teleologische, am *effet utile* orientierte Auslegung eine bedeutende Stellung ein, die dem EuGH insbesondere eine „schöpferische Rechtsfortbildung durch Lückenfüllung“ ermöglicht.[678] Dabei begegnet die typischerweise sehr weitgehende richterliche Rechtsfortbildung gerade im Kartellrecht jedoch erheblichen rechtsstaatlichen Bedenken in Hinblick auf das Gesetzmäßigkeitsprinzip des Art. 49 der EU-Grundrechtecharta.[679]

---

676 Vgl. Monopolkommission, XXII. Hauptgutachten 2018, Rn. 269 ff., 273. Zum Vorschlag für eine Normierung der Kartellgehilfenhaftung siehe bereits *Otto*, S. 384 ff.

677 *Mayer*, in: Grabitz/Hilf/Nettesheim, Art. 19 EUV Rn. 30.

678 *Kaufmann*, in: EU-WirtschaftsR-HdB, P.II. Rn. 62 ff. Zu den Auslegungsmethoden des EuGH siehe *Gaitanides*, in: Von der Groeben/Schwarze/Hatje, Art. 19 EUV Rn. 42 ff. Zur langen Tradition richterlicher Rechtsfortbildung auch in den nationalen Rechtsordnungen der Mitgliedstaaten siehe *Huber*, in: Streinz, Art. 19 EUV Rn. 13 ff., insbesondere Rn. 16; *Schwarze/Wunderlich*, in: Schwarze/Becker/Hatje/Schoo, Art. 19 EUV Rn. 15 f.

679 Ausführlich zu den rechtsstaatlichen Bedenken gegen eine ohne ausdrückliche gesetzliche Grundlage angenommene Haftung von Kartellgehilfen bereits *Otto*, S. 68 ff., 223 ff.

Den Weg der richterlichen Rechtsfortbildung beschritten zuletzt auch das EuG und der EuGH, indem sie über eine weite Auslegung des Art. 101 Abs. 1 AEUV zu einer Haftung Dritter für kartellfördernde Verhaltensweisen gelangten.[680] Wie bereits erläutert, ist die Kartellgehilfenhaftung jedoch noch vom Wortlaut des Art. 101 Abs. 1 AEUV gedeckt.[681] Demgegenüber ist dies in dem hier diskutierten Fall der mittelbaren Kartelltäterschaft mangels Vorliegens einer tatbestandlichen Maßnahme nicht mehr der Fall. Mit Blick auf das Gesetzmäßigkeitsprinzip des Art. 49 EU-Grundrechtecharta stellt die Wortlautgrenze hier ein Hindernis dar, das einer Etablierung der mittelbaren Kartelltäterschaft im Wege richterlicher Rechtsfortbildung im Wege steht.[682]

(2) Notwendigkeit einer gesetzlichen Regelung

Vielmehr bedarf die Einführung einer mittelbaren Kartelltäterschaft einer gesetzlichen Regelung. Dies sollte zum Anlass genommen werden, das unionskartellrechtliche Haftungssystem insgesamt zu überarbeiten.[683] Dabei sollte neben einer mittelbaren Täterschaft sodann auch die bisher allein auf Richterrecht beruhende Kartellgehilfenhaftung kodifiziert werden.[684]

In Bezug auf die Normierung einer mittelbaren Täterschaft können nationale Regelungen – etwa § 25 Abs. 1 Alt. 2 StGB – als Vorbild dienen.[685] Entscheidend ist dabei, dass der Dritte in einer Weise auf das Verhalten des Vordermanns einwirkt, dass der Vordermann aufgrund eines Defizits den Tatbestand des Art. 101 Abs. 1 AEUV nicht selbst verwirklicht. Dabei muss sich der Dritte in subjektiver Hinsicht sowohl der koordinierungsrelevanten Verhaltensweise des Vordermannes als auch seiner eigenen Kontrolle über den Vordermann bewusst sein.[686]

---

680 Vgl. EuGH, Urteil vom 22.10.2015, Rs. C-194/14 P, Rn. 27 ff. *„AC Treuhand"*. Dazu bereits oben Teil 4.C.III. und IV.

681 Dazu bereits Teil 5.A.III.2.b)bb)(2)(b)(cc).

682 Dazu bereits Teil 5.A.III.2.b)bb)(2)(b)(dd).

683 Monopolkommission, XXII. Hauptgutachten 2018, Rn. 269 ff., insbesondere Rn. 272 f.

684 Siehe bereits den diesbezüglichen Regelungsvorschlag von *Otto*, S. 384 ff., 392 ff.

685 Zur mittelbaren Täterschaft in anderen europäischen Rechtsordnungen siehe *Weisser*, S. 149 ff.

686 Zu den Voraussetzungen einer mittelbaren Täterschaft gem. § 25 Abs. 1 Alt. 2 StGB siehe *Joecks*, in: MünchKomm-StGB, § 25 Rn. 84 ff.

Wie aufgezeigt, ist die mittelbare Kartelltäterschaft bereits *de lege lata* mit den dogmatischen Grundpfeilern des Kartellverbots – insbesondere in Hinblick auf die Normadressatenstellung sowie das Selbständigkeitspostulat – vereinbar.[687]

So erscheint eine Ausweitung der Normadressatenstellung nicht erforderlich. Dritte, die als mittelbare Kartelltäter in Betracht kommen, werden typischerweise in wirtschaftlicher bzw. unternehmerischer Form handeln und damit bereits nach geltendem Recht als Normadressaten des Art. 101 Abs. 1 AEUV (bzw. § 1 GWB) zu qualifizieren sein.[688]

Ansatzpunkt einer Reform sollte daher die tatbestandlich umschriebene Maßnahme sein. Insoweit ist die mittelbare Tatbegehung als vierte tatbestandsmäßige Maßnahme in den Wortlaut des Kartellverbots (Art. 101 Abs. 1 AEUV bzw. § 1 GWB) aufzunehmen.

Demgegenüber würde gerade in Bezug auf die mittelbare Kartelltäterschaft eine bloße Änderung von Art. 23 Abs. 2 VO 1/2003, der die Bußgeldverantwortlichkeit regelt, nicht genügen, da Art. 23 Abs. 2 VO 1/2003 an einen materiellen Verbotstatbestand anknüpft, dessen Existenz also voraussetzt.[689] Eine unmittelbar auf Art. 101 Abs. 1 AEUV gestützte Kartellgehilfenhaftung kann folglich bereits *de lege lata* aufgrund von Art. 23 Abs. 2 VO 1/2003 bebußt werden.[690] Mangels eines *de lege lata* bestehenden Verbotstatbestands für eine mittelbare Tatbegehung ist dies im Fall der mittelbaren Kartelltäterschaft nicht möglich.

In rechtspolitischer Hinsicht ist eine derartige Reform des Haftungssystems unter Einführung der Figur der mittelbaren Kartelltäterschaft geboten, um die festgestellte Haftungslücke zu schließen, dadurch Umgehungsmöglichkeiten zu unterbinden und Dritte hinreichend vom Angebot kartellfördernder Dienstleistungen abzuschrecken. Zwar wurde die Haftung beratener und beratender Unternehmen in jüngerer Vergangenheit durch die Entscheidungen „*AC Treuhand*" und „*VM Remonts*" bereits maßgeblich verschärft,[691] jedoch bestehen – wie an der hier erörterten Fallkonstellation deutlich wird – weiterhin Möglichkeiten beratener Unternehmen, sich hinter dem beauftragten Dienstleister zu verstecken.[692]

---

687 Dazu bereits oben Teil 5.A.III.2.b)bb)(2)(b).

688 So auch *Otto*, S. 392.

689 Vgl. auch *Schwartz*, S. 225; *Schwarzkopf*, S. 196; a.A. scheinbar *Doetsch*, S. 158 f., dessen Reformvorschlag an der VO 1/2003 ansetzt.

690 Zu Anwendungsbeispielen aus der Praxis sogleich.

691 Dazu bereits oben Teil 4.D.

692 Dies zu verhindern, war gerade die Intention des GA Wathelet in „*VM Remonts*", vgl. Schlussanträge des GA Wathelet, 3.12.2015, C-542/14, Rn. 61 „*VM*

Ein solcher Fall des „Versteckens“ kann etwa auch dann entstehen, wenn – wie in der anwaltlichen Praxis teilweise vorgeschlagen wurde – vertragliche Gestaltungen im Verhältnis zwischen dem Dritten und dem Mandanten gewählt wurden, die eine Haftung des Mandanten nach den in „*VM Remonts*“ aufgestellten Grundsätzen gezielt verhindern sollen.[693] Derartige Vertragsklauseln mögen je nach Ausgestaltung im konkreten Fall geeignet sein, ein Kennenmüssen des (sich tatsächlich rechtstreu verhaltenden) Mandanten und damit eine Zurechnung kartellrechtswidrigen Verhaltens des Dritten im Sinne von „*VM Remonts*“ auszuschließen. Sie könnten jedoch von den Beteiligten auch bewusst zum Schein eingesetzt werden und den Nachweis einer tatsächlich verdeckten Kartellierung erschweren. Sollte etwa eine Kartellierung der Mandanten nicht nachweisbar sein, eine Zurechnung nach „*VM Remonts*“ mangels nachweisbarer Kenntnis oder Kennenmüssen der Mandanten ebenfalls ausscheiden, so würde der Dritte auch in einer solchen Situation aufgrund der Akzessorietät der Kartellgehilfenhaftung nicht haften. Die an dieser Stelle beschriebene Situation stellt in *materiell-rechtlicher* Hinsicht an sich keinen Fall der mittelbaren Kartelltäterschaft dar: die Mandanten würden materiell-rechtlich nach Art. 101 Abs. 1 AEUV haften, der Berater folglich aus den Grundsätzen nach „*AC Treuhand*“. Nach der *Beweislage* ist den Mandanten der Verstoß gegen Art. 101 Abs. 1 AEUV jedoch – etwa aufgrund der vertraglichen Regelungen, die eine Haftung der Mandanten nach „*VM Remonts*“ sicher ausschließen sollten – nicht nachweisbar. In einem solchen Fall würde die Beweislage sodann vielmehr eine mittelbare Kartelltäterschaft des Dritten nahelegen.

Eine von der Haftung der beratenen Unternehmen losgelöste, d.h. nicht akzessorische Kartellgehilfenhaftung – hier vorgeschlagen in Gestalt der mittelbaren Kartelltäterschaft – würde an dieser Stelle einen wichtigen Abschreckungsfaktor darstellen, der sich direkt an den Dritten als selbständigen Beteiligten von „hub and spoke“-Kartellen richtet.

Remonts“; siehe dazu außerdem *Brömmelmeyer*, WuW 2017, 174, 179; *Talbot*, Commercial Law Practitioner 2016, 233, 235.

693 Siehe dazu *Berg*, EuZW 2016, 737, 740; *Schaper*, jurisPR-Compl 4/2016 Anm. 1; *Talbot*, Commercial Law Practitioner 2016, 233, 235. Angedacht wurden insbesondere Exklusivitätsbindungen, jedoch erfolgten keine präzisierten Formulierungsvorschläge. Die Autoren hatten ersichtlich nur die rechtstreu handelnden und um Compliance bemühten Mandanten und Berater im Sinn.

(3) Notwendigkeit einer Anpassung der Bußgeldleitlinien

Im Zuge einer Reform des europäischen Kartellhaftungssystems unter Einführung einer mittelbaren Kartelltäterschaft wird schließlich auch eine Anpassung der Bußgeldleitlinien der Kommission im Hinblick auf die Bebußung Dritter notwendig, die selbst nicht auf dem kartellierten Markt tätig sind. Die Bemessung von gegen Dritte gerichteten Bußgeldern bereitete in der Vergangenheit bereits im Kontext der Bebußung von Kartellgehilfen Schwierigkeiten.[694]

(a) Grundlagen der Bußgeldbemessung

Art. 23 Abs. 2 lit. a) VO 1/2003 ermächtigt die Kommission zur Verhängung von Bußgeldern gegen Unternehmen und Unternehmensvereinigungen wegen eines vorsätzlichen oder fahrlässigen Verstoßes gegen Art. 101 AEUV oder Art. 102 AEUV. Aus Art. 23 Abs. 2 UAbs. 2 VO 1/2003 folgt, dass die Geldbuße maximal 10 % des Gesamtumsatzes des jeweiligen Unternehmens aus dem vorausgegangenen Geschäftsjahr betragen darf. In der Bußgeldbemessung sind ferner die Schwere und Dauer der Zuwiderhandlung zu berücksichtigen, vgl. Art. 23 Abs. 3 VO 1/2003. Das genaue Verfahren sowie die von der Kommission in der Bußgeldzumessung herangezogenen Faktoren sind in den Bußgeldleitlinien dargelegt.[695] Damit haben die Leitlinien eine ermessenskonkretisierende Wirkung und führen zu einer Selbstbindung der Kommission.[696] Der EuGH betonte zuletzt die be-

---

694 Vgl. EuGH, Urteil vom 10.7.2019, Rs. C-39/18 P Rn. 27 *„ICAP"*; EuG, Urteil vom 10.11.2017, Rs. T-180/15, Rn. 281 ff. *„ICAP"*; KOMM. 11.11.2009, K(2009), 8682final Rn. 746 *„Wärmestabilisatoren"*; vgl. auch *Bremer*, S. 104 ff.; *Dannecker/Müller*, KSzW 2015, 281, 297; *Koch*, ZWeR 2009, 370, 385 f.; *Schwartz*, S. 262 ff.; *Schwarzkopf*, S. 214 ff.; *Weitbrecht/Baudenbacher*, EuR 2010, 230, 238 f.; siehe auch *Otto*, S. 348, der unter anderem auch aufgrund dieses Umstands zu dem Ergebnis gelangt, dass Dritte, die selbst nicht auf dem kartellierten Markt tätig sind, nicht als Kartelltäter haften sollen.

695 KOMM., Leitlinien für das Verfahren zur Festsetzung von Geldbußen gemäß Artikel 23 Absatz 2 Buchstabe a) der Verordnung (EG) Nr. 1/2003, ABl. 2006/C 210/02.

696 EuGH, Urteil vom 10.7.2019, Rs. C-39/18 P Rn. 29 ff. *„ICAP"*; EuG, Urteil vom 6.2.2014, Rs. T-27/10 *„AC Treuhand II"*; *Biermann*, in: Immenga/Mestmäcker, Art. 23 VO 1/2003, Rn. 148 f.; *Engelsing/Schneider*, in: MünchKomm-WettbR, Art. 23 VO 1/2003, Rn. 116 ff.; *Nowak*, in: Loewenheim et al., Art. 23 VerfVO, Rn. 29; *Otto*, S. 348 ff., 351.

sondere Bedeutung der Bußgeldleitlinien im Hinblick auf die Wahrung von Transparenz und Gleichbehandlung.[697] Ein Verstoß gegen die Leitlinien stellt somit einen Ermessensfehler dar.[698]

Ausgehend von den Leitlinien liegt der Bußgeldbemessung ein dreistufiger Prozess zugrunde.[699] Zunächst wird ein Grundbetrag festgesetzt, der sich „nach dem Wert der verkauften Waren oder Dienstleistungen“[700] richtet, „[...] die mit dem Verstoß in einem unmittelbaren oder mittelbaren Zusammenhang stehen.“[701] Dabei zieht die Kommission typischerweise die auf dem kartellierten Markt erzielten Umsätze der Unternehmen heran.[702] Als Grundbetrag können bis zu 30 % des ermittelten Umsatzes festgesetzt werden.[703] Der so ermittelte Grundbetrag wird in einem zweiten Schritt, abhängig von dem Vorliegen erschwerender oder mildernder Umstände, angepasst.[704] Zuletzt findet die rechtliche Obergrenze des Art. 23 Abs. 2 VO 1/2003 Anwendung, wonach das Bußgeld maximal 10 % des im vorausgegangenen Geschäftsjahr erzielten Gesamtumsatzes betragen darf.[705]

---

697 EuGH, Urteil vom 10.7.2019, Rs. C-39/18 P Rn. 25, 29 *„ICAP“*.

698 *Schwarzkopf*, S. 214 f.

699 KOMM., Leitlinien für das Verfahren zur Festsetzung von Geldbußen gemäß Artikel 23 Absatz 2 Buchstabe a) der Verordnung (EG) Nr. 1/2003, ABl. 2006/C 210/02, Rn. 9 ff.; vgl. auch *Nowak*, in: Loewenheim et al., Art. 23 VerfVO Rn. 36.

700 KOMM., Leitlinien für das Verfahren zur Festsetzung von Geldbußen gemäß Artikel 23 Absatz 2 Buchstabe a) der Verordnung (EG) Nr. 1/2003, ABl. 2006/C 210/02, Rn. 12.

701 KOMM., Leitlinien für das Verfahren zur Festsetzung von Geldbußen gemäß Artikel 23 Absatz 2 Buchstabe a) der Verordnung (EG) Nr. 1/2003, ABl. 2006/C 210/02, Rn. 13.

702 KOMM., Leitlinien für das Verfahren zur Festsetzung von Geldbußen gemäß Artikel 23 Absatz 2 Buchstabe a) der Verordnung (EG) Nr. 1/2003, ABl. 2006/C 210/02, Rn. 13.

703 KOMM., Leitlinien für das Verfahren zur Festsetzung von Geldbußen gemäß Artikel 23 Absatz 2 Buchstabe a) der Verordnung (EG) Nr. 1/2003, ABl. 2006/C 210/02, Rn. 21.

704 KOMM., Leitlinien für das Verfahren zur Festsetzung von Geldbußen gemäß Artikel 23 Absatz 2 Buchstabe a) der Verordnung (EG) Nr. 1/2003, ABl. 2006/C 210/02, Rn. 9 ff.

705 Vgl. auch KOMM., Leitlinien für das Verfahren zur Festsetzung von Geldbußen gemäß Artikel 23 Absatz 2 Buchstabe a) der Verordnung (EG) Nr. 1/2003, ABl. 2006/C 210/02, Rn. 32.

(b) Anwendung auf Dritte am Beispiel des Preisberaters

Angewendet auf den Fall des Preisberaters könnte man die relevante Dienstleistung in der Durchführung der Preisberatungsleistung sehen, die auch in einem jedenfalls mittelbaren Zusammenhang mit dem Verstoß im Sinne von Ziffer 13 der Bußgeldleitlinien steht. Insoweit müsste man für die Ermittlung des Grundbetrags auf die für die Preisberatung erlangte Vergütung des Preisberaters abstellen. Zur Ermittlung des Grundbetrags wird jedoch bloß ein Anteil dieses Umsatzes herangezogen.[706] Die Zumessung ist dabei abhängig von den Umständen, insbesondere von der Schwere des Verstoßes, und beläuft sich auf maximal 30 % des festgestellten Umsatzes.[707] Würde man das Bußgeld des Preisberaters auf diese Weise berechnen, so lässt sich, selbst bei Ausschöpfung des maximalen Bußgeldrahmens von 30 %, kaum ein der Schwere des Verstoßes angemessenes Bußgeld gegen den Preisberater verhängen.[708] Eine abschreckende Wirkung entfällt schließlich vollends, wenn man – wie teilweise in der Literatur vorgeschlagen – auf den sich auf Null belaufenden Umsatz des Dritten auf dem kartellierten Markt abstellt.[709]

(c) Bisherige Vorgehensweise in der Praxis

(aa) Keine oder nur symbolische Geldbußen

Als sich die Kommission in den 1980er Jahren erstmals mit einer Kartellbeteiligung Dritter befasste, beschränkte sie sich darauf, die Mitverantwortlichkeit des Dritten festzustellen,[710] sah jedoch von der Verhängung eines Bußgeldes ab.[711] In der Sache *„Organische Peroxide (AC Treuhand I)"*

---

706 KOMM., Leitlinien für das Verfahren zur Festsetzung von Geldbußen gemäß Artikel 23 Absatz 2 Buchstabe a) der Verordnung (EG) Nr. 1/2003, ABl. 2006/C 210/02, Rn. 19 ff.

707 KOMM., Leitlinien für das Verfahren zur Festsetzung von Geldbußen gemäß Artikel 23 Absatz 2 Buchstabe a) der Verordnung (EG) Nr. 1/2003, ABl. 2006/C 210/02, Rn. 19 ff., 21.

708 Ähnlich *Howe/Lawrence/Whiteford*, GCLR 2009, 83, 89 f.; *Schwartz*, S. 263 f.

709 Vgl. *Jüchser*, S. 203; *Otto*, S. 349; *Schwartz*, S. 263; siehe auch *Howe/Lawrence/Whiteford*, GCLR 2009, 83, 89 f.

710 KOMM. 17.12.1980, IV/29.869, ABl. 1980, L 383, S. 26 *„Gußglas in Italien"*.

711 KOMM. 17.10.1983, IV/30.064, ABl. 1983, L 317, S. 1 ff. *„Gußeisen und Gußstahlwalzen"*; KOMM. 23.4.1986, IV/31.149, ABl. 1986, L 230, S. 1 *„Polypropylen"*; KOMM. 21.12.1988, IV/31.866, ABl. 1989, L 74, S. 21 ff. *„LDPE"*; KOMM.

verhängte die Kommission erstmals ein symbolisches Bußgeld in Höhe von 1.000 € gegen den Dritten.[712]

(bb) Abweichung von den Bußgeldleitlinien gemäß Randnummer 37 der Bußgeldleitlinien

Demgegenüber setzte die Kommission in „*Wärmestabilisatoren (AC Treuhand II)*" ein Bußgeld in Höhe von insgesamt 348.000 € gegen die AC Treuhand AG fest.[713] In der Begründung der Bußgeldbemessung berief sich die Kommission auf Randnummer 37 der Bußgeldleitlinien, die es der Kommission erlaubt, von den Methoden und Obergrenzen der Leitlinien abzuweichen, wenn die „besonderen Umstände eines Falles oder die Notwendigkeit einer ausreichend hohen Abschreckungswirkung" dies erfordern.[714]

In den nachfolgenden Erwägungen betont die Kommission die bereits aus Art. 23 Abs. 2 und Abs. 3 VO 1/2003 folgende Notwendigkeit einer Berücksichtigung der Schwere und Dauer der Zuwiderhandlung sowie der Notwendigkeit einer hinreichend abschreckenden Wirkung.[715] Sodann stellt die Kommission die Bedeutung des Gesamtwertes der auf dem kartellierten Markt verkauften Produkte fest und hebt erneut die besondere Rolle der AC Treuhand AG in der Organisation und Durchführung der Zuwiderhandlungen hervor.[716] Zwar sind die entscheidenden Passagen ge-

---

13.7.1994, IV/C/33.833, ABl. 1994, L 243, S. 1 ff. „*Karton*"; vgl. auch *Schwartz*, S. 53, die darin dennoch keine Aufgabe der früheren Rechtsauffassung durch die Kommission sieht.

712 KOMM, 10.12.2003, COMP/E-2/37.857, C(2003) 4570 Rn. 454 „*Organische Peroxide*", bestätigt durch EuG, Urteil vom 8.7.2008, Rs. T-99/04, Rn. 112 ff. „*AC Treuhand I*". Zur Möglichkeit der Kommission, ein symbolisches Bußgeld zu verhängen in den neuen Bußgeldleitlinien von 2006, siehe KOMM., Leitlinien für das Verfahren zur Festsetzung von Geldbußen gemäß Artikel 23 Absatz 2 Buchstabe a) der Verordnung (EG) Nr. 1/2003, ABl. 2006/C 210/02, Rn. 36.

713 KOMM. 11.11.2009, K(2009), 8682final, Rn. 744 ff. „*Wärmestabilisatoren*", bestätigt durch EuG, Urteil vom 6.2.2014, Rs. T-27/10 „*AC Treuhand II*" und EuGH, Urteil vom 22.10.2015, Rs. C-194/14 P „*AC Treuhand*".

714 KOMM. 11.11.2009, K(2009), 8682final, Rn. 746 „*Wärmestabilisatoren*" unter Berufung auf KOMM., Leitlinien für das Verfahren zur Festsetzung von Geldbußen gemäß Artikel 23 Absatz 2 Buchstabe a) der Verordnung (EG) Nr. 1/2003, ABl. 2006/C 210/02, Rn. 37. Ausführlich zur Anwendung von Randnummer 37 im Lichte der Selbstbindung der Kommission *Bremer*, S. 110 ff.

715 KOMM. 11.11.2009, K(2009), 8682final, Rn. 747 „*Wärmestabilisatoren*".

716 KOMM. 11.11.2009, K(2009), 8682final, Rn. 748 f. „*Wärmestabilisatoren*".

schwärzt, jedoch deuten diese Ausführungen darauf hin, dass die Kommission in der Bemessung des Bußgeldes gegen den Dritten die Umsätze der weiteren Beteiligten auf dem kartellierten Markt berücksichtigt hat.

Das EuG bestätigte dieses Vorgehen der Kommission.[717] Der Umsatz des Dritten auf dem kartellierten Markt betrage Null und das gezahlte Honorar entspreche „dem genannten Wert in keiner Weise".[718] Unter diesen Umständen billigte das EuG die Abweichung der Kommission von den Bußgeldleitlinien. Insbesondere habe die Kommission die von ihr gewählte Methode hinreichend begründet.[719]

Diese Auffassung wurde schließlich auch durch den EuGH bestätigt.[720] Ziel der Leitlinien sei es, in Festlegung des Grundbetrags die „wirtschaftliche Bedeutung der Zuwiderhandlung" wiederzugeben.[721] Würde die Bußgeldbemessung bezogen auf den Dritten rein formal auf die auf dem kartellierten Markt erzielten Umsätze (Null) oder das Honorar abstellen, so würde dies dem in den Leitlinien niedergelegten Zweck zuwiderlaufen.[722]

(cc) Aufhebung der Bußgeldentscheidung der Kommission in „ICAP" durch das EuG

Zuletzt befasste sich die Kommission erneut in der Sache *„Yen Interest Rate Derivatives"* mit der Problematik der Bußgeldbemessung in Bezug auf Dritte.[723] Die Bußgeldleitlinien seien nur begrenzt geeignet, gegen Kartellgehilfen gerichtete Bußgelder zu ermitteln.[724] In der Sache *„Yen Interest Rate Derivates"* handelte es sich bei dem Dritten um einen Broker („ICAP"), der die LIBOR- und TIBOR-Manipulation mehrerer Londoner Banken gefördert hatte.[725]

Im Rahmen der Bußgeldbemessung kam die Kommission zu dem Ergebnis, dass der Grundbetrag nicht bloß auf die von ICAP erhaltene Ver-

---

717 EuG, Urteil vom 6.2.2014, Rs. T-27/10, Rn. 294 ff. *„AC Treuhand II"*.

718 EuG, Urteil vom 6.2.2014, Rs. T-27/10, Rn. 303 *„AC Treuhand II"*.

719 EuG, Urteil vom 6.2.2014, Rs. T-27/10, Rn. 305 ff. *„AC Treuhand II"*.

720 EuGH, Urteil vom 22.10.2015, Rs. C-194/14 P, Rn. 67 f. *„AC Treuhand"*.

721 EuGH, Urteil vom 22.10.2015, Rs. C-194/14 P, Rn. 64 *„AC Treuhand"*.

722 EuGH, Urteil vom 22.10.2015, Rs. C-194/14 P, Rn. 66 *„AC Treuhand"*.

723 KOMM. 4.2.2015, AT.39861, C(2015) 432 final, Rn. 286 ff. *„Yen Interest Rate Derivatives"*.

724 KOMM. 4.2.2015, AT.39861, C(2015) 432 final, Rn. 286 *„Yen Interest Rate Derivatives"*.

725 Vgl. EuG, Urteil vom 10.11.2017, Rs. T-180/15, Rn. 1 ff. *„ICAP"*.

mittlungsgebühr gestützt werden könne, da dies nicht die Schwere des Kartellverstoßes reflektieren würde.[726] Somit entschied sich die Kommission, erneut unter Berufung auf Ziffer 37 der Bußgeldleitlinien, von den Bußgeldleitlinien abzuweichen.[727]

Sodann stützte die Kommission ihre Bußgeldbemessung allgemein auf die Schwere, Dauer und Art der Beteiligung von ICAP, erläuterte die gewählte Bemessungsmethode jedoch nicht weiter.[728] Das EuG gab dem gegen die Bußgeldbemessung gerichteten Klagegrund von ICAP schließlich statt, da die Kommission ihre aus der Abweichung resultierende besondere Begründungspflicht nicht erfüllt habe.[729] Der EuGH bestätigte die Entscheidung des EuG unter Betonung der besonderen Bedeutung der Begründungspflicht für die Ausübung von Verteidigungsrechten sowie für die Wahrung der Unparteilichkeit und Legitimität des Handelns der Kommission und letztlich das Vertrauen der Öffentlichkeit.[730] Dabei sei die Kommission nicht verpflichtet, detaillierte Berechnungsmethoden unter Angabe konkreter Zahlen mitzuteilen.[731] Erforderlich und zugleich ausreichend sei es vielmehr, wenn die Kommission „in ihrer Entscheidung die Beurteilungsgesichtspunkte angibt, die es ihr ermöglichten, Schwere und Dauer der Zuwiderhandlung zu ermitteln" und „wie sie die berücksichtigten Faktoren gewichtet und bewertet hat".[732]

(d) Vorschlag für eine Anpassung der europäischen Bußgeldleitlinien

Die bisherige Praxis zeigt, dass die Kommission die fehlende Eignung der Bußgeldleitlinien zur Bemessung von gegen Dritte gerichteten Bußgeldern erkannt hat.[733] Dabei wählte die Kommission zuletzt stets eine auf Randnummer 37 der Bußgeldleitlinien gestützte Lösung und wich von den in

726 KOMM. 4.2.2015, AT.39861, C(2015) 432 final, Rn. 287 *„Yen Interest Rate Derivatives"*.
727 KOMM. 4.2.2015, AT.39861, C(2015) 432 final, Rn. 287 *„Yen Interest Rate Derivatives"*.
728 KOMM. 4.2.2015, AT.39861, C(2015) 432 final, Rn. 287 *„Yen Interest Rate Derivatives"*.
729 EuG, Urteil vom 10.11.2017, Rs. T-180/15, Rn. 281 ff., 298 *„ICAP"*.
730 EuGH, Urteil vom 10.7.2019, Rs. C-39/18 P, Rn. 29 ff. *„ICAP"*.
731 EuGH, Urteil vom 10.7.2019, Rs. C-39/18 P, Rn. 38 *„ICAP"*.
732 EuGH, Urteil vom 10.7.2019, Rs. C-39/18 P, Rn. 31 *„ICAP"*.
733 Zu entsprechenden Einwänden in der Literatur siehe die Darstellung bei *Schwarzkopf*, S. 210 ff.

den Bußgeldleitlinien dargelegten Berechnungsmethoden ab.[734] In den Fällen der Randnummer 37 unterliegt die Berechnung sodann einer strengen Begründungspflicht.[735]

Angesichts der wiederholt auftretenden praktischen Relevanz dieser Konstellation erscheint jedoch eine Anpassung der Bußgeldleitlinien geboten.[736] Bisher befasste sich die Kommission mit der Bußgeldzumessung in Bezug auf Dritte ausschließlich in Kartellgehilfenfällen. Künftig könnte diese Fragestellung auch in Fällen der hier vorgeschlagenen mittelbaren Kartelltäterschaft relevant werden.

Für eine Klarstellung der Bußgeldzumessungsmethode spricht nicht nur der ermessenskonkretisierende Zweck der Bußgeldleitlinien, sondern auch die in Art. 49 der EU-Grundrechtecharta verankerten Prinzipien der Gesetzmäßigkeit und Bestimmtheit, die eine Vorhersehbarkeit der Bemessung von Sanktionen verlangen.[737] Zudem folgt erst aus der Vorhersehbarkeit der drohenden Sanktion die abschreckende Wirkung derselben. Nicht zuletzt scheiterte die Kommission erst in jüngster Vergangenheit mit ihrer auf Randnummer 37 der Bußgeldleitlinien gestützten Lösung, da das EuG die gewählte Berechnungsmethode als nicht hinreichend begründet ansah.[738]

Regelungsbedürftig ist dabei der Fall, dass ein solches Unternehmen für einen Kartellverstoß bebußt werden soll, das nicht selbst auf dem kartellierten Markt tätig ist und dessen Umsätze daher in der Bußgeldbemessung die Schwere des Verstoßes typischerweise nicht hinreichend reflektieren werden.

Insoweit könnte eine Randnummer 14 der Bußgeldleitlinien entsprechende Lösung auch für sonstige Dritte geregelt werden.[739] Dort ist die Bußgeldbemessung in der Dreieckskonstellation zwischen einer Unternehmensvereinigung und ihren Mitgliedern geregelt. So heißt es dort, dass für

---

734 KOMM. 11.11.2009, K(2009), 8682final, Rn. 746 „*Wärmestabilisatoren*"; KOMM. 4.2.2015, AT.39861, C(2015) 432 final, Rn. 287 „*Yen Interest Rate Derivatives*".

735 EuG, Urteil vom 10.11.2017, Rs. T-180/15, Rn. 281 ff., 298 „*ICAP*", bestätigt durch EuGH, Urteil vom 10.7.2019, Rs. C-39/18 P, Rn. 22 ff., 41 ff. „*ICAP*".

736 Vgl. auch *Howe/Lawrence/Whiteford*, GCLR 2009, 83, 89 f.

737 Vgl. *Eser/Kubiciel*, in: NK-EUGrCh Art. 49 Rn. 24. Zu den rechtsstaatlichen Bedenken gegen die Bußgeldbemessung in den Kartellgehilfenfällen nach den geltenden Bußgeldleitlinien siehe *Schwarzkopf*, S. 214 ff.

738 EuG, Urteil vom 10.11.2017, Rs. T-180/15, Rn. 281 ff., 298 „*ICAP*", bestätigt durch EuGH, Urteil vom 10.7.2019, Rs. C-39/18 P, Rn. 22 ff., 41 ff. „*ICAP*".

739 Eine solche Lösung dachten bereits *Howe/Lawrence/Whiteford*, GCLR 2009, 83, 89 f. ausgehend von der „*AC Treuhand I*"-Entscheidung des EuG an.

„die Zuwiderhandlung einer Unternehmensvereinigung [, die] die Tätigkeiten ihrer Mitglieder betrifft, [...] der Umsatz im Allgemeinen der Summe der Umsätze ihrer Mitglieder [entspricht]". Auch im Falle der in dieser Arbeit diskutierten Dreieckskonstellationen, seien es typische Kartellgehilfenfälle, wie beispielsweise im Fall von ICAP, oder mögliche künftige Fälle mittelbarer Kartelltäterschaft, reflektiert die Bußgeldbemessung die Schwere des Verstoßes nur dann angemessen, wenn die auf dem kartellierten Markt erzielten Umsätze der weiteren beteiligten Unternehmen zugrunde gelegt werden.[740] Legt man die kumulierten Umsätze als Ausgangswert zugrunde, so kann der Grundbetrag, unter Berücksichtigung der Schwere des individuellen Verstoßes des Dritten, immer noch bei bis zu 30 % des Gesamtumsatzes festgesetzt werden.

Als mildernder oder erschwerender Umstand ist sodann die Verantwortung des Dritten für die Zuwiderhandlung zu berücksichtigen.[741] Während der Kartellgehilfe neben den auf dem kartellierten Markt selbst tätigen Unternehmen eine Mitverantwortung für den Koordinierungserfolg trägt, trägt der Dritte in den hier ebenfalls diskutierten Fällen mittelbarer Kartelltäterschaft, aufgrund des Defizits der auf dem kartellierten Markt selbst tätigen Unternehmen, die alleinige Verantwortung für den Koordinierungserfolg.

Orientiert man die Bußgeldbemessung bezogen auf Dritte an Randnummer 14 der Bußgeldleitlinien als bisheriger Sondervorschrift für Unternehmensvereinigungen, so bedarf es schließlich auch einer entsprechenden Anpassung der Kappungsgrenze. Art. 23 Abs. 2 UAbs. 3 VO 1/2003 statuiert, dass im Falle der Bebußung einer Unternehmensvereinigung „die Geldbuße 10 % der Summe der Gesamtumsätze derjenigen Mitglieder, die auf dem Markt tätig waren, auf dem sich die Zuwiderhandlung der Vereinigung auswirkte, nicht übersteigen" darf. Übertragen auf den hier diskutierten Fall der Bebußung Dritter wäre Art. 23 Abs. 2 VO 1/2003 in der Weise anzupassen, dass die Kappungsgrenze bei 10 % der Gesamtumsätze der Mandanten liegt, die von dem Dritten in kartellfördernder Weise auf einem bestimmten Markt beraten wurden.

740 Zur Notwendigkeit einer Widerspiegelung der Schwere der Zuwiderhandlung siehe auch EuGH, Urteil vom 22.10.2015, Rs. C-194/14 P, Rn. 66 *„AC Treuhand"*; KOMM. 4.2.2015, AT.39861, C(2015) 432 final, Rn. 287 *„Yen Interest Rate Derivatives"*; vgl. auch *Schwartz*, S. 263 f.

741 Vgl. die Auflistung erschwerender Umstände in KOMM., Leitlinien für das Verfahren zur Festsetzung von Geldbußen gemäß Artikel 23 Absatz 2 Buchstabe a) der Verordnung (EG) Nr. 1/2003, ABl. 2006/C 210/02, Rn. 28.

(4) Einführung einer mittelbaren Kartelltäterschaft im nationalen Recht

Während eine Anpassung der europäischen Bußgeldleitlinien noch praktikabel erscheint, ist die Umsetzbarkeit der Einführung einer mittelbaren Kartelltäterschaft im Unionsrecht aufgrund der dafür erforderlichen Vertragsänderung jedoch letztlich mehr als fraglich.[742]

Demgegenüber wäre eine nationale Regelung der mittelbaren Kartelltäterschaft im Rahmen der nächsten GWB-Novelle leichter umsetzbar. Dabei ist jedoch zum einen bereits fraglich, ob der rechtspolitische Wille für einen solchen Vorstoß besteht, da Reformen des GWB typischerweise gerade auf eine Harmonisierung mit dem Unionsrecht abzielen.[743] Ferner könnte insoweit das Abweichungsverbot des Art. 3 Abs. 2 S. 1 VO 1/2003 einer strengeren nationalen Regelung entgegenstehen. Schließlich stellt sich auch im nationalen Kartellrecht die Frage nach der Eignung der geltenden Bußgeldbemessungsgrundlagen für die Bebußung Dritter, sei es bereits *de lege lata* als Kartellgehilfen oder *de lege ferenda* als mittelbare Kartelltäter.

(a) Vorrangregelung des Art. 3 Abs. 2 S. 1 VO 1/2003

Art. 3 Abs. 2 S. 1 VO 1/2003 verbietet strengere nationale Vorschriften, die „zum Verbot von Vereinbarungen zwischen Unternehmen, Beschlüssen von Unternehmensvereinigungen und aufeinander abgestimmten Verhaltensweisen führen, welche den Handel zwischen Mitgliedstaaten zu beeinträchtigen geeignet sind, aber den Wettbewerb im Sinne des Artikels 81 Absatz 1 des Vertrags nicht einschränken“. Damit zielt die Norm auf eine Vereinheitlichung des rechtlichen Bewertungsmaßstabs im Binnenmarkt

742 Zur Diskussion der Realisierbarkeit einer Vertragsänderung des AEUV bzw. einer möglichen Anpassung der VO 1/2003, gerichtet auf die Einführung einer europäischen Kartellgehilfenhaftung, bereits ausführlich *Otto*, S. 384 ff.

743 Vgl. *Zimmer*, in: Immenga/Mestmäcker, § 1 GWB Rn. 2, 17; *Grave/Nyberg*, in: Loewenheim et al., Vor §§ 1 bis 3 GWB Rn. 12 f. Dennoch scheint der deutsche Gesetzgeber vor nationalen Sondervorschriften nicht per se zurückzuschrecken, siehe etwa die im Rahmen der 10. GWB-Novelle vorgeschlagene Figur des „Unternehmens mit überragender marktübergreifender Bedeutung für den Wettbewerb“ (§ 19a RefE), die freilich das Missbrauchsverbot, nicht das Kartellverbot betrifft.

(sog. *level playing field*) ab.[744] Das Unionsrecht setzt einen Mindest-, zugleich aber auch einen Maximalstandard.[745]

(aa) Umfang der Vorrangregelung des Art. 3 Abs. 2 S. 1 VO 1/2003

Die Sperrwirkung des Art. 3 Abs. 2 S. 1 VO 1/2003 erfasst nach dem Wortlaut zunächst nur Fälle von zwischenstaatlicher Relevanz.[746] Darüber hinaus ist der genaue Umfang der Vorrangregelung des Art. 3 Abs. 2 S. 1 VO 1/2003 jedoch umstritten.

Ausgehend vom Wortlaut der Norm wird im Grundsatz davon ausgegangen, dass sich die Vorrangregelung nur auf das Tatbestandsmerkmal der (spürbaren) Wettbewerbsbeschränkung bezieht.[747] Qualifiziert das Unionsrecht eine bestimmte Maßnahme nicht als Wettbewerbsbeschränkung, so dürfe nationales Recht für diesen Fall ebenfalls kein Verbot vorsehen.[748] Demgegenüber seien nationale Abweichungen im Bereich des Unternehmensbegriffs[749] oder in der Auslegung der Begriffe „Vereinbarung", „Beschluss" und „aufeinander abgestimmte Verhaltensweise" möglich, da der Anwendungsbereich – und damit zugleich der Schutzbereich – des Art. 3 Abs. 2 S. 1 VO 1/2003 ohnehin erst dann eröffnet sei, wenn eine Maßnahme eines Unternehmens oder einer Unternehmensvereinigung im Sinne des Art. 101 Abs. 1 AEUV vorliege.[750]

744 *Bardong/Mühle*, in: MünchKomm-WettbR, Art. 3 VO 1/2003 Rn. 1; *Sura*, in: Langen/Bunte, Art. 3 VO 1/2003 Rn. 14.

745 *Bardong*, in: MünchKomm-WettbR, Art. 3 VO 1/2003 Rn. 1.

746 Vgl. auch *Bardong/Mühle*, in: MünchKomm-WettbR, Art. 3 VO 1/2003 Rn. 76 f.; *Rehbinder*, in: Immenga/Mestmäcker, Art. 3 VO 1/2003 Rn. 22 ff.; *Schütz*, in: KölnKomm-KartR, Art. 3 VO 1/2003 Rn. 10; *Zuber*, in: Loewenheim et al., Art. 3 VO 1/2003 Rn. 4, 7 f.

747 *Bardong/Mühle*, in: MünchKomm-WettbR, Art. 3 VO 1/2003 Rn. 80; *Rehbinder*, in: Immenga/Mestmäcker, Art. 3 VO 1/2003 Rn. 22 ff.; so wohl auch *Sura*, in: Langen/Bunte, Art. 3 VO 1/2003 Rn. 15, demzufolge eine strengere nationale Regelung dann verboten ist, wenn (1.) der Tatbestand des Art. 101 Abs. 1 AEUV nicht erfüllt es, weil es an einer Wettbewerbsbeschränkung bzw. an deren Spürbarkeit fehlt oder, wenn (2.) zwar der Tatbestand des Art. 101 Abs. 1 AEUV erfüllt ist, jedoch die Voraussetzungen einer Freistellung gemäß Art. 101 Abs. 3 AEUV vorliegen.

748 *Bardong/Mühle*, in: MünchKomm-WettbR, Art. 3 VO 1/2003 Rn. 80; *Otto*, S. 375 f.

749 Vgl. *Bardong/Mühle*, in: MünchKomm-WettbR, Art. 3 VO 1/2003 Rn. 78.

750 *Bardong/Mühle*, in: MünchKomm-WettbR, Art. 3 VO 1/2003 Rn. 77 f.

Vereinzelt wird vertreten, dass die Sperrwirkung zwar im Grundsatz nur das Tatbestandsmerkmal der spürbaren Wettbewerbsbeschränkung betreffe, dass die Vorrangregelung jedoch gerade auch die Verhängung von Sanktionen gegen Dritte, die nicht Normadressaten seien, verbiete, da „ansonsten durch die Verhängung der Sanktion mittelbar doch strengeres nationales Recht durchgesetzt würde".[751]

Schließlich wird Art. 3 Abs. 2 S. 1 VO 1/2003 teilweise im Sinne eines absoluten Anwendungsvorrangs des Unionsrechts verstanden.[752] Angesichts des rechtspolitischen Schutzzwecks des Art. 3 Abs. 2 S. 1 VO 1/2003 könne die Anwendung nationalen Rechts nicht zu einem anderen – strengeren – Ergebnis führen als bei Anwendung von Art. 101 AEUV.[753] Aufgrund dieser Zielsetzung könne es für die Frage der Sperrwirkung nicht darauf ankommen, welches Tatbestandsmerkmal des Art. 101 Abs. 1 AEUV nicht erfüllt wurde.[754] Vertreter dieser Auffassung stützen einen umfassenden Anwendungsvorrang in dogmatischer Hinsicht teilweise auf eine analoge Anwendung des Art. 3 Abs. 2 S. 1 VO 1/2003.[755]

Diese Diskussion um die Auslegung des Art. 3 Abs. 2 S. 1 VO 1/2003 erlangt – in zwischenstaatlichen Sachverhalten – traditionell vor allem im Kontext des Unternehmensbegriffs Relevanz.[756] Nach der „*FENIN*"-Rechtsprechung des EuGH soll die Nachfragetätigkeit dann nicht als unternehmerische Tätigkeit im Sinne des Art. 101 Abs. 1 AEUV zu qualifizieren sein, wenn die nachgefragten Güter in nichtwirtschaftlicher Weise verwendet werden sollen.[757] Demgegenüber wird in der deutschen Anwendungspraxis und Literatur die (insbesondere staatliche) Nachfragetätigkeit konsequent als unternehmerische Tätigkeit im Sinne des § 1 GWB eingeord-

---

751 *Rehbinder*, in: Immenga/Mestmäcker, Art. 3 VO 1/2003 Rn. 25.

752 Zu den ursprünglich – noch vor dem Vertrag von Lissabon – geäußerten kompetenzrechtlichen Bedenken gegen die Annahme eines umfassenden Anwendungsvorrangs siehe *Jaeger*, in: FK-KartR, Art. 3 VO 1/2003 Rn. 13 ff.

753 Vgl. *Zuber*, in: Loewenheim et al., Art. 3 VO 1/2003 Rn. 5, der den Anwendungsvorrang scheinbar umfassend interpretiert und nicht nach erfassten Tatbestandsmerkmalen differenziert. Ebenso *Schütz*, in: KölnKomm-KartR, Art. 3 VO 1/2003 Rn. 7, 14 f.

754 *Schütz*, in: KölnKomm-KartR, Art. 3 VO 1/2003 Rn. 7, 14 f.; *Zuber*, in: Loewenheim et al., Art. 3 VO 1/2003 Rn. 5.

755 Siehe etwa *Koch*, ZWeR 2009, 370, 386; *Otto*, S. 381.

756 Vgl. statt aller *Grave/Nyberg*, in: Loewenheim et al., § 1 GWB Rn. 4.

757 EuGH, Urteil vom 11.7.2006, Rs. C-205/03, Rn. 26 „*FENIN*".

net.[758] Wer eine umfassende Sperrwirkung des Art. 3 Abs. 2 S. 1 VO 1/2003 annimmt, der wird auch in diesem Punkt eine strengere deutsche Auslegung des Unternehmensbegriffs ablehnen.[759]

Dabei verdeutlicht dieser Streit um das Merkmal des Unternehmensbegriffs, dass kein Anwendungsvorrang greifen kann, wenn schon kein Unternehmen im Sinne des Art. 101 AEUV vorliegt, wenn also der persönliche Anwendungsbereich und damit der Schutzbereich der Norm schon nicht eröffnet ist.[760] Dasselbe gilt, wenn schon keine Maßnahme im Sinne des Art. 101 Abs. 1 AEUV vorliegt.[761] In Übereinstimmung mit dem Wortlaut der Norm verdrängt Art. 3 Abs. 2 S. 1 VO 1/2003 folglich in zwischenstaatlichen Sachverhalten nur solche strengeren nationale Regelungen, die das Tatbestandsmerkmal der spürbaren Wettbewerbsbeschränkung betreffen. Bezogen auf die hier diskutierte nationale Regelung einer mittelbaren Kartelltäterschaft *de lege ferenda* ist somit entscheidend, an welchem Tatbestandsmerkmal des § 1 GWB die Regelung anknüpft.

(bb) Anwendung auf die nationale Regelung einer mittelbaren Kartelltäterschaft de lege ferenda

Würde durch eine nationale Vorschrift die mittelbare Täterschaft für Verstöße gegen das Kartellverbot eingeführt, so läge darin grundsätzlich eine gegenüber dem Unionsrecht strengere nationale Regelung. Versteht man die Vorrangregelung ausgehend vom Wortlaut des Art. 3 Abs. 2 S. 1 VO 1/2003 nicht in einem umfassenden Sinne, sondern nur bezogen auf das Tatbestandsmerkmal der spürbaren Wettbewerbsbeschränkung, so stellt sich zunächst die Frage, an welchem Tatbestandsmerkmal die Einführung einer mittelbaren Täterschaft anknüpfen würde.

---

758 Vgl. bereits BGH, Urteil vom 26.10.1961, Az. KZR 1/61, BGHZ 36, 91 „*Gummistrümpfe*“; siehe auch die Darstellung bei *Kling/Thomas*, § 5 Rn. 22 ff.; *Zimmer*, in: Immenga/Mestmäcker, § 1 GWB Rn. 20 ff.

759 Vgl. statt aller *Schütz*, in: KölnKomm-KartR, Art. 3 VO 1/2003 Rn. 14 f.

760 *Bardong/Mühle*, in: MünchKomm-WettbR, Art. 3 VO 1/2003 Rn. 77 f.; *Nordemann*, in: Loewenheim et al. (3. Aufl.), § 1 GWB Rn. 25; *Zimmer*, in: Immenga/Mestmäcker, § 1 GWB Rn. 17; so im Grundsatz auch *Rehbinder*, in: Immenga/Mestmäcker, Art. 3 VO 1/2003 Rn. 24 f., der sodann jedoch ausnahmsweise für die Sanktionierung Dritter eine Verdrängungswirkung bejahen will.

761 Vgl. *Bardong/Mühle*, in: MünchKomm-WettbR, Art. 3 VO 1/2003 Rn. 54 ff., 77 ff.

Normadressaten des Art. 101 Abs. 1 AEUV sind Unternehmen und Unternehmensvereinigungen.[762] Die hier vorgeschlagene Kodifizierung einer mittelbaren Täterschaft stimmt jedoch mit dem geltenden Unternehmensbegriff überein. Lehnt man mit dem EuGH eine einschränkende Auslegung des Adressatenkreises ab,[763] so sind sowohl Kartellgehilfen als auch mittelbare Kartelltäter, die in unternehmerischer Art und Weise Koordinierungen fördern oder herbeiführen, bereits *de lege lata* Normadressaten im Sinne des Art. 101 Abs. 1 AEUV bzw. § 1 GWB.[764]

Vielmehr knüpft die hier vorgeschlagene Regelung einer mittelbaren Täterschaft am Merkmal der Maßnahme an, indem die eigene Teilnahme an einer Vereinbarung, einem Beschluss oder einer abgestimmten Verhaltensweise um eine Tatbegehung durch einen anderen ergänzt wird.

Demgegenüber bewirkt die Norm gerade keine extensivere Auslegung des Merkmals der Wettbewerbsbeschränkung.[765] Vielmehr ist zu fragen, ob bei einer hypothetischen Betrachtungsweise, das heißt, wenn ein oder mehrere als „Vordermann“ auftretende Unternehmen keinem Defizit unterliegen würden, das Verhalten des Vordermannes eine Wettbewerbsbeschränkung nach allgemeinen Grundsätzen darstellen würde. Dies lässt sich am Beispiel des Preisberaters verdeutlichen. Hätten die Mandanten – in der hier diskutierten dritten Fallgruppe – Kenntnis von den Umständen der Koordinierung, so läge im Horizontalverhältnis eine aufeinander abgestimmte Verhaltensweise zwischen den Mandanten vor.[766] Inhalt derselben wäre eine Preiskoordinierung, sodass nach allgemeinen Grundsätzen eine bezweckte Wettbewerbsbeschränkung vorläge.[767]

Anknüpfungspunkt der hier vorgeschlagenen Regelung ist folglich allein das Tatbestandsmerkmal der Maßnahme – „Vereinbarung“, „Be-

---

762 Vgl. auch *Grave/Nyberg*, in: Art. 101 Abs. 1 AEUV Rn. 130.

763 Siehe dazu bereits ausführlich Teil 4.C.IV und V.

764 Siehe dazu bereits oben Teil 5.A.III.2.b)bb)(2)(a).

765 So grundsätzlich auch *Otto*, S. 375 f., 378 ff. in Bezug auf die Fallgruppe der Kartellgehilfen, der jedoch im Ergebnis eine umfassende Sperrwirkung des europäischen Wettbewerbsrechts annehmen will. Dies stützt er primär auf das europäische Kompetenzgefüge gemäß Art. 2 f. AEUV. Alternativ schlägt *Otto* vor, Art. 3 Abs. 2 S. 1 VO 1/2003 analog auf solche Fälle anzuwenden, in denen der Tatbestand nicht aufgrund des Merkmals der Wettbewerbsbeschränkung scheitert, sondern aufgrund sonstiger Tatbestandsmerkmale, um auf diese Weise eine umfassende Sperrwirkung zu erzielen, vgl. *Otto*, S. 381. Vgl. dazu auch *Koch*, ZWeR 2009, 370, 386.

766 Zu dieser Fallvariante bereits ausführlich Teil 5.A.II.1.

767 Vgl. *Füller*, in: KölnKomm-KartR, Art. 101 AEUV Rn. 287; *Mestmäcker/Schweitzer*, § 12 Rn. 4 ff.

schluss“ oder „aufeinander abgestimmte Verhaltensweise“, ergänzt um eine mittelbare Tatbegehung durch einen Dritten –, sodass die Vorrangregelung nach dem Wortlaut des Art. 3 Abs. 2 S. 1 VO 1/2003 keine Anwendung findet.

(b) Anpassung der nationalen Bußgeldbemessungsgrundlagen

Eine Einführung der mittelbaren Kartelltäterschaft in der beschriebenen Weise auf nationaler Ebene würde ferner eine Anpassung der Bußgeldleitlinien des Bundeskartellamtes erforderlich machen.

(aa) Grundlagen der Bußgeldzumessung im deutschen Kartellrecht

Im nationalen Kartellrecht richtet sich die Bußgeldbemessung des Bundeskartellamtes nach § 81 Abs. 4 GWB i.V.m. den Bußgeldleitlinien des Bundeskartellamtes aus dem Jahr 2013.[768]

In einem ersten Schritt ist der aus § 81 Abs. 4 S. 2 GWB folgende gesetzliche Bußgeldrahmen zu ermitteln.[769] Die gesetzliche Bußgeldobergrenze liegt gemäß § 81 Abs. 4 S. 2 und S. 3 GWB bei 10 % des im vorausgegangenen Geschäftsjahr erzielten weltweiten Gesamtumsatzes der wirtschaftlichen Einheit. Im Falle einer fahrlässigen Zuwiderhandlung liegt die gesetzliche Bußgeldobergrenze hingegen bei 5 % des weltweiten Gesamtumsatzes der wirtschaftlichen Einheit im vorausgegangenen Geschäftsjahr (vgl. § 17 Abs. 2 OWiG).

---

768 Der Referentenentwurf der 10. GWB-Novelle sieht – in Umsetzung der ECN+-Richtlinie – umfangreiche Neuregelungen und -kodifizierungen der nationalen Kartellbußgeldgrundlagen vor. Insbesondere sollen die Zumessungskriterien erstmals in § 81d RefE gesetzlich kodifiziert werden, vgl. BMWi, Entwurf eines zehnten Gesetzes zur Änderung des Gesetzes gegen Wettbewerbsbeschränkungen für ein fokussiertes, proaktives und digitales Wettbewerbsrecht 4.0 (GWB-Digitalisierungsgesetz), Bearbeitungsstand: 24.01.2020, S. 42 ff.; besprechend *Steinberg/Wirtz*, WuW 2020, 8, 11 ff. Die Entwürfe für §§ 81c und 81d RefE wurden durch die Bundesregierung in den Regierungsentwurf vom 09.09.2020 übernommen.

769 Grundlegend zur Auslegung des § 81 Abs. 4 S. 1 GWB als gesetzlicher Bußgeldrahmen BGH, Beschluss vom 26.2.2013, Az. KRB 20/12, WuW/E DE-R 3861 Rn. 52 ff. „*Grauzementkartell I*“. Siehe auch BKartA, Leitlinien für die Bußgeldzumessung in Kartellordnungswidrigkeitenverfahren (2013), Rn. 8.

Innerhalb des gesetzlichen Bußgeldrahmens des § 81 Abs. 4 S. 2 GWB erfolgt sodann im zweiten Schritt eine individuelle Bußgeldzumessung anhand der Bußgeldleitlinien des Bundeskartellamtes.[770] Leitgedanke der individuellen Bußgeldzumessung ist – gerade auch unter Berücksichtigung spezial- und generalpräventiver Erwägungen – die Widerspiegelung des konkreten Gewinn- und Schadenspotentials des Täters, das heißt dessen Möglichkeit, „durch die konkrete Tat Vorteile im Wettbewerb zu erzielen und für Dritte bzw. die Volkswirtschaft insgesamt Nachteile zu bewirken".[771]

Im Rahmen der individuellen Bußgeldzumessung wird zunächst der tatbezogene Umsatz ermittelt. Dabei handelt es sich um den während des Tatzeitraums im Inland „mit den Produkten bzw. Dienstleistungen, die mit der Zuwiderhandlung in Zusammenhang stehen," erzielten Umsatz.[772] Auf diesen wird sodann ein umsatzabhängiger Multiplikationsfaktor angewendet, um der Unternehmensgröße und der konkreten Ahndungsempfindlichkeit Rechnung zu tragen.[773]

Sodann wird der nach den Leitlinien ermittelte tatbezogene Umsatz anhand tat- bzw. täterbezogener schärfender oder mildernder Umstände angepasst.[774]

(bb) Bebußung Dritter nach den geltenden Bußgeldzumessungsgrundlagen

Fraglich ist, inwieweit die soeben dargestellten Grundlagen der nationalen kartellrechtlichen Bußgeldzumessung bereits auf Fälle anwendbar sind, in denen ein Dritter bebußt wird, der nicht selbst auf dem kartellierten Markt bzw. einem diesem vor- oder nachgelagerten Markt tätig ist.

---

770 BKartA, Leitlinien für die Bußgeldzumessung in Kartellordnungswidrigkeitenverfahren (2013), Rn. 9 ff.

771 BKartA, Leitlinien für die Bußgeldzumessung in Kartellordnungswidrigkeitenverfahren (2013), Rn. 4.

772 BKartA, Leitlinien für die Bußgeldzumessung in Kartellordnungswidrigkeitenverfahren (2013), Rn. 4.

773 BKartA, Leitlinien für die Bußgeldzumessung in Kartellordnungswidrigkeitenverfahren (2013), Rn. 3, 13.

774 BKartA, Leitlinien für die Bußgeldzumessung in Kartellordnungswidrigkeitenverfahren (2013), Rn. 16.

In der Entscheidungspraxis des Bundeskartellamtes ist eine Bebußung eines Dritten bislang nur in der Sache „*Feuerwehrfahrzeuge*" ersichtlich.[775] Dort verhängte das Bundeskartellamt neben den Herstellern von Feuerwehrlöschfahrzeugen auch ein Bußgeld gegen ein schweizerisches Wirtschaftsprüfungsunternehmen, das im Auftrag der Kartellanten Auftragsdaten der Beteiligten aggregierte und Auftragsquoten zuteilte. Das Bundeskartellamt und die Bußgeldadressaten beendeten das Verfahren einvernehmlich.[776] Da lediglich ein Fallbericht veröffentlicht wurde, sind – anders als bei den bereits dargestellten Kommissionsentscheidungen – die genauen Erwägungen, die das Bundeskartellamt im Rahmen der Bußgeldzumessung angestellt hat, nicht öffentlich nachvollziehbar.

Wendet man zunächst den gesetzlichen Bußgeldrahmen des § 81 Abs. 4 S. 2 GWB auf einen Dritten, beispielsweise einen Kartellgehilfen, an, so ergeben sich zunächst keine Besonderheiten. § 81 Abs. 4 GWB knüpft nicht an den Umsatz des Bußgeldadressaten auf einem bestimmten Markt an, sondern vielmehr an den weltweiten Gesamtumsatz der wirtschaftlichen Einheit. Maßgeblich wäre insoweit vorliegend die wirtschaftliche Einheit des Beratungsunternehmens, die jedoch gerade nicht die Mandanten des Beratungsunternehmens umfasst. Da in den hier diskutierten Fallgruppen der Preisberatung stets von einem vorsätzlichen Verhalten des Preisberaters ausgegangen wird, wäre die Obergrenze bei 10 % des weltweiten Gesamtumsatzes anzusetzen.

Ein Bezug zum konkret betroffenen Markt wird erst im Rahmen der individuellen Bußgeldzumessung anhand der Bußgeldleitlinien hergestellt. Insoweit treten die bereits im Rahmen der europäischen Bußgeldleitlinien diskutierten Probleme auch im Rahmen der nationalen Bußgeldzumessung, genauer gesagt in der Ermittlung des tatbezogenen Umsatzes, auf. Der tatbezogene Umsatz im Sinne der Bußgeldleitlinien des Bundeskartellamtes ist der Umsatz, „der mit den Produkten bzw. Dienstleistungen, die mit der Zuwiderhandlung in Zusammenhang stehen, während des gesamten Tatzeitraums" erzielt wurde.[777] Wie bereits im Kontext der europäischen Bußgeldleitlinien erörtert, wird man auch hier auf die Beratungsleistung des Preisberaters und das dafür erhaltene Entgelt abstellen müs-

775 BKartA, Fallbericht zur Entscheidung vom 10.2.2011, Az. B12-11/09, S. 1 „*Feuerwehrfahrzeuge*".

776 BKartA, Fallbericht zur Entscheidung vom 10.2.2011, Az. B12-11/09, S. 2 f. „*Feuerwehrfahrzeuge*".

777 BKartA, Leitlinien für die Bußgeldzumessung in Kartellordnungswidrigkeitenverfahren (2013), Rn. 11.

sen, das zwar das Gewinnpotential des Dritten, nicht jedoch das tatsächliche Schadenspotential reflektiert.[778] Aus Gründen der Spezial- und Generalprävention ist folglich auch hier eine entsprechende Anpassung der Bußgeldleitlinien in Hinblick auf die Bebußung Dritter zu erwägen.[779]

(cc) Vorschlag für eine Anpassung der deutschen kartellrechtlichen Bußgeldzumessung

Bereits die Analyse der europäischen Bußgeldleitlinien zeigte, dass Dritte in der geltenden Fassung der Leitlinien nicht angemessen bebußt werden können, wenn in der Bußgeldbemessung allein auf das Dienstleistungsentgelt – in den hier diskutierten Fällen das Entgelt für die Preisberatungsleistung – abgestellt wird.[780]

So wurde im Rahmen der europäischen Bußgeldleitlinien vorgeschlagen, eine an den Sonderregeln für Unternehmensvereinigungen orientierte Regelung für die Bebußung Dritter zu schaffen. Gemäß Randnummer 14 der Bußgeldleitlinien wird bei Unternehmensvereinigungen in der Ermittlung des Grundbetrags die Summe der marktbezogenen Umsätze ihrer Mitglieder herangezogen. Im Falle eines Dritten – sei es ein Kartellgehilfe oder ein mittelbarer Kartelltäter – spiegelt das Bußgeld nur dann das Schadenspotential angemessen wider und entsteht nur dann ein hinreichender Abschreckungseffekt, wenn in der Bußgeldbemessung auch die Umsätze der beratenen Kartellanten herangezogen werden.[781]

Dieselben teleologischen Erwägungen greifen auch im deutschen Kartellrecht. Es bestehen jedoch wesentliche Unterschiede in den europäischen und nationalen Bußgeldbemessungsgrundlagen, sodass in der Umsetzung nicht ohne weiteres schlicht auf die im Rahmen der europäischen Bußgeldleitlinien entwickelte Lösung verwiesen werden kann.

Die europäischen Bußgeldleitlinien einerseits und die deutschen Bußgeldleitlinien andererseits verfolgen – wie dargestellt – unterschiedliche Herangehensweisen hinsichtlich der Berechnungsmethoden. Unterschiede bestehen auch in dem jeweils geltenden gesetzlichen Rahmen, denn während Art. 23 Abs. 2 VO 1/2003 als Kappungsgrenze ausgelegt wird,[782] han-

778 Siehe bereits oben Teil 5.III.2.c)bb)(3)(b).
779 Siehe dazu bereits oben Teil 5.III.2.c)bb)(3)(d).
780 Siehe dazu bereits oben Teil 5.III.2.c)bb)(3)(d).
781 Siehe bereits oben Teil 5.III.2.c)bb)(3)(b).
782 Vgl. *Biermann*, in: Immenga/Mestmäcker, Art. 23 VO 1/2003 Rn. 115.

delt es sich bei § 81 Abs. 4 S. 2 GWB nach dem „*Grauzement*"-Beschluss des BGH um einen Bußgeldrahmen.[783]

In den derzeit geltenden deutschen Bußgeldbemessungsgrundlagen finden sich auch keine vergleichbaren Sonderregelungen für Unternehmensvereinigungen, die unmittelbar als Vorbild für die Bebußung Dritter dienen könnten. Allerdings sieht der Regierungsentwurf zur 10. GWB-Novelle eine Neuregelung der Bebußung von Unternehmensvereinigungen in § 81b und § 81c RegE vor. Vor dem Hintergrund, dass sich der Umsatz von Unternehmensvereinigungen maßgeblich aus den Mitgliedsbeiträgen speist, verlangte die ECN+-Richtlinie die Einführung einer Kompetenz der Kartellbehörden, alternativ auf die Mitglieder zurückzugreifen, wenn der Kartellverstoß in Zusammenhang mit der Tätigkeit der Mitglieder steht.[784] Dementsprechend regelt der geplante § 81b Abs. 1 RegE die Bebußung von Unternehmensvereinigungen dahingehend, dass das Bundeskartellamt bei Zahlungsunfähigkeit der Unternehmensvereinigung diese auffordern kann, die notwendigen finanziellen Mittel innerhalb einer bestimmten Frist von den Mitgliedern beizutreiben. Geschieht dies nicht innerhalb der Frist, so soll das Bundeskartellamt gem. § 81b Abs. 2 RegE die Zahlung unmittelbar von den Mitgliedern verlangen. Dabei wird die Zahlungspflicht des einzelnen Mitglieds durch § 81b Abs. 5 RegE auf einen Betrag von 10 % des individuellen, im Vorjahr erzielten Gesamtumsatzes gedeckelt.[785]

Diese für die 10. GWB-Novelle vorgesehene Sonderregelung für Unternehmensvereinigungen kann jedoch nicht ohne Weiteres als Vorbild für das hier diskutierte Problem dienen. Die ECN+-Richtlinie machte in Bezug auf die Bebußung von Unternehmensvereinigungen nur Vorgaben bezüglich der Bußgeldobergrenze[786] sowie der Sicherung der praktischen Durchsetzbarkeit des Zahlungsanspruchs im Wege des alternativen Rück-

---

783 Vgl. BGH, Beschluss vom 26.2.2013, Az. KRB 20/12, WuW/E DE-R 3861 Rn. 52 ff. „*Grauzementkartell I*"; siehe auch *Meyer-Lindemann*, in: Loewenheim et al., § 81 GWB Rn. 189.

784 BMWi, Entwurf eines zehnten Gesetzes zur Änderung des Gesetzes gegen Wettbewerbsbeschränkungen für ein fokussiertes, proaktives und digitales Wettbewerbsrecht 4.0 (GWB-Digitalisierungsgesetz), Regierungsentwurf vom 09.09.2020, S. 149; vgl. auch Art. 14 Abs. 3 und 4, 15 Abs. 2 Richtlinie 1/2019 (sog. ECN+-Richtlinie).

785 Siehe auch die Haftungsausschlussgründe in § 81b Abs. 4 RegE (fehlende Kenntnis oder Umsetzung der Maßnahme der Unternehmensvereinigung bzw. Distanzierung) und § 81b Abs. 6 RegE (bereits erfolgte individuelle Bebußung wegen des Kartells oder Kronzeugenprivilegierung).

786 Art. 15 Abs. 2 Richtlinie 1/2019.

griffs auf die Mitglieder[787]. Entsprechend setzt die mit der Reform vorgesehene Sondernorm für Unternehmensvereinigungen im Ergebnis an der Bestimmung des Bußgeldrahmens an (§ 81b Abs. 5 und § 81c RegE), regelt jedoch gerade nicht die Ausfüllung des Bußgeldrahmens, die traditionell im Wege einer individuellen Bußgeldzumessung anhand der Bußgeldleitlinien des Bundeskartellamts erfolgt. Diese sehen wiederum keine Randnummer 14 der europäischen Bußgeldleitlinien entsprechende Sonderregel für Unternehmensvereinigungen vor. Zwar erkennt Art. 14 Abs. 3 der ECN+-Richtlinie allgemein an, dass gegen Unternehmensvereinigungen „eine Geldbuße unter Berücksichtigung des Umsatzes ihrer Mitglieder" verhängt werden kann, jedoch bleibt die genaue Art und Weise der Berücksichtigung der Umsätze der Mitglieder auch nach dem Regierungsentwurf im nationalen Recht weiterhin offen, sodass es insoweit auch an einem Vorbild für die hier diskutierte Bebußung Dritter fehlt.

Es stellt sich damit – auch unter Berücksichtigung des Regierungsentwurfs zur 10. GWB-Novelle – zunächst die Frage, wie im Falle eines Dritten der tatbezogene Umsatz zu bemessen ist. Ausgehend von der Prämisse, dass in der Bußgeldbemessung gegen einen Dritten auch die tatbezogenen Umsätze der von ihm in kartellfördernder Weise beratenen Mandanten heranzuziehen sind, ist fraglich, wie eine solche Sonderregelung im Rahmen der deutschen Bußgeldbemessungsgrundlagen aussehen sollte.

Einerseits könnte man in der Ermittlung des tatbezogenen Umsatzes weiterhin primär auf den eigenen Umsatz des Dritten im Tatzeitraum abstellen, dann jedoch den Multiplikationsfaktor unter Berücksichtigung der Umsätze der Mandanten festsetzen. Dafür spricht, dass es gerade Funktion des Multiplikationsfaktors ist, die Ahndungsempfindlichkeit des Bußgeldadressaten zu reflektieren.[788] Dagegen spricht jedoch, dass sich der Multiplikationsfaktor an dem in § 81 Abs. 4 S. 2 GWB spezifizierten Umsatz orientiert, das heißt dem weltweiten Gesamtumsatz der wirtschaftlichen Einheit des Bußgeldadressaten. Es wäre jedoch überzogen, in der Bußgeldzumessung bezogen auf den Dritten jeweils den weltweiten Gesamtumsatz der Mandanten zu berücksichtigen. Eine Berücksichtigung der Umsätze der Mandanten ist nur geboten in Bezug auf den Anteil des Umsatzes, der im Zusammenhang mit der kartellfördernden Beratungsleistung steht, das heißt der tatbezogene Umsatz der Mandanten. Der Multiplikationsfaktor

787 Art. 14 Abs. 3 und 4 Richtlinie 1/2019.

788 BKartA, Leitlinien für die Bußgeldzumessung in Kartellordnungswidrigkeitenverfahren (2013), Rn. 3, 13.

ist folglich kein geeigneter Ansatzpunkt für eine Anpassung der Bußgeldbemessung.

Vielmehr sollte auch im Rahmen der deutschen Bußgeldleitlinien der tatbezogene Umsatz des Dritten unter Berücksichtigung der tatbezogenen Umsätze der Mandanten ermittelt und dem Vorbild der Randnummer 14 der europäischen Bußgeldleitlinien gefolgt werden. Dafür sprechen zum einen die bereits erwähnten spezial- und generalpräventiven Erwägungen. Zudem würde durch die Angleichung beider Bußgeldleitlinien – der europäischen sowie der deutschen – eine Harmonisierung in Bezug auf die Bebußung Dritter erzielt.

In der Folge wäre sodann, orientiert am Vorbild der europäischen Bußgeldzumessung, auch der Bußgeldrahmen des § 81 Abs. 4 GWB anzupassen. Die Obergrenze des Bußgeldrahmens sollte im Falle der Bebußung eines Dritten sodann bei 10 % der Gesamtumsätze derjenigen Mandanten liegen, die auf dem kartellierten Markt tätig waren. An dieser Stelle kann nun insbesondere, wie bereits dargelegt, auch der Regierungsentwurf für die 10. GWB-Novelle als Vorbild dienen, der eine Sonderregelung für die Erhöhung des Bußgeldrahmens bei der Bebußung von Unternehmensvereinigungen vorsieht (§§ 81b Abs. 5, 81c Abs. 2, Abs. 4 RegE).[789]

(5) Zwischenergebnis

Zur Vermeidung von Haftungslücken sollte das kartellrechtliche Haftungssystem um eine mittelbare Kartelltäterschaft ergänzt werden. Während eine Etablierung derselben im Wege der richterlichen Rechtsfortbildung aufgrund der Wortlautgrenze nicht möglich ist, ist die praktische Umsetzbarkeit der im Unionsrecht notwendigen Vertragsänderung mehr als fraglich. Eine Anpassung der europäischen Bußgeldleitlinien ist nichtsdestotrotz bereits mit Blick auf die bisherigen Fälle der Kartellgehilfenhaf-

789 Siehe insbesondere § 81c Abs. 4 RegE: „Wird gegen eine Unternehmensvereinigung eine Geldbuße wegen einer Ordnungswidrigkeit gemäß § 81 Absatz 1 festgesetzt, die mit den Tätigkeiten ihrer Mitglieder im Zusammenhang steht, so darf diese abweichend von Absatz 2 Satz 2 zehn Prozent der Summe des in dem der Behördenentscheidung vorausgegangenen Geschäftsjahr erzielten Gesamtumsatzes derjenigen Mitglieder, die auf dem von der Ordnungswidrigkeit betroffenen Markt tätig waren, nicht übersteigen. Dabei bleiben die Umsätze von solchen Mitgliedern unberücksichtigt, gegen die im Zusammenhang mit der Ordnungswidrigkeit bereits eine Geldbuße festgesetzt wurde oder denen nach § 81j ein Erlass der Geldbuße gewährt wurde."

tung notwendig. Auch wenn eine unionskartellrechtliche Normierung der mittelbaren Kartelltäterschaft zu befürworten ist, jedoch kaum realisierbar sein wird, so sollte doch auf nationaler Ebene die Einführung einer solchen Regelung erwogen werden.

3. Ergebnis zu Fall 3

Fehlt den Mandanten jegliches Bewusstsein einer durch den Preisberater eigenständig herbeigeführten Preiskoordinierung, so scheidet ein Kartellverstoß der Mandanten aus. Aufgrund der akzessorischen Ausgestaltung der Kartellgehilfenhaftung nach der Rechtsprechung des EuGH in *„AC Treuhand“* kommt daher grundsätzlich auch eine Haftung des Preisberaters nicht in Betracht.

Eine Haftung des Preisberaters kann unter den gegebenen Umständen der konkreten Fallkonstellation auch nicht auf andere Weise hergeleitet werden. Mangels Kenntnis der Mandanten findet die Koordinierung gerade nicht Eingang in den Beratungsvertrag, sodass dieser keine Vereinbarung im Sinne des Art. 101 Abs. 1 AEUV darstellt. Auch kann eine Haftung nicht auf Art. 102 AEUV gestützt werden, da diese Norm – im Gegensatz zu Art. 101 Abs. 1 AEUV – als Sonderdelikt zu qualifizieren ist, das einen direkten Marktbezug verlangt. Auch eine Lösung über eine einfachgesetzliche berufsrechtliche Regelung *de lege ferenda* ist letztlich abzulehnen. Das anwaltliche Berufsrecht kann aufgrund des besonderen Status der Rechtsanwälte als Organe der Rechtspflege gerade nicht als Vorbild dienen. Nicht zuletzt handelt es sich um ein primär kartellrechtliches Problem, sodass eine Lösung innerhalb des Kartellrechts und nicht im Rahmen einer marktspezifischen Regulierung gesucht werden sollte.

Vielmehr handelt es sich in der konkreten Fallgestaltung um eine Form der mittelbaren Kartelltäterschaft, in der der Preisberater über überlegenes Wissen verfügt und eigenständig eine Preiskoordinierung zwischen den unwissenden Mandanten herbeiführt. Die mittelbare Kartelltäterschaft lässt sich jedoch *de lege lata* nicht unter Art. 101 Abs. 1 AEUV subsumieren. Dementsprechend wurde vorgeschlagen, eine solche *de lege ferenda* einzuführen. Da die praktische Realisierbarkeit einer Änderung der europäischen Verträge fraglich ist, wurde vorgeschlagen, wenigstens auf nationaler Ebene eine entsprechende Regelung zu schaffen.

Nicht nur bezogen auf die *de lege ferenda* einzuführende Figur der mittelbaren Kartelltäterschaft, sondern bereits in Bezug auf die Fälle der Kartellgehilfen, bedürfen die ermessenskonkretisierenden Bußgeldleitlinien der Europäischen Kommission einerseits und des Bundeskartellamtes andererseits einer Anpassung. Aufgrund des fehlenden direkten Bezugs des Dritten zu dem kartellierten Markt ist unklar, welcher Umsatz in der Bußgeldbemessung heranzuziehen ist. Stellt man auf das Beratungshonorar ab, so reflektiert dies das Schadenspotential des Beraterverhaltens nicht hinreichend. Vielmehr sollte, orientiert an den in den europäischen Bußgeldleitlinien vorgesehenen Sonderregeln für Unternehmensvereinigungen, auf den tatbezogenen Gesamtumsatz der von dem Dritten beratenen Unternehmen abgestellt werden.

B. Kartellrechtliche Haftung bei einer Koordinierung im Vertikalverhältnis

Zuletzt sollen schließlich die bereits eingangs dargestellten Fallgruppen diskutiert werden, in denen die Mandanten nicht miteinander in Wettbewerb stehen, sondern in denen sie auf vor- bzw. nachgelagerten Märkten tätig sind, in denen etwa eine Lieferbeziehung besteht. Dabei steht primär der Vorwurf einer möglichen Einwirkung des Herstellers auf die Preissetzungsfreiheit des Händlers unter Einschaltung eines gemeinsamen Preisberaters im Raum. In der vierten Fallgruppe handelt es sich um verschiedene Varianten der Einflussnahme des Preisberaters auf die Händler im Interesse des Herstellers, in der fünften Fallgruppe handelt es sich hingegen um ein gemeinsames Zusammenwirken von Hersteller und Händler zum gemeinsamen Vorteil. Berät der Preisberater neben dem Hersteller gleich mehrere betroffene Händler, so kann auf diese Weise zugleich eine horizontale Preiskoordinierung eintreten.[790]

I. Fall 4: Einflussnahme auf die Händler im Interesse des Herstellers

In der vierten Sachverhaltskonstellation werden neben einem Hersteller auch ein oder mehrere Händler dieses Herstellers durch denselben Preisberater beraten. Der Preisberater hat bereits den Händler hinsichtlich seiner

790 Zu den horizontalen Koordinierungseffekten siehe bereits Teil 5.A.I. bis III. Siehe insbesondere auch Bundeskartellamt, Quo Vadis Vertikal-GVO, S. 16. Das Bundeskartellamt weist beispielhaft insbesondere auf den Einsatz vertikaler Preisbindung als „Mittel zur Absicherung eines horizontalen Herstellerkartells" sowie auf die horizontalen Effekte des flächendeckenden Einsatzes von Preisalgorithmen hin.

unverbindlichen Preisempfehlungen beraten und nun wirken Hersteller und Preisberater derart zusammen, dass der Preisberater die Händler im Interesse des Herstellers beeinflusst oder überwacht.

1. Grundlagen der kartellrechtlichen Bewertung unverbindlicher Preisempfehlungen

Schutzgut des Art. 101 Abs. 1 AEUV ist die Handlungsfreiheit der Marktteilnehmer.[791] Im Lieferantenverhältnis betrifft dies etwa die Preissetzungsfreiheit der Händler hinsichtlich des Endpreises. Das traditionelle Verbot der Preisbindung der zweiten Hand schützt Händler vor einer unzulässigen Einflussnahme des Herstellers auf die Preissetzung des Händlers.[792] Erfasst sind insbesondere vom Hersteller vorgegebene Fest- oder Mindestpreise.[793] Demgegenüber erfüllen unverbindliche Preisempfehlungen des Herstellers nicht ohne Weiteres den Tatbestand des Kartellverbots.

a) Tatbestandsmäßige Willensübereinstimmung in Abgrenzung zu bloß einseitigem Verhalten

Bereits auf Tatbestandsebene ist abzugrenzen, ob es sich um eine rein einseitige Maßnahme des Herstellers handelt oder ob das für eine Koordinierung notwendige Mindestmaß an Gegenseitigkeit vorliegt.[794] Anhand der Umstände ist auszulegen, inwieweit die Händler durch ihr Verhalten ihre Zustimmung signalisieren.[795] In Literatur und Praxis finden sich unterschiedliche Auffassungen dazu, wann eine solche Willensübereinstimmung angenommen werden kann.

So vertrat das Bundeskartellamt in „*Ciba Vision*" eine sehr weitgehende Auffassung, wonach bereits jede weitere Thematisierung der Preissetzung

---

791 EuGH, Urteil vom 22.10.2015, Rs. C-194/14 P, Rn. 33 „*AC Treuhand*"; BKartA, Hinweispapier zum Preisbindungsverbot im Lebensmitteleinzelhandel, Rn. 11; *Hengst*, in: Langen/Bunte, Art. 101 AEUV Rn. 179 ff.

792 *Nolte*, in: Langen/Bunte, Nach Art. 101 AEUV Rn. 423.

793 Siehe die Einordnung als Kernbeschränkung in Art. 4 lit. a) Vertikal-GVO; vgl. auch *Nolte*, in: Langen/Bunte, Nach Art. 101 Rn. 432 ff.

794 Grundlegend BKartA, Hinweispapier zum Preisbindungsverbot im Lebensmitteleinzelhandel, Rn. 12 f., 20 ff.; *Nolte*, in: Langen/Bunte, Nach Art. 101 AEUV Rn. 457 m.w.N.

795 *Nolte*, in: Langen/Bunte, Nach Art. 101 AEUV Rn. 459.

durch den Hersteller nach der erstmaligen Übermittlung der unverbindlichen Preisempfehlung die Annahme einer aufeinander abgestimmten Verhaltensweise rechtfertigen soll.[796] Diese Auffassung beruhte auf dem Gedanken, dass die Druckausübung, die auch Art. 4 lit. a) 2. HS Vertikal-GVO aufgreift, die Unverbindlichkeit der Preisempfehlung infrage stelle.[797] Zwar sei die Druckausübung für sich genommen eine rein einseitige Maßnahme, jedoch sei sie zugleich ein wichtiges Indiz für eine aufeinander abgestimmte Verhaltensweise.[798] Im konkreten Fall sah das Bundeskartellamt die durch die Druckausübung indizierte Verhaltensabstimmung durch auf die Preispflegegespräche folgende Preiserhöhungen als bestätigt an.[799] Unter Bezugnahme auf die Rechtsprechung des EuGH gelangte das Bundeskartellamt letztlich im Wege einer Gesamtschau zu der Annahme einer aufeinander abgestimmten Verhaltensweise. So bezog sich das Bundeskartellamt etwa auf die Aussage des EuGH in „*T-Mobile Netherlands*", wonach bereits eine einmalige Kontaktaufnahme eine Verhaltenskoordinierung begünstigen und damit eine aufeinander abgestimmte Verhaltensweise begründen kann.[800]

Diese Rechtsauffassung des Bundeskartellamts wurde in der Literatur häufig als zu weitreichend kritisiert.[801] Nach dieser Strömung in der Literatur liegen im Falle unverbindlicher Preisempfehlungen regelmäßig rein einseitige Verhaltensweisen vor, sodass eine Anwendung des Art. 101 Abs. 1 AEUV bereits auf Tatbestandsebene ausscheidet. So liege weder in der schlichten Fortführung der Geschäftsbeziehung durch die Händler trotz Kenntnis der Umstände, noch in der teilweisen oder vollständigen Umsetzung unverbindlicher Preisempfehlungen eine ausdrückliche oder konkludente Zustimmung der Händler zu einer Verhaltenskoordinierung.[802] Eine Vereinbarung könne nur dann angenommen werden, wenn beispielsweise die unverbindlichen Preisempfehlungen erst auf Anfrage

---

796 BKartA, Beschluss vom 25.9.2009, Az. B3-123/08 „*Ciba Vision*".

797 BKartA, Beschluss vom 25.9.2009, Az. B3-123/08 Rn. 53 „*Ciba Vision*".

798 BKartA, Beschluss vom 25.9.2009, Az. B3-123/08 Rn. 56 f. „*Ciba Vision*".

799 BKartA, Beschluss vom 25.9.2009, Az. B3-123/08 Rn. 56 f. „*Ciba Vision*".

800 BKartA, Beschluss vom 25.9.2009, Az. B3-123/08 Rn. 47 „*Ciba Vision*" unter Bezugnahme auf EuGH, Urteil vom 04.06.2009, Rs. C-8/08, Rn. 60 „*T-Mobile Netherlands*".

801 *Nolte*, in: Langen/Bunte, Nach Art. 101 AEUV Rn. 462 m.w.N.; *Wegner/Johannsen*, in: KölnKomm-KartR, Art. 4 Vertikal-GVO Rn. 22, 25.

802 *Nolte*, in: Langen/Bunte, Nach Art. 101 AEUV Rn. 458; *Wegner/Johannsen*, in: KölnKomm-KartR, Art. 4 Vertikal-GVO Rn. 20 ff.

der Händler ausgesprochen wurden[803] oder wenn die Händler die übermittelten Preisempfehlungen der Herstellers ausdrücklich akzeptierten[804].

In seinem im Juli 2017 veröffentlichten Hinweispapier zum Preisbindungsverbot im stationären Lebensmitteleinzelhandel relativierte das Bundeskartellamt seine diesbezügliche Rechtsauffassung dahingehend, dass es für die Beurteilung, ob bereits jede weitere Thematisierung der unverbindlichen Preisempfehlung als Druckausübung qualifiziert werden kann, auf die konkreten Umstände des Einzelfalles, insbesondere das Machtgefälle zwischen Hersteller und Händler, ankomme.[805] So sei eine weitere Thematisierung der unverbindlichen Preisempfehlungen durch einen ersetzbaren Lieferanten gegenüber einem nachfragemächtigen Händler im Rahmen von Jahresgesprächen unproblematisch. Demgegenüber könne jedoch bereits eine einmalige weitere Thematisierung der unverbindlichen Preisempfehlung eine Druckausübung darstellen, wenn der Händler von der Belieferung durch den Lieferanten abhängig ist und es in der Vergangenheit bereits zu Lieferverweigerungen kam.[806]

Zuletzt betonte auch das OLG Düsseldorf die Notwendigkeit einer Beurteilung der Umstände des Einzelfalls.[807] Es könne „nicht ohne Weiteres und immer schon dann, wenn Lieferant und Abnehmer über die Preisbildung des letzteren sprechen, von einer kartellrechtlich verbotenen Einwirkung auf die Willensbildungs- und Entscheidungsfreiheit des angesprochenen Unternehmens ausgegangen werden".[808] Eine relevante Drückausübung könne vielmehr erst dann angenommen werden, „wenn die Würdigung der umfassend in Betracht zu ziehenden Umstände des Einzelfalls ergibt, dass der Erklärungsempfänger die Äußerungen eines Gegenübers bei objektiver und vernünftiger Betrachtung dahin verstehen darf, dass von ihm ein bestimmtes Preisbildungsverhalten erwartet wird und er für den

803 *Nolte*, in: Langen/Bunte, Nach Art. 101 AEUV Rn. 460.

804 *Wegner/Johannsen*, in: KölnKomm-KartR, Art. 4 Vertikal-GVO Rn. 20 f.

805 BKartA, Hinweispapier zum Preisbindungsverbot im Lebensmitteleinzelhandel, S. 23.

806 Siehe die Beispiele in BKartA, Hinweispapier zum Preisbindungsverbot im Lebensmitteleinzelhandel, S. 23.

807 OLG Düsseldorf, 1. Kartellsenat, Urteil vom 18.9.2019, Az. VI-U (Kart) 3/19 *„Preisbindung der zweiten Hand"*.

808 OLG Düsseldorf, 1. Kartellsenat, Urteil vom 18.9.2019, Az. VI-U (Kart) 3/19 Rn. 25 *„Preisbindung der zweiten Hand"*.

Fall der Nichterfüllung dieser Erwartung einen Nachteil zu besorgen hat".[809]

Fehlt es nach diesen Grundsätzen an einer Willensübereinstimmung, liegt eine einseitige Maßnahme vor, die möglicherweise als Verstoß gegen Art. 102 AEUV geahndet werden kann.[810]

b) Freistellung unverbindlicher Preisempfehlungen nach der Vertikal-GVO

Lässt sich eine Vereinbarung oder eine aufeinander abgestimmte Verhaltensweise nach den dargestellten Grundsätzen bejahen und ist der Tatbestand des Art. 101 Abs. 1 AEUV erfüllt, so können unverbindliche Preisempfehlungen dennoch gemäß Art. 2 Abs. 1 Vertikal-GVO i.V.m. Art. 101 Abs. 3 AEUV vom Kartellverbot freigestellt sein. Dies setzt zum einen voraus, dass die Marktanteilsschwelle des Art. 3 Vertikal-GVO nicht überschritten ist, das heißt sowohl der Marktanteil des Herstellers als auch der Marktanteil des Händlers auf den relevanten Märkten darf nicht mehr als 30 % betragen. Sodann folgt aus Art. 4 lit. a) 2. HS Vertikal-GVO, dass Preisempfehlungen grundsätzlich nicht als Kernbeschränkung zu qualifizieren sind und damit prinzipiell der Freistellung unterfallen. Die Schwelle zur Unzulässigkeit ist hingegen dann überschritten, wenn der Hersteller Druck auf die Händler ausübt, die Preisempfehlungen einzuhalten, oder ein entsprechendes Anreiz- bzw. Sanktionssystem etabliert.[811] Der Hersteller kann beispielsweise Anreize schaffen, indem er den Händlern Rabatte oder Boni in Aussicht stellt.[812] Demgegenüber liegt eine unzulässige Druckausübung jedenfalls dann vor, wenn der Hersteller Warnungen oder Drohungen ausspricht, wenn er beispielsweise die Beendigung der Vertragsbeziehung für den Fall der Nichtbeachtung der Preisempfehlungen in Aussicht stellt.[813] Eine ähnliche, de facto preisbindende Wirkung haben

809 OLG Düsseldorf, 1. Kartellsenat, Urteil vom 18.9.2019, Az. VI-U (Kart) 3/19 Rn. 25 *„Preisbindung der zweiten Hand"*.

810 *Nolte*, in: Langen/Bunte, Nach Art. 101 AEUV Rn. 458.

811 Vgl. Art. 4 lit. a 2. HS Vertikal-GVO; dazu im Einzelnen *Nolte*, in: Langen/Bunte, Nach Art. 101 AEUV Rn. 455 ff.; *Wegner/Johannsen*, in: KölnKomm-KartR, Art. 4 Vertikal-GVO Rn. 24 f.

812 *Nolte*, in: Langen/Bunte, Nach Art. 101 AEUV Rn. 25.

813 BKartA, Hinweispapier zum Preisbindungsverbot im Lebensmitteleinzelhandel, Rn. 62 ff.; *Nolte*, in: Langen/Bunte, Nach Art. 101 AEUV Rn. 452; *Wegner/Johannsen*, in: KölnKomm-KartR, Art. 4 Vertikal-GVO Rn. 25.

vom Hersteller etablierte Preisüberwachungssysteme und Preismeldestellen.[814]

2. Anwendung dieser Grundsätze auf die vorliegende Fallkonstellation

a) Kartellrechtliche Haftung von Hersteller und Händler

In der hier diskutierten, vierten Fallgestaltung hat der Preisberater bereits den Hersteller mit dem Ziel der Gewinnmaximierung zur Festsetzung seiner unverbindlichen Preisempfehlung beraten. Fraglich ist, inwieweit eine darauffolgende Einflussnahme des Preisberaters – im Interesse oder sogar im Auftrag des Herstellers – auf die ebenfalls von ihm beratenen Händler unter dem Gesichtspunkt der Preisbindung der zweiten Hand einen Verstoß gegen Art. 101 Abs. 1 AEUV darstellt.

aa) Ausgangsfall: Verdeckte Einflussnahme auf die Händler

So könnte der Preisberater etwa zum verdeckten Instrument der Einflussnahme des Herstellers werden und gegenüber den Händlern die Herstellerpreisempfehlung als optimalen Preis bestärken. Dies läge insbesondere dann nahe, wenn der Preisberater neben dem Hersteller gleich mehrere Händler oder sogar alle großen Händler berät, sodass es durch die gemeinsame Orientierung an der Preisempfehlung wiederum zu einer Preisangleichung zwischen den Händlern kommt.[815]

Problematisch ist jedoch, ob in einem solchen Fall überhaupt eine Vereinbarung oder eine aufeinander abgestimmte Verhaltensweise im Sinne des Art. 101 Abs. 1 AEUV vorliegt. Insoweit müssten Anhaltspunkte für eine Willensübereinstimmung zwischen dem Hersteller einerseits und den Händlern andererseits vorliegen.

---

814 BKartA, Hinweispapier zum Preisbindungsverbot im Lebensmitteleinzelhandel, Rn. 26, 97; *Nolte*, in: Langen/Bunte, Nach Art. 101 AEUV Rn. 452. Siehe zur Druckausübung auch den vorherigen Abschnitt Teil 5.B.I.1.a).

815 Vgl. auch KOMM., Leitlinien für vertikale Beschränkungen, ABl. EU 2010 Nr. C 130/01, Rn. 227, wonach die wettbewerbliche Gefahr unverbindlicher Preisempfehlungen gerade darin besteht, dass sie eine horizontale Koordinierung begünstigen; siehe dazu auch BKartA, Hinweispapier zum Preisbindungsverbot im Lebensmitteleinzelhandel, Rn. 49, 52 ff.

Im Ausgangspunkt dieser Sachverhaltskonstellation erarbeitet der Preisberater im Auftrag des Herstellers unverbindliche Preisempfehlungen. Diese übermittelt der Hersteller sodann den Händlern, beispielsweise in der üblichen Form einer der Warenlieferung beigefügten Preisliste. Eine weitere Thematisierung der unverbindlichen Preisempfehlung zwischen Hersteller und Händler erfolgt nicht, jedoch wirkt der Preisberater in der Weise auf die Händler ein, dass dieser die unverbindlichen Preisempfehlungen bestärkt, ohne dabei seine Verbindung zu dem Hersteller offenzulegen. Sodann ist davon auszugehen, dass die Händler im Beratungsgespräch mit dem Preisberater zum Ausdruck bringen werden, ob sie der unverbindlichen Preisempfehlung folgen werden oder aber, ob sie beabsichtigen, von dieser abzuweichen. Signalisieren sie dem Preisberater, dass sie die unverbindliche Preisempfehlung des Herstellers beachten werden, könnte man hierin die für eine Willensübereinstimmung notwendige Zustimmung sehen.

Unter den gegebenen Umständen kommt dennoch keine Kartellvereinbarung im Sinne des Art. 101 Abs. 1 AEUV zwischen dem Hersteller und den Händlern zustande. Auch im Rahmen des grundsätzlich unionsrechtlich-autonom auszulegenden Vereinbarungsbegriffs finden prinzipiell die Grundprinzipien des zivilrechtlichen Vertragsbegriffs Anwendung.[816] Dabei scheitert das Zustandekommen einer Vereinbarung im Sinne des Art. 101 Abs. 1 AEUV zwischen dem Hersteller und den Händlern vorliegend zunächst an den *essentialia negotii* unter dem Gesichtspunkt der Vertragspartei.[817] In der hier diskutierten Sachverhaltskonstellation sind sich die Händler weder des Umstandes bewusst, dass der Preisberater bereits den Hersteller bei der Festlegung der unverbindlichen Preisempfehlung beraten hatte, noch, dass die eigene Beratung nun durch die Interessen des Herstellers beeinflusst ist und der Hersteller mittelbar Einfluss ausübt. Vielmehr gehen die beratenen Händler davon aus, dass der Preisberater unabhängig agiert. Vom objektiven Empfängerhorizont der Händler ist ihnen in ihrem Umgang mit dem Preisberater kein Zustandekommen einer Koordinierung mit dem Hersteller erkennbar. Der Preisberater tritt allenfalls als verdeckter Stellvertreter auf und würde insoweit selbst Partei der Vereinbarung. Infolgedessen ist den Händlern auch die vertikale Verhaltenskoordinierung als Gegenstand der Vereinbarung nicht erkennbar.

---

816 *Zimmer*, in: Immenga/Mestmäcker, Art. 101 AEUV Rn. 68; *Füller*, in: KölnKomm-KartR, Art. 101 Rn. 106; vgl. auch *Maritzen*, in: KölnKomm-KartR, § 1 GWB Rn. 138 ff.

817 Vgl. *Busche*, in: MünchKomm-BGB, § 145 Rn. 6.

Folglich kommt keine Vereinbarung im Sinne des Art. 101 Abs. 1 AEUV zwischen Hersteller und Händlern zustande.

Auch die Tatbestandsvariante der aufeinander abgestimmten Verhaltensweise setzt ein Mindestmaß an Willensübereinstimmung voraus.[818] Das subjektive Element liegt dabei unterhalb der Schwelle zur Vereinbarung.[819] Erforderlich ist nach der in ständiger Rechtsprechung wiederholten Formel des EuGH ein Verhalten, das „bewusst eine praktische Zusammenarbeit an die Stelle des mit Risiken verbundenen Wettbewerbs treten lässt".[820] Auch diese subjektiv schwächer ausgeprägte Form der Abstimmung verlangt jedoch notwendig, dass sich die Parteien überhaupt darüber bewusst sind, dass sie sich koordinieren.

Abschließend lässt sich in Erwägung ziehen, ob möglicherweise auch in dieser Konstellation aus einer Verhaltenszurechnung in Anlehnung an die Rechtsprechung des EuGH in „*VM Remonts*" ein abweichendes Ergebnis folgen kann. „*VM Remonts*" befasste sich mit der Konstellation, dass die beratenen Unternehmen miteinander in Wettbewerb standen, der Berater also eine horizontale Koordinierung herbeiführte. Wendet man dieselben Grundsätze der Verhaltenszurechnung im Falle der Beauftragung selbständiger Dritter auf den vorliegenden Fall an, so muss sich der Hersteller das Fehlverhalten des Preisberaters zurechnen lassen, da es sich bei dem Preisberater (1.) um einen beauftragten, selbständigen Dritten handelt und (2.) der Hersteller Kenntnis von dem relevanten Fehlverhalten des Preisberaters – hier der Druckausübung auf die Händler – hatte. Jedoch hilft diese Zurechnung der Druckausübung nicht über die – auf vorgelagerter Ebene – fehlende Willensübereinstimmung hinweg, sofern weiterhin ein Wissensdefizit auf Seiten der Händler besteht.

In der hier diskutierten Konstellation fehlt es den Händlern gerade an dem Bewusstsein, dass Hersteller und Preisberater mit dem Ziel der Durchsetzung der unverbindlichen Preisempfehlung zusammenwirken. Somit liegt zwar objektiv im Ergebnis eine vertikale Koordinierung zwischen Hersteller und Händlern vor. Diese ist den Händlern jedoch subjektiv, mangels Kenntnis der Umstände, nicht zurechenbar.

---

818 *Füller*, in: KölnKomm-KartR, Art. 101 AEUV Rn. 142.

819 *Füller*, in: KölnKomm-KartR, Art. 101 AEUV Rn. 142.

820 EuGH, Urteil vom 16.12.1975, verb. Rs. 40/73 u.a., Rn. 26 „*Suiker Unie*"; EuGH, Urteil vom 31.3.1993, verb. Rs. C-89/85 u.a., Rn. 63 „*Ahlström*"; EuGH, Urteil vom 04.06.2009, Rs. C-8/08, Rn. 26 „*T-Mobile Netherlands*".

Folglich ist das Tatbestandsmerkmal der aufeinander abgestimmten Verhaltensweise im Sinne des Art. 101 Abs. 1 AEUV in der vorliegenden Fallkonstellation nicht erfüllt.

Im nationalen Recht ist jedoch bereits die versuchte Einflussnahme auf die Preissetzungsfreiheit der Händler durch Anreize oder Druckausübung von § 21 Abs. 2 GWB erfasst.[821] Insofern kommt eine Haftung des Herstellers aus § 21 Abs. 2 GWB in Betracht.

bb) Abwandlung: Offene Einflussnahme auf die Händler

Denkbar ist demgegenüber auch eine Abwandlung des Sachverhalts dahingehend, dass der Preisberater den Händlern seine Zusammenarbeit mit dem Hersteller offenlegt und sodann versucht, zwischen dem Hersteller und den Händlern hinsichtlich der Einhaltung der unverbindlichen Preisempfehlung zu vermitteln.

Erklären die Händler gegenüber dem Preisberater unter diesen Umständen ihre Zustimmung zu der Herstellerpreisempfehlung und signalisieren sie ihre Bereitschaft, die Preisempfehlung künftig einzuhalten, so liegt eine Willensübereinstimmung zwischen dem Hersteller und den Händlern vor. Derartige Systeme indirekter Kommunikation über einen Dritten, hier über den gemeinsamen Preisberater, stellen eine aufeinander abgestimmte Verhaltensweise dar.[822] Sollte der Preisberater jedoch die Rolle des Boten übernehmen, der die Erklärungen des Herstellers sowie des Händlers wechselseitig übermittelt, so liegt bereits eine Vereinbarung im Sinne des Art. 101 Abs. 1 AEUV vor. Dies ist von Bedeutung, da die Tatbestandsvariante der Vereinbarung, im Gegensatz zur aufeinander abgestimmten Verhaltensweise, keinen tatbestandlichen Erfolg verlangt.[823]

Eine Freistellung nach Art. 2 Abs. 1 Vertikal-GVO i.V.m. Art. 101 Abs. 3 AEUV scheitert schließlich an Art. 4 lit. a) 2. HS der Vertikal-GVO. Angesichts der mittelbar erzielten Vereinbarung zwischen Hersteller und Händlern über die künftige Beachtung der Preisempfehlungen, kann von einer Unverbindlichkeit keine Rede mehr sein. Übernimmt der Preisberater zudem im Auftrag des Herstellers die Überwachung des künftigen Preisset-

821 BKartA, Hinweispapier zum Preisbindungsverbot im Lebensmitteleinzelhandel, Rn. 20 f.; *Mestmäcker/Schweitzer*, in: Mestmäcker/Schweitzer § 10 Rn. 26.

822 *Füller*, in: KölnKomm-KartR, Art. 101 AEUV Rn. 142 ff.; ausführlich bereits oben Teil 4.B.II.2.

823 *Füller*, in: KölnKomm-KartR, Art. 101 AEUV Rn. 109, 144.

zungsverhaltens der Händler, so folgt eine de facto preisbindende Wirkung zudem aus der Etablierung eines Preisüberwachungssystems.[824]

Legt der Preisberater seine Kooperation mit dem Hersteller gegenüber den ebenfalls beratenen Händlern offen und signalisieren die Händler in Kenntnis dieser Umstände ihre Bereitschaft, die Herstellerpreisempfehlung künftig umzusetzen, so verstößt die ursprünglich unverbindliche Preisempfehlung folglich gegen Art. 101 Abs. 1 AEUV. Eine Freistellung scheitert an Art. 4 lit. a) der Vertikal-GVO.

cc) Abwandlung: Der Preisberater als Überwachungs- und Meldestelle

Schließlich lässt sich in einer Abwandlung auch von der Konstellation ausgehen, dass der Preisberater zwar von einer aktiven Einwirkung auf die ebenfalls beratenen Händler absieht, er dem Hersteller jedoch – ohne das Wissen der beratenen Händler – Abweichungen von den unverbindlichen Preisempfehlungen meldet. Übernimmt der Preisberater eine solche Preiswächterrolle, so versetzt dies wiederum den Hersteller in eine Position, die es ihm erlaubt, selbst auf die Händler einzuwirken und diese etwa durch Drohungen oder Anreizsysteme direkt unter Druck zu setzen. Eine derartige Überwachung der Händlerpreise kann ferner in besonders effizienter Weise unter Einsatz von Preissoftware erfolgen.[825]

Im Verhältnis zwischen dem Hersteller und den Händlern stellt sich erneut zunächst die Frage, ob überhaupt eine tatbestandsmäßige Vereinbarung oder aufeinander abgestimmte Verhaltensweise erzielt wurde. Ist dies der Fall, so scheitert eine Freistellung an Art. 4 lit. a) der Vertikal-GVO, da ein solches Preisüberwachungssystem eine anerkannte Form der Druckausübung darstellt.[826] Bleibt es bei einem rein einseitigen Verhalten des Her-

824 Vgl. *Nolte*, in: Langen/Bunte, Nach Art. 101 Rn. 451 ff.; *Wegner/Johannsen*, in: KölnKomm-KartR, Art. 4 Vertikal-GVO Rn. 24 ff. Speziell zur Etablierung eines Preismonitoringsystems im Dreipersonenverhältnis, *Wollmann/Herzog*, in: MünchKomm-WettbR (2. Aufl.), Art. 101 AEUV Rn. 270.

825 Vgl. dazu OECD, Policy Roundtable – Algorithms and Collusion – Note from the European Union, DAF/COMP/WD(2017)12. Siehe auch KOMM., Pressemitteilung vom 24.7.2018, IP/18/4601 zur Verhängung von Bußgeldern gegen verschiedene Hersteller von Unterhaltungselektronik wegen vertikaler Preisbindung unter Einsatz von Preissoftware zur Überwachung der Händlerpreise.

826 *Nolte*, in: Langen/Bunte, Nach Art. 101 AEUV Rn. 452; *Wollmann/Herzog*, in: MünchKomm-WettbR (2. Aufl.), Art. 101 AEUV Rn. 270.

stellers, unterstützt durch den Preisberater, so kommt erneut ein Rückgriff auf § 21 Abs. 2 GWB in Betracht.[827]

dd) Zwischenergebnis

Ob in der vierten Fallgruppe ein vertikaler Kartellverstoß gemäß Art. 101 Abs. 1 AEUV zwischen dem Hersteller und den Händlern vorliegt, hängt maßgeblich davon ab, ob zunächst überhaupt eine Willensübereinstimmung zwischen diesen Beteiligten zustande kommt. Dies ist nicht der Fall, wenn der Preisberater versteckt im Interesse des Herstellers agiert und in dessen Interesse auf die ebenfalls beratenen Händler einwirkt.

Dient der Preisberater hingegen als Medium indirekter Kommunikation, sind sich die Händler also der Einwirkung seitens des Herstellers bewusst, so kann auf diese Weise eine vertikal aufeinander abgestimmte Verhaltensweise zwischen Hersteller und Händlern zustande kommen.

Übernimmt der Preisberater nur die Rolle des Preiswächters, der dem Hersteller Abweichungen von den unverbindlichen Preisempfehlungen durch die Händler meldet, so kann der Hersteller selbst auf die Händler einwirken. Dann kann im Wege direkter vertikaler Kommunikation eine Vereinbarung oder aufeinander abgestimmte Verhaltensweise zustande kommen.

Liegt eine vertikale Vereinbarung oder vertikal aufeinander abgestimmte Verhaltensweise vor und sind auch die weiteren Tatbestandsmerkmale des Art. 101 Abs. 1 AEUV erfüllt, so scheitert bei Einschaltung des Preisberaters als Überwachungs- und Meldestelle eine Freistellung gemäß Art. 4 lit. a) Vertikal-GVO, da es sich um eine tatbestandsmäßige Druckausübung handelt.

Fehlt es an einer Willensübereinstimmung zwischen Hersteller und Händlern und damit an der für Art. 101 Abs. 1 AEUV erforderlichen Zweiseitigkeit, so kommt immer noch ein Verstoß des Herstellers gegen § 21 Abs. 2 GWB in Betracht.

b) Kartellrechtliche Haftung des Preisberaters

Eine mögliche kartellrechtliche Haftung des Preisberaters richtet sich vorliegend ebenfalls primär nach den vom EuGH in „*AC Treuhand*“ aufgestell-

827 Vgl. *Mestmäcker/Schweitzer*, in: Mestmäcker/Schweitzer § 10 Rn. 26.

ten Kriterien. Zwar befasste sich der EuGH soweit ersichtlich bislang unmittelbar nur mit der Kartellgehilfenhaftung im Kontext horizontaler Wettbewerbsverstöße, jedoch sind keine Gründe ersichtlich, warum vertikale Wettbewerbsverstöße im Rahmen des Art. 101 Abs. 1 AEUV anders behandelt werden sollten.

Nach der Rechtsprechung des EuGH haftet derjenige Dritte, der „durch sein Verhalten zur Erreichung der von allen Beteiligten verfolgten gemeinsamen Ziele beitragen wollte und von dem von anderen Unternehmen in Verfolgung dieser Ziele beabsichtigten oder an den Tag gelegten tatsächlichen Verhalten wusste oder dieses vernünftigerweise vorhersehen konnte und [...] bereit war, die daraus erwachsende Gefahr auf sich zu nehmen."[828] Dieser Formel lässt sich nicht entnehmen, dass die weiteren Beteiligten miteinander in Wettbewerb stehen müssen bzw. dass es sich bei dem tatsächlichen oder bloß beabsichtigten Verhalten der weiteren Beteiligten zwingend um einen horizontalen Kartellverstoß handeln muss. Vielmehr sind die Kriterien des EuGH so zu verstehen, dass sie sich allgemein um eine Haftung aus Art. 101 Abs. 1 AEUV handeln muss.

Folglich sind die in *„AC Treuhand"* aufgestellten Kriterien auch in der vorliegend diskutierten Fallgruppe für die Haftung des Preisberaters maßgeblich. Deren Voraussetzungen sind erfüllt, wenn zwischen Hersteller und Händler eine tatbestandsmäßige vertikale Wettbewerbsbeschränkung vorliegt, die der Preisberater bewusst durch sein eigenes Verhalten – hier beispielsweise bereits durch seine Funktion als Überwachungs- und Meldestelle für den Hersteller – die Verhaltensabstimmung gefördert hat.

Ferner kommt auch eine Haftung des Preisberaters aus § 21 Abs. 2 GWB in Betracht, sofern dieser – wenn auch im Auftrag des Herstellers – Druckmittel gegenüber den Händlern anwendet. Normadressat des § 21 Abs. 2 GWB ist das druckausübende Unternehmen. In seiner *„markt-intern"*-Entscheidung wies der BGH 1980 ausdrücklich darauf hin, dass „der Einflussnehmende nicht zugleich als Partner der ‚vertraglichen Bindung' in Betracht kommen [muss]".[829] § 21 Abs. 2 GWB erfordere nicht, dass das einflussnehmende Unternehmen selbst an der anvisierten unzulässigen Vereinbarung (etwa einer vertikalen Preisbindung) beteiligt sein muss.[830]

---

828 EuGH, Urteil vom 22.10.2015, Rs. C-194/14 P, Rn. 30 *„AC Treuhand"*.

829 BGH, Urteil vom 14.7.1980, Az. KRB 6/79, WuW/E BGH 1736 f. *„markt-intern"*; siehe auch BKartA, Hinweispapier zum Preisbindungsverbot im Lebensmitteleinzelhandel, Rn. 20 f.

830 BGH, Urteil vom 14.7.1980, Az. KRB 6/79, WuW/E BGH 1736 f. *„markt-intern"*; siehe auch *Krauser*, in: MünchKomm-WettbR, § 21 GWB Rn. 42; *Loewenheim*,

3. Ergebnis zu Fall 4

Berät der Preisberater gleichzeitig einen Hersteller in der Festlegung unverbindlicher Preisempfehlungen sowie dessen Händler so kommt je nach Fallgestaltung eine kartellrechtliche Haftung von Hersteller und Händlern gemäß Art. 101 Abs. 1 AEUV unter dem Gesichtspunkt der vertikalen Preisbindung in Betracht. Problematisch ist dabei zunächst die Feststellung einer subjektiven Willensübereinstimmung zwischen Hersteller und Händlern, die sowohl im Wege direkter Kommunikation als auch im Wege indirekter Kommunikation über den Preisberater erzielt werden kann. Übernimmt der Preisberater im Auftrag des Herstellers sodann die Rolle einer Überwachungs- und Meldestelle für Abweichungen der Händler von den unverbindlichen Preisempfehlungen, so liegt auch eine die Freistellung gem. Art. 4 lit. a) Vertikal-GVO ausschließende Druckausübung vor. Die Haftung des Preisberaters als Mittäter des Art. 101 Abs. 1 AEUV richtet sich nach den vom EuGH in *„AC Treuhand“* aufgestellten Kriterien der Kartellgehilfenhaftung. Ferner kommt sowohl in Bezug auf den Hersteller als auch auf den Preisberater eine Anwendung des § 21 Abs. 2 GWB in Betracht.

II. Fall 5: Preisberatung zum gemeinsamen Vorteil von Hersteller und Händlern

Zuletzt soll der Fall diskutiert werden, dass der Preisberater sowohl den Hersteller als auch dessen Händler zum gemeinsamen Vorteil, das heißt zur gemeinsamen Gewinnmaximierung berät. In einem ersten Schritt vereinbaren Hersteller und Händler, unterstützt durch Analysen des Preisberaters, insbesondere etwa zur Nachfrageelastizität der Endabnehmer, einen gewinnmaximierenden Endpreis. In einem zweiten Schritt moderiert der Preisberater sodann zwischen Hersteller und Händlern die Verhandlung des Herstellerabgabepreises, der letztlich über die Verteilung des Gesamtgewinns entscheidet.

---

in: Loewenheim et al., § 21 GWB Rn. 29 f.; *Markert*, in: Immenga/Mestmäcker, § 21 GWB Rn. 56.

1. Kartellrechtliche Haftung von Hersteller und Händlern

Der beschriebene zweite Schritt, die Verhandlung des Herstellerabgabepreises, ist grundsätzlich nicht zu beanstanden, sondern vielmehr ein notwendiger Schritt in der Geschäftsbeziehung. Hersteller und Händler verfolgen hinsichtlich des Herstellerabgabepreises gegenläufige Interessen, was notwendig Vertragsverhandlungen erfordert.[831] Demgegenüber ist zweifelhaft, ob eine Vereinbarung des Endpreises zur gemeinsamen Gewinnmaximierung von Hersteller und Händler kartellrechtlich zulässig ist. Insoweit steht auch hier ein Verstoß gegen das Verbot der vertikalen Preisbindung im Raum.[832]

a) Grundsätzliche Einordnung als Kernbeschränkung

Grundsätzlich stellt die Vereinbarung des gewinnmaximierenden Endpreises zwischen Hersteller und Händlern eine Vereinbarung im Sinne des Art. 101 Abs. 1 AEUV dar, die in ihrer Wirkung der Festsetzung eines Festpreises entspricht. Eine solche Preisbindung der zweiten Hand stellt eine bezweckte Wettbewerbsbeschränkung dar, ohne dass es auf Tatbestandsebene auf eine Analyse der konkreten Auswirkungen ankäme.[833]

Art. 4 lit. a) Vertikal-GVO qualifiziert Festpreisvereinbarungen als Kernbeschränkung, sodass eine Freistellung nach der Vertikal-GVO ausscheidet. Flankiert wird diese vorliegend ferner durch ein Anreizsystem, sofern man unterstellt, dass die beteiligten Händler im Gegenzug ein gewisses Entgegenkommen in der Verhandlung des Herstellerabgabepreises erwarten.

b) Möglichkeit einer Einzelfreistellung gem. Art. 101 Abs. 3 AEUV

Liegt eine Kernbeschränkung vor, so wird vermutet, dass die Voraussetzungen des Art. 101 Abs. 3 AEUV nicht vorliegen. Diese Vermutung ist jedoch widerlegbar,[834] sodass eine Einzelfreistellung nach Art. 101 Abs. 3

831 *Simon/Fassnacht*, S. 447 ff.

832 Vgl. *Nolte*, in: Langen/Bunte, Nach Art. 101 AEUV Rn. 459.

833 *Zimmer*, in: Immenga/Mestmäcker, Art. 101 Abs. 1 AEUV Rn. 130.

834 KOMM., Leitlinien für vertikale Beschränkungen, ABl. EU 2010 Nr. C 130/01, Rn. 47; siehe auch *Baron*, in: Loewenheim et al., Art. 4 Vertikal-GVO Rn. 231 ff.

AEUV auch dann möglich ist, wenn die Voraussetzungen einer Freistellung nach der Vertikal-GVO nicht erfüllt sind.[835] Es ist an dem betroffenen Unternehmen, entsprechende Umstände vorzutragen.[836]

In dieser fünften Fallkonstellation kommt unter Umständen eine solche Einzelfreistellung gem. Art. 101 Abs. 3 AEUV in Betracht. Das beschriebene Verhalten – eine gemeinsame Festlegung des gewinnmaximierenden Endpreises durch Hersteller und Händler – ist unter bestimmten Marktbedingungen geeignet, eine doppelte Marginalisierung zu vermeiden.

aa) Effizienzgewinne durch Vermeidung doppelter Marginalisierung

Bei jeweils unabhängiger Preissetzung durch Hersteller und Händler kann es, sofern es die Marktumstände zulassen,[837] zu einem doppelten Preisaufschlag kommen.[838] Der Herstellerabgabepreis wirkt sich auf die Kosten des Händlers aus. Dies wiederum spiegelt sich im vom Händler gesetzten Endpreis wider, der sich schließlich auf die Menge auswirkt, die der Händler absetzen kann.[839] Erlauben es die Marktumstände sowohl dem Hersteller als auch dem Händler, jeweils einen Preisaufschlag auf die Kosten zu setzen, so sieht sich der Endverbraucher einem doppelten Preisaufschlag (bzw. einer sog. doppelten Marginalisierung) ausgesetzt.[840] Folge einer solchen doppelten Marginalisierung ist ein hoher Endpreis, der in einer geringeren Absatzmenge resultiert, sodass Wohlfahrtsverluste eintreten.[841]

Eine doppelte Marginalisierung kann durch bestimmte Formen vertikaler Kooperation vermieden werden. Typischerweise werden in diesem

835 EuGH, Urteil vom 13.10.2011, Rs. C-439/09, Rn. 48 ff. *„Pierre Fabre“*; *Baron*, in: Loewenheim et al., Art. 4 Vertikal-GVO Rn. 231 ff.

836 KOMM., Leitlinien für vertikale Beschränkungen, ABl. EU 2010 Nr. C 130/01, Rn. 47.

837 Dazu sogleich Teil 5.B.II.1.b)cc).

838 *Schwalbe*, in: Apolte et al. (Hrsg.), Kompendium der Wirtschaftstheorie und Wirtschaftspolitik I, S. 295 ff.; *Kerber/Schwalbe*, in: MünchKomm-WettbR, AEUV Grundlagen Rn. 501 ff.

839 Vgl. *Schwalbe*, in: Apolte et al. (Hrsg.), Kompendium der Wirtschaftstheorie und Wirtschaftspolitik I, S. 295 f.

840 *Schwalbe*, in: Apolte et al. (Hrsg.), Kompendium der Wirtschaftstheorie und Wirtschaftspolitik I, S. 295 ff.; *Kerber/Schwalbe*, in: MünchKomm-WettbR, AEUV Grundlagen Rn. 501 ff.

841 Vgl. *Schwalbe*, in: Apolte et al. (Hrsg.), Kompendium der Wirtschaftstheorie und Wirtschaftspolitik I, S. 296; *Kerber/Schwalbe*, in: MünchKomm-WettbR, AEUV Grundlagen Rn. 501.

Kontext Erwägungen zur vertikalen Integration von Hersteller und Händler angestellt, da infolge eines Zusammenschlusses nur noch ein Preisaufschlag erfolgen würde. Damit läge im Vergleich ein geringerer Endpreis vor und eine größere Menge würde abgesetzt.[842] Ein ähnlicher Effekt lässt sich jedoch auch durch eine vertikale Preisbindung erreichen, etwa indem der Hersteller dem Händler einen Höchstpreis vorgibt.[843]

Unter dem Gesichtspunkt der Vermeidung einer doppelten Marginalisierung kann die in der fünften Fallgruppe der Preisberatung beschriebene vertikale Preisbindung folglich mit Effizienzen verbunden sein, die gegebenenfalls eine Einzelfreistellung nach Art. 101 Abs. 3 AEUV rechtfertigt.[844]

bb) Voraussetzungen einer Einzelfreistellung gem. Art. 101 Abs. 3 AEUV

Erste Voraussetzung einer Einzelfreistellung gem. Art. 101 Abs. 3 AEUV ist das Eintreten von Effizienzgewinnen in Form der „Verbesserung der Warenerzeugung oder -verteilung“ oder der „Förderung des technischen oder wirtschaftlichen Fortschritts“. Erforderlich sind qualitative oder quantitative Effizienzgewinne wirtschaftlicher Art im Bereich der Warenerzeugung, Warenverteilung oder im technischen oder wirtschaftlichen Fortschritt, wobei eine genaue Einordnung entbehrlich ist.[845] Die in der fünften Fallgruppe beschriebene vertikale Preisbindung kann zu derartigen wirtschaftlichen Effizienzgewinnen führen, indem sie einen doppelten Preisaufschlag vermeidet. Infolge eines – im Vergleich – geringeren Endpreises können größere Produktmengen abgesetzt werden, sodass sich die vertikale Absprache positiv auf die Warenverteilung auswirkt.[846]

---

842 Vgl. *Kerber/Schwalbe*, in: MünchKomm-WettbR, AEUV Grundlagen, Rn. 502; siehe auch *Hamilton/Mqasqas*, Southern Economic Journal 1996, 567 ff.; grundlegend *Spengler*, Journal of Political Economy 1950, 347.

843 KOMM., Leitlinien für vertikale Beschränkungen, ABl. EU 2010 Nr. C 130/01, Rn. 107 f), 229; *Kerber/Schwalbe*, in: MünchKomm-WettbR, AEUV Grundlagen, Rn. 503.

844 Siehe dazu auch KOMM., Leitlinien für vertikale Beschränkungen, ABl. EU 2010 Nr. C 130/01, Rn. 229.

845 *Nordemann/Nyberg*, in: Loewenheim et al., Art. 101 Abs. 3 AEUV Rn. 22 ff. m.w.N.

846 Zu den positiven Auswirkungen auf sowohl die Konsumentenrente als auch die Produzentenrente siehe *Schwalbe*, in: Apolte et al. (Hrsg.), Kompendium der Wirtschaftstheorie und Wirtschaftspolitik I, S. 297 f.

Die hier diskutierten Effizienzgewinne, die aus einer Vermeidung doppelter Marginalisierung folgen, können jedoch ohnehin nur dann entstehen, wenn aufgrund der Marktumstände die Gefahr eines doppelten Preisaufschlags bestand.

Bei unabhängigem Verhalten von Hersteller und Händler kommt es überhaupt nur dann zu einem doppelten Preisaufschlag, wenn beide Parteien über Marktmacht verfügen.[847] Darstellungen in der ökonomischen Literatur gehen regelmäßig von einer Kette von Monopolen aus,[848] jedoch genügen auch schwächere Formen von Marktmacht.[849] Auf Ebene der Händler ist diese Voraussetzung etwa dann gegeben, wenn die Händler über Alleinvertriebsrechte im jeweiligen Gebiet verfügen.[850] Ebenso genügt das Vorliegen eines Oligopols, das heißt kollektiver Marktbeherrschung.[851]

Erst das Bestehen von Marktmacht ermöglicht es Hersteller und Händler, einen Preis oberhalb der Grenzkosten zu setzen.[852] Sind Hersteller und/oder Händler demgegenüber Wettbewerb ausgesetzt, so ist ein Preisaufschlag nicht möglich und es besteht keine Gefahr einer doppelten Marginalisierung. Dementsprechend würde eine vertikale Integration oder eine vertikale (Höchst-)Preisbindung auch nicht zu Effizienzgewinnen führen.[853]

In der hier diskutierten fünften Fallgruppe der Preisberatung kommt es für die Beurteilung der Effizienzgewinne somit entscheidend darauf an, ob Hersteller und Händler über Marktmacht – und damit über Preissetzungsspielraum – verfügen. Ist dies nicht der Fall, so folgt auch aus einer vertikalen (Höchst-)Preisbindung kein Effizienzgewinn. Eine Freistellung der vertikalen Abrede muss insbesondere auch dann ausscheiden, wenn der Preisberater neben einem marktmächtigen Hersteller gleich mehrere Händler mit dem Ziel eines gewinnmaximierenden Endpreises berät. Dann tritt eine horizontale Preiskoordinierung neben die vertikale Preisbindung, die

847 *Kerber/Schwalbe*, in: MünchKomm-WettbR, AEUV Grundlagen Rn. 501.

848 *Schwalbe*, in: Apolte et al. (Hrsg.), Kompendium der Wirtschaftstheorie und Wirtschaftspolitik I, S. 295 ff.; grundlegend *Spengler*, Journal of Political Economy 1950, 347.

849 *Kerber/Schwalbe*, in: MünchKomm-WettbR, AEUV Grundlagen Rn. 502.

850 *Kerber/Schwalbe*, in: MünchKomm-WettbR, AEUV Grundlagen Rn. 501.

851 *Kerber/Schwalbe*, in: MünchKomm-WettbR, AEUV Grundlagen Rn. 502.

852 *Schwalbe*, in: Apolte et al. (Hrsg.), Kompendium der Wirtschaftstheorie und Wirtschaftspolitik I, S. 299.

853 *Schwalbe*, in: Apolte et al. (Hrsg.), Kompendium der Wirtschaftstheorie und Wirtschaftspolitik I, S. 299.

einen möglicherweise auf Händlerebene bestehenden Wettbewerb künstlich ausschaltet und somit künstlich die Möglichkeit eines Preisaufschlags herbeiführt.

Auch die zweite Voraussetzung des Art. 101 Abs. 3 AEUV, die angemessene Beteiligung der Verbraucher an den Effizienzgewinnen, ist in einem solchen Szenario gegeben, da diese unmittelbar von dem im Vergleich geringeren Endpreis profitieren. Eine vertikale Preisbindung zur Vermeidung doppelter Marginalisierung führt gerade zu einer höheren Konsumentenrente.[854]

Problematischer ist demgegenüber die dritte Voraussetzung des Art. 101 Abs. 3 AEUV, die verlangt, dass dem Unternehmen keine Beschränkungen auferlegt werden, die für die Erzielung der Effizienzgewinne „nicht unerlässlich" sind. Es handelt sich bei dieser Voraussetzung um eine Verhältnismäßigkeitsprüfung, die der Frage nachgeht, ob die konkrete Wettbewerbsbeschränkung für die Erzielung der Effizienzgewinne notwendig war und ob insbesondere keine weniger wettbewerbsbeschränkende Maßnahme verfügbar gewesen wäre.[855] Ausgehend von dieser Wertung kommt es für die rechtliche Bewertung der vorliegenden Fallkonstellation auf die genauen Umstände des Sachverhalts an. Die Vermeidung des doppelten Preisaufschlags erfordert jedoch allein eine Höchstpreisbindung.[856] Demgegenüber würde eine Festpreisbindung über das Maß des unbedingt Erforderlichen hinausgehen. Eine Festpreisbindung wäre nicht mehr unerlässlich im Sinne des Art. 101 Abs. 3 AEUV. Höchstpreisbindungen sind aber bereits nach Art. 4 lit. a) Vertikal-GVO freigestellt, wenn die Marktanteilsschwelle des Art. 3 Abs. 1 Vertikal-GVO nicht überschritten wird. Eine Kernbeschränkung liegt jedoch wiederum dann vor, wenn die Höchstpreisbindung aufgrund von Druckausübung oder einem begleitenden Anreizsystem die Wirkung einer Festpreisbindung hat.[857]

---

854 Vgl. *Schwalbe*, in: Apolte et al. (Hrsg.), Kompendium der Wirtschaftstheorie und Wirtschaftspolitik I, S. 297 f.

855 *Nordemann/Nyberg*, in: Loewenheim et al., Art. 101 Abs. 3 AEUV Rn. 39 ff.

856 So insbesondere KOMM., Leitlinien für vertikale Beschränkungen, ABl. EU 2010 Nr. C 130/01, Rn. 229; BKartA, Hinweispapier zum Preisbindungsverbot im Lebensmitteleinzelhandel, Rn. 32; siehe auch *Kerber/Schwalbe*, in: MünchKomm-WettbR, AEUV Grundlagen Rn. 503.

857 Vgl. *Baron*, in: Loewenheim et al., Art. 4 Vertikal-GVO Rn. 221. Ein solches Anreizsystem lässt sich vorliegend etwa dann annehmen, wenn sich die beteiligten Händler im Rahmen der Verhandlungen ein Entgegenkommen des Herstellers in der Verhandlung des Herstellerabgabepreises erhoffen. Sodann kommt es auch im Fall einer Höchstpreisbindung auf eine Einzelfreistellung nach Art. 101 Abs. 3 AEUV an.

In der hier diskutierten fünften Fallgruppe einer Festpreisbindung wäre folglich auch eine Einzelfreistellung gem. Art. 101 Abs. 3 AEUV ausgeschlossen. Demgegenüber wäre eine Höchstpreisbindung grundsätzlich gem. Art. 4 lit. a) Vertikal-GVO freistellungsfähig.

c) Zwischenergebnis

Vereinbaren Hersteller und Händler unter Mithilfe des Preisberaters zum gemeinsamen Vorteil einen festen Endpreis, so stellt dies eine vertikale Preisbindung im Sinne von Art. 4 lit. a) Vertikal-GVO und damit eine nicht freistellungsfähige Kernbeschränkung dar. Vereinbaren Hersteller und Händler hingegen einen Höchstpreis, so kommt grundsätzlich eine Freistellung gem. Art. 4 lit. a) Vertikal-GVO in Betracht.

2. Kartellrechtliche Haftung des Preisberaters

Der Preisberater leistet auch in diesem Szenario einen entscheidenden Beitrag zum Koordinierungserfolg. Das Ziel der gemeinsamen Gewinnmaximierung von Hersteller und Händlern setzt unter anderem voraus, dass beide Seiten die Preiselastizitäten der Endabnehmer sowie die Kostenstrukturen ähnlich einschätzen.[858] Vertrauen beide Seiten den Analysen des gemeinsam beauftragten Preisberaters, so zeichnet sich bereits die notwendige Arbeits- und Vertrauensgrundlage für ein gemeinsames Vorgehen ab.

Auch in dieser Fallkonstellation richtet sich die Haftung des Dritten nach den vom EuGH in „*AC Treuhand*" entwickelten Kriterien der Kartellgehilfenhaftung. Angewendet auf den Fall des Preisberaters haftet dieser, wenn er bewusst durch sein eigenes Verhalten – hier durch die professionelle Moderation der Verhandlung zwischen Hersteller und Händler unter Bereitstellung von Analysen – die Verhaltensabstimmung gefördert hat.

Sollte die vertikale Vereinbarung zwischen Hersteller und Händler aufgrund der beschriebenen Effizienzgewinne freigestellt sein, so fehlt es an einem teilnahmefähigen Kartellverstoß und eine Haftung des Preisberaters scheidet aus. Anders als in der oben diskutierten dritten Fallgruppe lässt sich vorliegend auch kein Haftungsbedürfnis ausmachen. Vielmehr steht das Verhalten des Preisberaters in einem solchen Sonderfall, auch in Anbe-

858 *Simon/Fassnacht*, S. 452.

tracht der erzielten Effizienzen, gerade im Einklang mit den Wertungen des Kartellrechts.

3. Ergebnis zu Fall 5

Berät der Preisberater Hersteller und Händler zum gemeinsamen Vorteil in der Festsetzung des Endpreises, so stellt dies zwischen Hersteller und Händlern grundsätzlich einen Fall einer tatbestandsmäßigen vertikalen Preisbindung im Sinne von Art. 4 lit. a) Vertikal-GVO dar. Ausnahmsweise mag jedoch eine Freistellung gem. Art. 4 lit. a) Vertikal-GVO in Betracht kommen, wenn der Endpreis in Gestalt eines Höchstpreises vereinbart wird.

Erfüllt die vertikale Preisbindung den Tatbestand des Art. 101 Abs. 1 AEUV bzw. des § 1 GWB, so haftet der Preisberater für koordinierungsförderndes Verhalten als Kartellgehilfe und Mittäter des Art. 101 Abs. 1 AEUV nach den „*AC Treuhand*"-Kriterien des EuGH. Ist die vertikale Preisbindung demgegenüber ausnahmsweise freigestellt, so kommt es auch nicht zu einer Haftung des Preisberaters.

Zusammenfassung

1. In jüngerer Zeit befasste sich der EuGH wiederholt mit dem Verhalten Dritter im Rahmen des Art. 101 Abs. 1 AEUV. In der Sache *„AC Treuhand"* erfolgte erstmals eine höchstrichterliche Klarstellung, unter welchen Voraussetzungen ein Dritter für eigenes, bewusst kartellförderndes Verhalten als Mittäter des Art. 101 Abs. 1 AEUV – als sog. Kartellgehilfe – haftet. Der Dritte, typischerweise ein Beratungsunternehmen, fördert die Kartellierung dabei beispielsweise durch die Organisation von Treffen der Kartellanten sowie die Sammlung, Aufbereitung und Bereitstellung strategischer Informationen. Zuletzt befasste sich der EuGH in der Sache *„VM Remonts"* mit der Frage, unter welchen Voraussetzungen sich ein Unternehmen das kartellrechtswidrige Verhalten eines beauftragten, selbständigen Dritten – im konkreten Fall ein Rechtsberater – als eigenes Verhalten zurechnen lassen muss.
2. Die Preisberatung, als auf die Preissetzung spezialisierte Form der Unternehmensberatung, zielt darauf ab, den optimalen Preis für ein Produkt zu ermitteln, um dadurch den Gewinn – ausdrücklich nicht den Marktanteil – des Unternehmens zu maximieren. Effektive Preisberatung erfordert möglichst umfassende Marktinformationen. In der modernen Preisberatung kommt dabei unter anderem auch Preissoftware zum Einsatz, sei es als Arbeitsmittel der Berater oder als Produkt, das den Mandanten zur unternehmensinternen Verwendung zur Verfügung gestellt wird (Teil 1 A. bis C.). Diese Arbeit widmete sich der Frage, inwieweit Preisberater als Dritte im Rahmen des Art. 101 Abs. 1 AEUV relevant werden können. Beraten sie parallel mehrere Unternehmen, die miteinander in Wettbewerb stehen, oder mehrere Unternehmen, die in einem Lieferantenverhältnis zueinander stehen, so kann der Preisberater zum einen als Kartellgehilfe und damit als Mittäter des Art. 101 Abs. 1 AEUV haften. Zum anderen muss sich ein Mandant unter den vom EuGH in *„VM Remonts"* aufgestellten Voraussetzungen das kartellrechtswidrige Verhalten des Preisberaters zurechnen lassen.
3. In rechtökonomischer Hinsicht müssen zunächst regelmäßig die anerkannten, koordinierungsbegünstigenden Marktbedingungen vorliegen, insbesondere ein hoher Grad an Markttransparenz, ein effektiver Sanktionsmechanismus und ein hoher Diskontfaktor. Weitere koordinie-

rungsfördernde, jedoch nicht zwingende Kriterien wurden identifiziert. Die Konsultation desselben Preisberaters kann eine Koordinierung zwischen den Mandanten begünstigen, indem der Berater weitreichendes Marktwissen und Kenntnis strategischer Informationen erlangt und zugleich als Vehikel für einen effektiven Sanktionsmechanismus dienen kann. Der Einsatz von Preissoftware im Rahmen der Preisberatung ist geeignet, diese koordinierungsfördernden Faktoren noch weiter zu begünstigen (Teil 3 A. und B.).

4. Ist ein Preisberater in eine Kartellierung zwischen Unternehmen involviert, so liegt dem Sachverhalt ein Dreiecksverhältnis zugrunde. In der rechtlichen Behandlung von Dreieckskonstellationen („hub and spoke") sind zwei Dimensionen zu unterscheiden. Die horizontale Dimension befasst sich mit der Haftung der auf dem Produktmarkt tätigen Unternehmen („spokes"). Dabei handelt es sich typischerweise um miteinander in Wettbewerb stehende Unternehmen, denkbar ist jedoch auch ein Lieferantenverhältnis. Die vertikale Dimension befasst sich mit der Haftung des Beratungsunternehmens als Mittäter des Art. 101 Abs. 1 AEUV (Teil 4 A.).
5. Stehen die parallel beratenen Mandanten miteinander in Wettbewerb, so ist insbesondere problematisch, unter welchen Voraussetzungen ein indirekter Informationsaustausch über den gemeinsamen Preisberater eine aufeinander abgestimmte Verhaltensweise im Sinne des Art. 101 Abs. 1 AEUV begründet. Traditionell erfolgt die Analyse anhand des Zwei-Phasen-Modells. Die Entscheidung des EuGH in der Sache „*VM Remonts*" legt jedoch eine Abkehr von dem Zwei-Phasen-Modell nahe, indem der indirekte Informationsaustausch über einen Dritten vielmehr im Wege einer Verhaltenszurechnung aufgelöst wird. Danach muss sich ein Unternehmen das kartellrechtliche Fehlverhalten – in dem konkreten Fall die Informationsverwendung im Rahmen der Bearbeitung weiterer Mandate – eines beauftragten, selbständigen Dienstleisters zurechnen lassen, wenn es von dem kartellrechtlichen Fehlverhalten des Dritten wusste oder es vernünftigerweise vorhersehen konnte. Infolge der Verhaltenszurechnung reduziert sich das faktische Dreiecksverhältnis wertungsmäßig auf einen bilateralen Informationsaustausch zwischen dem auftraggebenden Unternehmen und dem Informationsempfänger, da das Verhalten des Dritten der Sphäre des auftraggebenden Unternehmens zugeordnet wird (Teil 4 B.).
6. Stehen die parallel beratenen Mandanten hingegen in einer Lieferbeziehung zueinander, so kommt eine Vereinbarung oder aufeinander

abgestimmte Verhaltensweise nach den Grundsätzen der vertikalen Preisbindung in Betracht (Teil 4 B.III.).

7. Die Haftung eines Dritten, der kartellfördernde Handlungen vornimmt, im vorliegenden Fall etwa eines Preisberaters, richtet sich nach den vom EuGH in „*AC Treuhand*" aufgestellten Kriterien. Danach haftet ein Dritter als Mittäter des Art. 101 Abs. 1 AEUV, wenn (1.) zwischen den weiteren Beteiligten eine Koordinierung eingetreten ist oder eine Koordinierungsabsicht vorliegt, die der Dritte (2.) durch sein eigenes Verhalten objektiv fördert. In subjektiver Hinsicht muss er entweder (3a.) von der Koordinierung bzw. der Koordinierungsabsicht gewusst und diese willentlich durch sein Verhalten gefördert, mithin vorsätzlich gehandelt, haben oder (3b.) er hatte zwar keine tatsächliche Kenntnis von der Koordinierung bzw. Koordinierungsabsicht, hätte diese jedoch vernünftigerweise vorhersehen können (Teil 4 C.). Ausgehend von „*AC Treuhand*" ist die Haftung des Dritten akzessorisch ausgestaltet.
8. Vereinbaren mehrere miteinander in Wettbewerb stehende Unternehmen, denselben Preisberater zu konsultieren, um auf diese Weise eine Preiskoordinierung zu erzielen (Fall 1), so stellt dies eine tatbestandsmäßige Vereinbarung im Sinne des Kartellverbots dar. Diese hat eine bezweckte Wettbewerbsbeschränkung zum Gegenstand und erfüllt das Regelbeispiel des Art. 101 Abs. 1 lit. a) AEUV. Die Haftung des Preisberaters als Mittäter des Art. 101 Abs. 1 AEUV richtet sich nach den vom EuGH in „*AC Treuhand*" aufgestellten Kriterien. Es ist zunächst davon auszugehen, dass der Preisberater in die Absichten der weiteren Beteiligten eingeweiht ist. Auch wenn dies nicht der Fall sein sollte, so wird ihm das Koordinierungspotential der Situation und damit letztlich auch die Koordinierungsabsicht seiner Mandanten anhand der Umstände dennoch regelmäßig erkennbar sein. Folglich wird seitens des Preisberaters unter diesen Umständen stets eine bewusste Kartellförderung durch gezielte Beratung vorliegen, die eine Haftung als Kartellgehilfe auslöst (Teil 2 A. und B.I.1., Teil 5 A.I.).
9. Haben miteinander in Wettbewerb stehende Unternehmen keine Vereinbarung getroffen, denselben Preisberater zu konsultieren, sind sie sich jedoch in ihrem Vorgehen des Umstandes bewusst, dass auch ihre Wettbewerber durch diesen Preisberater beraten werden (Fall 2), so kommt das Vorliegen einer aufeinander abgestimmten Verhaltensweise im Sinne des Art. 101 Abs. 1 AEUV unter dem Gesichtspunkt des indirekten Informationsaustauschs in Betracht. Ausgehend von der „*VM Remonts*"-Entscheidung des EuGH muss sich ein Mandant in einem sol-

chen Fall das Fehlverhalten des Preisberaters unter den dort entwickelten Voraussetzungen zurechnen lassen. Das notwendige Auftragsverhältnis besteht. Als relevantes Fehlverhalten des Preisberaters wurde die Verwendung vertraulicher Informationen des einen Mandanten im Rahmen der Beratung weiterer Mandanten identifiziert. Wird dies dem Mandanten als eigenes Fehlverhalten zugerechnet, so liegt wertungsmäßig ein Fall des direkten Informationsaustauschs zwischen den Mandanten vor, sodass auch die „*Anic*"-Vermutung Anwendung findet. Die Haftung des Preisberaters richtet sich wiederum nach den vom EuGH in „*AC Treuhand*" aufgestellten Kriterien, die regelmäßig erfüllt sein werden, wenn der Preisberater bewusst in der dargestellten Weise koordinierungsfördernd berät (Teil 2 A. und B.I.2., Teil 5 A.II.).

10. Fehlt den Mandanten jegliches Bewusstsein einer durch den Preisberater eigenständig herbeigeführten Preiskoordinierung (Fall 3), so kann keine aufeinander abgestimmte Verhaltensweise zwischen den Mandanten festgestellt werden (Teil 2 A. und B.I.3., Teil 5 A.III.). Aufgrund der akzessorischen Ausgestaltung der Kartellgehilfenhaftung nach „*AC Treuhand*" scheidet grundsätzlich auch eine Haftung des Preisberaters aus. Eine Haftung des Preisberaters kann unter diesen Umständen auch nicht aus dem Beratungsvertrag als möglicher Vereinbarung im Sinne des Art. 101 Abs. 1 AEUV hergeleitet werden, denn mangels Kenntnis der Mandanten findet die Koordinierung gerade nicht Eingang in diesen. Auch eine Haftung aus Art. 102 AEUV scheidet aus, da es sich insoweit um ein Sonderdelikt handelt, das einen direkten Marktbezug verlangt (Teil 5 A.III.2.b)). Ferner ist eine Lösung über eine einfach-gesetzliche berufsrechtliche Regelung *de lege ferenda* abzulehnen. Aufgrund des besonderen Status der Rechtsanwälte als Organe der Rechtspflege kann das anwaltliche Berufsrecht nicht als Vorbild dienen. Schließlich handelt es sich um ein primär kartellrechtliches Problem, sodass eine Lösung innerhalb des Kartellrechts und nicht im Rahmen einer marktspezifischen Regulierung zu suchen ist (Teil 5 A.III.2.c)aa)).
11. Vielmehr stellt die dritte Fallgruppe eine Form der mittelbaren Kartelltäterschaft dar, in der der Preisberater über überlegenes Wissen verfügt und autonom eine Preiskoordinierung zwischen seinen unwissenden Mandanten herbeiführt. *De lege lata* lässt sich die mittelbare Kartelltäterschaft nicht unter Art. 101 Abs. 1 AEUV subsumieren. Es wurde daher vorgeschlagen, eine solche *de lege ferenda* einzuführen. Da die praktische Realisierbarkeit einer Änderung der europäischen Verträge frag-

lich ist, sollte jedoch immerhin auf nationaler Ebene eine entsprechende Regelung geschaffen werden (Teil 5 A.III.2.c)bb)).

12. Sowohl die *de lege ferenda* einzuführende Figur der mittelbaren Kartelltäterschaft, als auch die bereits entschiedenen Fälle der Kartellgehilfen verdeutlichen zudem eine Anpassungsbedürftigkeit der ermessenskonkretisierenden Bußgeldleitlinien der Europäischen Kommission einerseits und des Bundeskartellamtes andererseits. Stellt man in der Bußgeldbemessung auf das Beratungshonorar des Preisberaters oder eines sonstigen beratenden Dritten ab, so reflektiert dies das Schadenspotential des Beraterverhaltens nicht hinreichend. Vielmehr sollte – orientiert an den in den europäischen Bußgeldleitlinien vorgesehenen Sonderregeln für Unternehmensvereinigungen – auf den tatbezogenen Gesamtumsatz der betroffenen Mandanten abgestellt werden (Teil 5 A.III.2.c)bb)(3) und (4)).
13. Berät der Preisberater gleichzeitig einen Hersteller in der Festlegung unverbindlicher Preisempfehlungen sowie dessen Händler (Fall 4), so kommt je nach Fallgestaltung eine kartellrechtliche Haftung von Hersteller und Händlern gemäß Art. 101 Abs. 1 AEUV unter dem Gesichtspunkt der vertikalen Preisbindung in Betracht (Teil 2 A. und B.II.1., Teil 5 B.I.). Wirkt der Preisberater verdeckt auf die Händler im Interesse des Herstellers ein und erkennen die Händler nicht, dass es sich um eine mittelbare Einwirkung des Herstellers handelt, so kommt keine subjektive Willensübereinstimmung zwischen Hersteller und Händler zustande. Der Tatbestand des Art. 101 Abs. 1 AEUV ist nicht erfüllt (Teil 5 B.I.2.a)aa)). Wirkt der Preisberater hingegen offen auf die Händler ein und wird die mittelbare Einwirkung des Herstellers deutlich, so kann im Wege indirekter Kommunikation eine Vereinbarung oder aufeinander abgestimmte Verhaltensweise zustande kommen (Teil 5 B.I.2.a)bb)). Übernimmt der Preisberater lediglich die Rolle einer Überwachungs- und Meldestelle und wirkt der Hersteller sodann selbst auf abweichende Händler ein, so greifen die allgemeinen Grundsätze direkter Kommunikation (Teil 5 B.I.2.a)cc)). Im Falle einer Überwachung oder sonstiger Druckausübung durch den Preisberater im Auftrag des Herstellers entfällt ferner eine eventuelle Freistellungsfähigkeit der vertikalen Absprache gem. Art. 4 lit. a) Vertikal-GVO. Fehlt es aufgrund der Umstände an der für Art. 101 Abs. 1 AEUV erforderlichen Willensübereinstimmung zwischen Hersteller und Händler, so haftet der Hersteller bei entsprechender Druckausübung aus § 21 Abs. 2 GWB. Die Haftung des Preisberaters als Mittäter des Art. 101 Abs. 1 AEUV richtet sich auch in dieser Konstellation primär nach den

vom EuGH in *„AC Treuhand“* aufgestellten Kriterien. Schließlich kommt eine Haftung des Preisberaters aus § 21 Abs. 2 GWB in Betracht (Teil 5 B.I.2.b)).

14. Berät der Preisberater Hersteller und Händler zum gemeinsamen Vorteil in der Festsetzung des Endpreises (Fall 5), so stellt dies zwischen Hersteller und Händlern grundsätzlich einen Fall einer tatbestandsmäßigen vertikalen Preisbindung dar (Teil 2 A. und B.II.2., Teil 5 B.II.). Da vertikale Preisbindungen mit Effizienzen verbunden sein können, etwa wenn ihr Einsatz geeignet ist, einer doppelten Marginalisierung entgegenzuwirken, kommt grundsätzlich eine Freistellung nach Art. 4 lit. a) Vertikal-GVO in Betracht, sofern es sich nicht um eine Festpreisbindung, sondern lediglich um eine Höchstpreisbindung handelt (Teil 5 B.II.1.). Erfüllt die vertikale Preisbindung den Tatbestand des Kartellverbots, so haftet der Preisberater für sein koordinierungsförderndes Verhalten als Mittäter des Art. 101 Abs. 1 AEUV nach den *„AC Treuhand“*-Kriterien des EuGH. Ist die vertikale Preisbindung demgegenüber aufgrund von Effizienzgewinnen freigestellt, scheidet auch eine Haftung des Preisberaters aus (Teil 5 B.II.2.).
15. Für die Praxis bedeutet dies letztlich, dass es stets auf den Kenntnisstand der Mandanten ankommen wird. Stehen die Mandanten in einem Lieferantenverhältnis zueinander, so scheitert die Annahme einer aufeinander abgestimmten Verhaltensweise dann, wenn diese die Einwirkung seitens des Herstellers durch den Preisberater nicht erkennen können. Auch wenn es sich bei den Mandanten untereinander um Wettbewerber handelt, ist eine parallele Beratung durch denselben Preisberater nicht per se kartellrechtswidrig. Ein Kartellverstoß der Mandanten scheidet in einem solchen Fall dann aus, wenn ihnen die Umstände der Koordinierung, insbesondere die mit ihren Wettbewerbern bestehenden Parallelmandate, nicht erkennbar sind. Daher hängt in praktischer Hinsicht letztlich alles davon ab, ob eine Kenntnis der Mandanten nachweisbar ist. Es lässt sich mutmaßen, dass unter anderem aus diesem Grund im Nachgang der *„AC Treuhand“*-Entscheidung des EuGH vormals öffentliche Referenzlisten von Preisberatungsunternehmen mittlerweile verschwunden sind (Teil 5 A.III.2.c)bb)(2)).
16. Damit lässt sich im kartellrechtlichen Haftungssystem eine gewichtige Lücke ausmachen, die von Beratungsunternehmen potenziell ausgenutzt werden kann. Fehlt es an einer Kenntnis der Mandanten von den die Koordinierung begründenden Umständen bzw. lässt sich eine Kenntnis der Mandanten schlicht nicht nachweisen, etwa weil eine Koordinierung nur mündlich besprochen wurde, und stellt sich die Situa-

tion nach der Beweislage vielmehr so dar, dass der Berater autonom die Koordinierung zwischen seinen Mandanten herbeigeführt hat, so haften *de lege lata* weder die Mandanten, da die Zurechnungsvoraussetzungen des EuGH („*VM Remonts*“) nicht vorliegen, noch der Berater, da es an einem akzessorischen Kartellverstoß der weiteren Beteiligten fehlt. Diese Haftungslücke lässt sich durch die hier *de lege ferenda* vorgeschlagene mittelbare Kartelltäterschaft vermeiden. Dann würde der (Preis-)Berater auch in einer solchen Konstellation haften, was von vornherein einen wichtigen Gegenanreiz gegen ein solches Beraterverhalten setzen würde (Teil 4 D. und Teil 5 A.III.2.c)bb)).

Literaturverzeichnis

Albors-Llorens, Albertina. Horizontal Agreements and Concerted Practices in EC Competition Law – Unlawful and Legitimate Contacts Between Competitors, Antitrust Bulletin 2006 (51), S. 837-876 [zitiert: *Albors-Llorens*, Antitrust Bulletin 2006, 837].

Albrecht, Stephan/ Von dem Bussche, Julie. Anmerkung zu EuG, Urt. v. 8.7.2008, Rs. T-99/04, Entscheidungen zum Wirtschaftsrecht 2008, S. 489-490 [zitiert: *Albrecht/Von dem Bussche*, EWiR 2008, 489].

Amore, Roberto. Three (or more) is a magic number: hub and spoke collusion as a way to reduce downstream competition, European Competition Journal 2016 (12:1), S. 28-53 [zitiert: *Amore*, ECJ 2016, 28].

Apostolakis, Ioannis. Antitrust Liability in cases of indirect contacts between competitors: VM Remonts, Common Market Law Review 2017 (54), S. 605-630 [zitiert: *Apostolakis*, CMLR 2017, 605].

Bailey, David/ John, Laura Elizabeth (Hrsg.). Bellamy & Child: European Union Law of Competition, 8. Auflage, Oxford 2018 [zitiert: *Bellamy/Child*].

Ballard, Dylan I./ Naik, Amar S. Algorithms, Artificial Intelligence, And Joint Conduct, CPI Antitrust Chronicle 2017 (2, Spring), S. 29-35 [zitiert: *Ballard/Naik*, CPI Antitrust Chronicle 2017 (2), 29].

Bechtold, Rainer. Anmerkung zu EuGH, Urt. v. 21.7.2016, C-542/14 „VM Remonts“, Zeitschrift für Europäisches Privatrecht 2017, S. 701-711 [zitiert: *Bechtold*, ZEuP 2017, 701].

Beck, Hanno. Behavioral Economics – Eine Einführung, Wiesbaden 2014 [zitiert: *Beck*].

Bennett, Matthew/Collins, Philip. The Law and Economics of Information Sharing: The Good, the Bad and the Ugly, European Competition Journal 2010 (6:2), S. 311-337 [zitiert: *Bennett/Collins*, ECJ 2010, 311].

Berg, Werner. Anmerkung zu EuGH, Urt. v. 21.7.2016, Rs. C-542/14 „VM Remonts“, Europäische Zeitschrift für Wirtschaftsrecht 2016, S. 737-740 [zitiert: *Berg*, EuZW 2016, 737].

Berg, Werner. Anmerkung zu EuGH, Urt. v. 22.10.2015, Rs. C-194/14 P „AC Treuhand“, Europäische Zeitschrift für Wirtschaftsrecht 2016, S. 19-25 [zitiert: *Berg*, EuZW 2016, 19].

Bergin, Tom/ Frost, Laurence. Software and stealth: how carmakers hike spare parts prices (3.6.2018), abrufbar unter: https://www.reuters.com/article/us-autos-software-pricing-insight/software-and-stealth-how-carmakers-hike-spare-parts-prices-idUSKCN1IZ07L (letzter Aufruf: 09.10.2018).

Bornkamm, Joachim/ Montag, Frank/ Säcker, Franz Jürgen (Hrsg.). Münchener Kommentar Europäisches und Deutsches Wettbewerbsrecht, Band 1: Europäisches Wettbewerbsrecht, 2. Auflage, München 2015 [zitiert: *Bearbeiter*, in: MünchKomm-WettbR (2. Aufl.)].

Säcker, Franz Jürgen/ Bien, Florian/ Meier-Beck, Peter/ Montag, Frank (Hrsg.). Münchener Kommentar Europäisches und Deutsches Wettbewerbsrecht, Band 1: Europäisches Wettbewerbsrecht, 3. Auflage, München 2020 [zitiert: *Bearbeiter*, in: MünchKomm-WettbR].

Bosch, Wolfgang. Die Entwicklung des deutschen und europäischen Kartellrechts, Neue Juristische Wochenschrift 2016, S. 1700-1705 [zitiert: *Bosch*, NJW 2016, 1700].

Bremer, Nils. Die Beteiligung Dritter an Wettbewerbsverstößen, Marburg 2012 [zitiert: *Bremer*].

Brömmelmeyer, Christoph. Haftung und Zurechnung im Europäischen Kartellrecht – Für wen ist ein Unternehmen verantwortlich?, Wirtschaft und Wettbewerb 2017, S. 174-182 [zitiert: *Brömmelmeyer*, WuW 2017, 174].

Bundeskartellamt, Handreichung vom 13.4.2010, Wirtschaft und Wettbewerb 2010, S. 786-792 [zitiert: BKartA, WuW 2010, 786].

Bundeskartellamt, Leitlinien für die Bußgeldzumessung in Kartellordnungswidrigkeitenverfahren (2013).

Bundeskartellamt, Hinweise zum Preisbindungsverbot im Bereich des stationären Lebensmitteleinzelhandels, 2017 [zitiert: BKartA, Hinweispapier zum Preisbindungsverbot im Lebensmitteleinzelhandel].

Bundeskartellamt, Quo Vadis Vertikal-GVO – Zeit für eine Anpassung an die Digitalökonomie? Hintergrundpapier zur Tagung des Arbeitskreises Kartellrecht, Oktober 2019 [zitiert: BKartA, Quo Vadis Vertikal-GVO].

Bundeskartellamt/Autorité de la Concurrence, Algorithms and Competition, 2019 [zitiert: BKartA/Autorité de la Concurrence, Algorithms and Competition (2019)].

Busche, Jan/ Röhling, Andreas (Hrsg.). Kölner Kommentar zum Kartellrecht, Band 1: §§ 1-34a GWB, Kartellrecht, Köln 2017 [zitiert: *Bearbeiter*, in: KölnKomm-KartR].

Busche, Jan/ Röhling, Andreas (Hrsg.). Kölner Kommentar zum Kartellrecht, Band 3: Art. 101-106 AEUV, Gruppenfreistellungsverordnungen, Köln 2016 [zitiert: *Bearbeiter*, in: KölnKomm-KartR].

Capobianco, Antonio/ Gonzaga, Pedro. Algorithms And Competition: Friends Or Foes?, CPI Antitrust Chronicle 2017 (2, Summer), S. 16-21 [zitiert: *Capobianco/ Gonzaga*, CPI Antitrust Chronicle 2017 (2), 16].

Chan, Sunny S. H. AC-Treuhand: What is the ambit of cartel facilitators' liability?, European Competition Law Review 2016 (37:4), S. 133-138 [zitiert: *Chan*, ECLR 2016, 133].

Chen, Le/ Mislove, Alan/ Wilson, Christo. An Empirical Analysis of Algorithmic Pricing on Amazon Marketplace, WWW '16 Proceedings of the 25th International Conference on World Wide Web, S. 1339-1349 [zitiert: *Chen/Mislove/ Wilson*].

Compte, Olivier/ Jenny, Frédéric/ Rey, Patrick. Capacity constraints, mergers and collusion, European Economic Review 2002 (46), S. 1-29 [zitiert: *Compte/ Jenny/Rey*, EER 2002, 1].

Dannecker, Gerhard. Die Ahndbarkeit von Kartellwächtern und Beratungsunternehmen im europäischen Kartellordnungswidrigkeitenrecht – Zugleich eine Anmerkung zur Entscheidung des Europäischen Gerichtshofs Erster Instanz vom 8.7.2008- AC Treuhand/Kommission, Österreichische Zeitschrift für Kartellrecht 2010, S. 171-180 [zitiert: *Dannecker*, ÖZK 2010, 171].

Dannecker, Gerhard/ Müller, Nadja. Täterschaft und Teilnahme im europäischen Kartellordnungswidrigkeitenrecht, Kölner Schrift zum Wirtschaftsrecht 2015, S. 281-298 [zitiert: *Dannecker/Müller*, KSzW 2015, 281].

Dauses, Manfred A./ Ludwigs, Markus (Hrsg.). Handbuch des EU-Wirtschaftsrechts, 50. Ergänzungslieferung – Stand März 2020 [zitiert: *Bearbeiter*, in: EU-WirtschaftsR-HdB].

De Stefano, Gianni, AC Treuhand Judgment: A Broader Scope for EU Competition Law Infringements, Journal of European Competition Law and Practice 2015, S. 689-690 [zitiert: *De Stefano*, JECLAP 2015, 689].

Dempsey, Paul S./ Gesell, Laurence E. Airline Management – Strategies for the 21st Century, 3. Auflage, Chandler, USA, 2012 [zitiert: *Dempsey/Gesell*].

Deng, Ai. What do we know about algorithmic tacit collusion?, Antitrust 2018 (33:1), abrufbar unter: https://papers.ssrn.com/sol3/papers.cfm?abstract_id=3171315.

Diedrichsen, Jennifer. Die Haftung von Gehilfen für Kartellrechtsverstöße – zugleich Besprechung von EuGH, Urteil vom 22.10.2015 (C-194/14 P, „AC Treuhand II"), Zeitschrift für Wirtschaftsstrafrecht und Haftung im Unternehmen 2016, S. 16-20 [zitiert: *Diedrichsen*, ZWH 2016, 16].

Doetsch, Matthias. Die Haftung Dritter bei Erzeugung von kollusiven Marktergebnissen im europäischen Kartellrecht, Berlin 2020 [zitiert: *Doetsch*].

Dreher, Meinrad/ Hoffmann, Jens. Kartellrechtsverstöße durch Informationsaustausch? Die neue kartellrechtliche Praxis und Rechtsprechung zum Informationsaustausch, Wirtschaft und Wettbewerb 2011, S. 1181-1196 [zitiert: *Dreher/ Hoffmann*, WuW 2011, 1181].

Ebers, Martin. Dynamic Algorithmic Pricing: Abgestimmte Verhaltensweise oder rechtmäßiges Parallelverhalten?, Neue Zeitschrift für Kartellrecht 2016, S. 554-555 [zitiert: *Ebers*, NZKart 2016, 554].

Engelhoven, Philipp. Anmerkung zu EuGH, Urt. v. 22.10.2015 Rs. C-194/14 P, Entscheidungen zum Wirtschaftsrecht 2016, S. 123-124 [zitiert: *Engelhoven*, EWiR 2016, 123].

Eufinger, Alexander. Die Begehung eines Wettbewerbsdelikts durch Empfang eines Rundschreibens, Gesellschafts- und Wirtschaftsrecht 2016, S. 307-310 [zitiert: *Eufinger*, GWR 2016, 307].

Eufinger, Alexander. Die Strafbarkeit der Kartellbeihilfe aus der Sicht des Generalanwalts, Europäisches Wirtschafts- und Steuerrecht 2015, S. 198-202 [zitiert: *Eufinger*, EWS 2015, 198].

Eufinger, Alexander. Kartellgehilfen als Parteien einer Vereinbarung i. S. d. Art. 101 Abs. 1 AEUV?, Wettbewerb in Recht und Praxis 2012, S. 1488-1492 [zitiert: *Eufinger*, WRP 2012, 1488].

Ezrachi, Ariel/ Stucke, Maurice E. Algorithmic Collusion – Problems and Counter Measures, OECD Policy Roundtable 2017 [zitiert: *Ezrachi/Stucke*, Algorithmic Collusion].

Ezrachi, Ariel/ Stucke, Maurice E. Two Artificial Neural Networks Meet in an Online Hub and Change the, Oxford Legal Studies Research Paper No. 24/2017, University of Tennessee Legal Studies Research Paper No. 323, S. 4f., abrufbar unter: https://ssrn.com/abstract=2949434 [zitiert: *Ezrachi/Stucke*, Two Artificial Neural Networks].

Ezrachi, Ariel/ Stucke, Maurice E. Virtual Competition – The Promise and Perils of the Algorithm-Driven Economy, Cambridge, Massachusetts 2016 [zitiert: *Ezrachi/Stucke*, Virtual Competition].

Falls, Craig G./ Saravia, Celeste C. Analyzing Incentives and Liability in “Hub and Spoke” Conspiracies, ABA Section of Antitrust Law 2015, S. 9-23 [zitiert: *Falls/ Saravia*, ABA Section of Antitrust Law 2015, 9].

Faull, Johnathan/ Nikpay, Ali (Hrsg.). The EU Law of Competition, 3. Auflage, Oxford 2014 [zitiert: *Faull/Nikpay*].

Freiin von dem Bussche, Julie/ Albrecht, Stephan. Die Strafbarkeit der Kartellbeihilfe nach dem EuG-Urteil AC Treuhand/Kommission, Europäisches Wirtschafts- und Steuerrecht 2008, S. 416-422 [zitiert: *Freiin von dem Bussche/Albrecht*, EWS 2008, 416].

Gaier, Reinhard/ Wolf, Christian/ Göcken, Stephan (Hrsg.). Anwaltliches Berufsrecht, 3. Auflage, Köln 2019 [zitiert: *Bearbeiter*, in: Gaier/Wolf/Göcken].

Gal, Michal S. Algorithmic-Facilitated Coordination: Market And Legal Solutions, CPI Antitrust Chronicle 2017 (2, Spring), S. 22-28 [zitiert: *Gal*, CPI Antitrust Chronicle 2017 (2), 22].

Gnirke, Kristina. Mögliches Autokartell, 195 Euro für einen Außenspiegel, der nur zehn Euro wert ist (22.02.2019), abrufbar unter: https://www.spiegel.de/auto/aktuell/eu-kommission-prueft-moegliches-autoteilekartell-um-renault-psa-und-nissan-a-1254515.html (letzter Aufruf: 16.4.2019).

Göhsl, Jan-Frederick. Algorithm Pricing and Article 101 TFEU – Can Competition Law deal with algorithm pricing?, Wirtschaft und Wettbewerb 2018, S. 121-125 [zitiert: *Göhsl*, WuW 2018, 121].

Grabitz, Eberhard/ Hilf, Meinhard/ Nettesheim, Martin. Das Recht der Europäischen Union, Band I: EUV/ AEUV, 70. Ergänzungslieferung – Stand Mai 2020 [zitiert: *Bearbeiter*, in: Grabitz/Hilf/Nettesheim].

Hainz, Josef/ Benditz, Robert. Indirekter Informationsaustausch in Hub and Spoke-Konstellationen – Der Teufel steckt im Detail, Europäische Zeitschrift für Wirtschaftsrecht 2012, S. 686-690 [zitiert: *Hainz/Benditz*, EuZW 2012, 686].

Hamann, Hartmut. Das Unternehmen als Täter im europäischen Wettbewerbsrecht, Pfaffenweiler 1992 [zitiert: *Hamann*].

Hamilton, James L./ Mqasqas, Ibrahim. Double Marginalization and Vertical Integration: New Lessons from Extensions of the Classic Case, Southern Economic Journal 1996 (62:3), S. 567-584 [zitiert: *Hamilton/Mqasqas*, Southern Economic Journal 1996, 567].

Harding, Christopher. Capturing the cartel's friends: Cartel facilitation and the idea of joint criminal enterprise, European Law Review 2009 (34:2), S. 298-309 [zitiert: *Harding*, ELR 2009, 298].

Heinemann, Andreas/ Gebicka, Aleksandra. Can Computers form Cartels? About the Need for European Institutions to Revise the Concertation Doctrine in the Information Age, Journal of European Competition Law and Practice 2016 (7:7), S. 431-441 [zitiert: *Heinemann/Gebicka*, JECLAP 2016, 431].

Heinrich, Helge/ Eckel, Philipp. Distanzierung von kartellrechtswidrigen Absprachen – Aussteigen, aber wie?, Neue Zeitschrift für Kartellrecht 2017, S. 106-112 [zitiert: *Heinrich/Eckel*, NZKart 2017, 106].

Henssler, Martin/ Prütting, Hanns (Hrsg.). Bundesrechtsanwaltsordnung Kommentar, 5. Auflage, München 2019 [zitiert: *Bearbeiter*, in: Henssler/Prütting].

Hoberg, Peter. Gewinnoptimierung mit realistischen Preisabsatzfunktionen, Der Betrieb 2017, S. 1937-1941 [zitiert: *Hoberg*, DB 2017, 1937].

Howe, David/ Lawrence, Jon/ Whiteford, Elaine. The AC Treuhand case - the CFI expands the scope of both public and private enforcement of Article 81, Global Competition Litigation Review 2009 (2:2), S. 83-92 [zitiert: *Howe/Lawrence/Whiteford*, GCLR 2009, 83].

Immenga, Ulrich/ Mestmäcker, Ernst-Joachim (Hrsg.). Wettbewerbsrecht, Band 1: EU, Kommentar zum Europäischen Kartellrecht, 6. Auflage, München 2019 [zitiert: *Bearbeiter*, in: Immenga/Mestmäcker].

Immenga, Ulrich/ Mestmäcker, Ernst-Joachim (Hrsg.). Wettbewerbsrecht, Band 2: GWB, Kommentar zum Deutschen Kartellrecht, 6. Auflage, München 2020 [zitiert: *Bearbeiter*, in: Immenga/Mestmäcker].

Ittoo, Ashwin/ Petit, Nicolas. Algorithmic Pricing Agents and Tacit Collusion: A Technological Perspective, 2017, abrufbar unter: https://ssrn.com/abstract=3046405.

Ivaldi, Marc/ Jullien, Bruno/ Rey, Patrick/ Seabright, Paul/ Tirole, Jean. The Economics of Tacit Collusion (2003), abrufbar unter: http://ec.europa.eu/competition/mergers/studies_reports/the_economics_of_tacit_collusion_en.pdf [zitiert: *Ivaldi/Jullien/Rey/Seabright/Tirole*].

Jaeger, Wolfgang/ Kokott, Juliane/ Pohlmann, Petra/ Schroeder, Dirk (Hrsg.). Frankfurter Kommentar zum Kartellrecht, Köln, 97. Ergänzungslieferung – Stand August 2020 [zitiert: *Bearbeiter*, in: FK-KartR].

Joecks, Wolfgang/ Miebach, Klaus (Hrsg.). Münchener Kommentar zum StGB, Band 1: §§ 1-37, 4. Auflage, München 2020 [zitiert: *Bearbeiter*, in: MünchKomm-StGB].

Joecks, Wolfgang/ Miebach, Klaus (Hrsg.). Münchener Kommentar zum StGB, Band 5: §§ 263-358 StGB, 3. Auflage, München 2019 [zitiert: *Bearbeiter*, in: MünchKomm-StGB].

Johnson, Paul A. Should We Be Concerned That Data And Algorithms Will Soften Competition?, CPI Antitrust Chronicle 2017 (2, Spring), S. 10-15 [zitiert: *Johnson*, CPI Antitrust Chronicle 2017 (2), 10].

Jüchser, Alexander. Die Beteiligung am Kartell, Hamburg 2014 [zitiert: *Jüchser*].

Jungermann, Sebastian/ Steger, Jens. Anmerkung zu EuGH, Urt. v. 22.10.2015, Rs. C-194/14 P „AC Treuhand", Der Betrieb 2015, S. 2865-2866 [zitiert: *Jungermann/Steger*, DB 2015, 2865].

Käseberg, Thorsten/ von Kalben, Jonas. Herausforderungen der Künstlichen Intelligenz für die Wettbewerbspolitik – Preisbildung durch Algorithmen, Wirtschaft und Wettbewerb 2018, S. 2-8 [zitiert: *Käseberg/von Kalben*, WuW 2018, 2].

Klein, Timo. Assessing Autonomous Algorithmic Collusion: Q-learning under Sequential Pricing, Amsterdam Center for Law & Economics Working Paper No. 2018-05,
abrufbar unter: https://papers.ssrn.com/sol3/papers.cfm?abstract_id=3195812.

Kling, Michael/ Thomas, Stefan. Kartellrecht, 2. Auflage, München 2016 [zitiert: *Kling/Thomas*].

Koch, Jens. Kartellgehilfen als Sanktionsadressaten – Zugleich eine Besprechung der Entscheidung des EuG v. 8.7.2008 – Rs. T-99/04 – AC Treuhand AG, Zeitschrift für Wettbewerbsrecht 2009, S. 370-387 [zitiert: *Koch*, ZWeR 2009, 370].

KOMM., Abschlussbericht über die Sektoruntersuchung zum elektronischen Handel, COM(2017) 229 final (2017).

KOMM., Leitlinien für das Verfahren zur Festsetzung von Geldbußen gemäß Artikel 23 Absatz 2 Buchstabe a) der Verordnung (EG) Nr. 1/2003, ABl. EU 2006 Nr. C 210/02.

KOMM., Leitlinien für vertikale Beschränkungen, ABl. EU 2010 Nr. C 130/01.

KOMM., Leitlinien zur Anwendbarkeit von Art. 101 des Vertrags über die Arbeitsweise der Europäischen Union auf Vereinbarungen über horizontale Zusammenarbeit, ABl. EU 2011 Nr. C 11/1.

Kreße, Bernhard. Verantwortlichkeit für kartellrechtliches Fehlverhalten selbständiger Dienstleister Art. 101 AEUV, Wirtschafts- und Bankrecht 2017, S. 397-400 [zitiert: *Kreße*, WuB 2017, 397].

Künstner, Kim Manuel. Preissetzung durch Algorithmen als Herausforderung des Kartellrechts – Verhaltenskoordinierung über Algorithmen und Systeme Künstlicher Intelligenz, Gewerblicher Rechtsschutz und Urheberrecht 2019, S. 36-42 [zitiert: *Künstner*, GRUR 2019, 36].

Künstner, Kim Manuel/ Franz, Benjamin. Preisalgorithmen und Dynamic Pricing: Eine neue Kategorie kartellrechtswidriger Abstimmungen?, Kommunikation und Recht 2017, S. 688-693 [zitiert: *Künstner/Franz*, K&R 2017, 688].

Langen, Eugen/ Bunte, Hermann-Joseph (Hrsg.). Langen/Bunte: Kommentar zum deutschen und europäischen Kartellrecht, Band 2: Europäisches Kartellrecht, 13. Auflage, Köln 2018 [zitiert: *Bearbeiter*, in: Langen/Bunte].

Lianos, Ioannis. Collusion in Vertical Relations under Article 81 EC, Common Market Law Review 2008 (45), S. 1027-1077 [zitiert: *Lianos*, CMLR 2008, 1027].

Liesegang, Heiko. Hub and Spoke Conspiracies im U.S. Kartellrecht – Eine rechtsvergleichende Untersuchung, Wirtschaft und Wettbewerb 2012, S. 1036-1048 [zitiert: *Liesegang*, WuW 2012, 1036].

Loewenheim, Ulrich/ Meessen, Karl M./ Riesenkampff, Alexander/ Kersting, Christian/ Meyer-Lindemann, Hans Jürgen (Hrsg.). Kartellrecht, Kommentar, 3. Auflage, München 2016 [zitiert: *Bearbeiter*, in: Loewenheim et al. (3. Aufl.)].

Loewenheim, Ulrich/ Meessen, Karl M./ Riesenkampff, Alexander/ Kersting, Christian/ Meyer-Lindemann, Hans Jürgen (Hrsg.). Kartellrecht, Kommentar, 4. Auflage, München 2020 [zitiert: *Bearbeiter*, in: Loewenheim et al.].

Louven, Sebastian/ Saive, David. Antitrust by Design – Das Verbot wettbewerbsbeschränkender Abstimmungen und der Konsensmechanismus der Blockchain, Neue Zeitschrift für Kartellrecht 2018, S. 348-354 [zitiert: *Louven/Saive*, NZKart 2018, 348].

Lubambo, Murilo. Vertical Restraints Facilitating Horizontal Collusion: 'Stretching' Agreements In A Comparative Approach, UCL Journal of Law and Jurisprudence 2015, S. 135-161 [zitiert: *Lubambo*, UCL Journal of Law and Jurisprudence 2015, 135].

Mankiw, N. Gregory/ Taylor, Mark P. Grundzüge der Volkswirtschaftslehre, 7. Auflage, Stuttgart 2018 [zitiert: *Mankiw/Taylor*].

Mattioli, Evi. Hub and Spoke: Towards a Belgian Precedent?, Journal of European Competition Law and Practice 2016, S. 261-266 [zitiert: *Mattioli*, JECLAP 2016, 261].

Mayer, Christian. The Art of Fining II: In Immunity They Trusted, European Law Reporter 2009 (2), S. 34-43 [zitiert: *Mayer*, European Law Reporter 2009, 34].

Mayer, Michael. Haftung von Beratungsunternehmen nach Art. 81 EG wegen Kartellbeteiligung – Anmerkung zu EuG, Urt. v. 8.7.2008, Rs. T-99/04 „AC Treuhand“, Ecolex 2008, S. 936-938 [zitiert: *Mayer*, Ecolex 2008, 936].

McCabe, Aoife. The English Court of Appeal's Legal Test for "hub and spoke" Cartels – is it Compatible with EU Jurisprudence?, European Competition Law Review 2012 (10), S. 452-456 [zitiert: *McCabe*, ECLR 2012, 452].

Mehra, Salil K. US v. Topkins: Can price fixing be based on algorithms?, Journal of European Competition Law and Practice 2016, S. 470-474 [zitiert: *Mehra*, JECLAP 2016, 470].

Mehra, Salil K., Robo-Seller Prosecutions and Antitrust's Error-Cost Framework, CPI Antitrust Chronicle 2017 (2, Spring), S. 36-39 [zitiert: *Mehra*, CPI Antitrust Chronicle 2017 (2), 36].

Mestmäcker, Ernst-Joachim/ Schweitzer, Heike (Hrsg.). Europäisches Wettbewerbsrecht, 3. Auflage, München 2014 [zitiert: *Mestmäcker/Schweitzer*].

Meyer, Jürgen/ Hölscheidt, Sven (Hrsg.). Charta der Grundrechte der Europäischen Union. 5. Auflage, Baden-Baden 2019 [zitiert: *Bearbeiter*, in: NK-EU-GrCh].

Monopolkommission, XXII. Hauptgutachten (2018).

Neuscheler, Tillmann. Die Stunde der Algorithmen, Frankfurter Allgemeine Zeitung vom 22.02.2018, abrufbar unter: https://www.faz.net/aktuell/beruf-chance/beruf/werden-unternehmensberater-von-algorithmen-ersetzt-15463001.html#void (letzter Aufruf: 25.04.2019).

Nickler, Marcel. Strategieentwicklung 4.0 und die notwendige Transformation der Beraterbranche (14.08.2017), abrufbar unter: https://www.bdu.de/fachthemenportal/strategie-und-innovation/strategieentwicklung-40-und-die-notwendige-transformation-der-beraterbranche/ (letzter Aufruf: 25.04.2019).

Odudu, Okeoghene, Hub and Spoke Collusion, in: Liannos/Geradin (Hrsg.), Handbook on European Competition Law – Substantive Aspects, Cheltenham, UK/ Northampton, Mass., USA 2013, S. 242-258 [zitiert: *Odudu*, in: Liannos/ Geradin (Hrsg.), Handbook on European Competition Law].

Odudu, Okeoghene. Indirect Information Exchange: The Constituent Elements of Hub and Spoke Collusion, European Competition Journal 2011 (7:2), S. 205-242 [zitiert: *Odudu*, ECJ 2011, 205].

OECD, Policy Roundtable – Algorithms and Collusion – Note by the United States, DAF/COMP/WD(2017)41.

OECD, Policy Roundtable – Algorithms and Collusion – Note from the European Union, DAF/COMP/WD(2017)12.

OECD, Policy Roundtable – Oligopoly (1999), DAFFE/CLP(99)25.

Oechsler, Jürgen, Der mittelbare Stellvertreter als Teil der wirtschaftlichen Einheit im europäischen Kartellrecht, Neue Zeitschrift für Kartellrecht 2017, S. 21-24 [zitiert: *Oechsler*, NZKart 2017, 21].

Oliver, Peter/ Bombois, Thomas, Competition and Fundamental Rights, Journal of European Competiton Law and Practice 2016, S. 711-722 [zitiert: *Oliver/Bombois*, JECLAP 2016, 711].

Orbach, Barack. Hub-and-Spoke Conspiracies. The Antitrust Source 2016, S. 1-15 [zitiert: *Orbach*, The Antitrust Source 2016, 1].

Otto, Jannik. Bußgeldverantwortlichkeit von Kartellgehilfen – Anm. zu EuGH, Urt. v. 22.10.2015, Rs. C-194/14 P „AC Treuhand II“, Wirtschaft und Wettbewerb 2016, S. 454-459 [zitiert: *Otto*, WuW 2016, 454].

Otto, Jannik. Der Kartellgehilfe als Bußgeldadressat im Europäischen Kartellrecht, Berlin 2015 [zitiert: *Otto*].

Overd, Alan. Effects analysis in hub-and-spoke cartels, European Competition Law Review 2011 (5), S. 248-249 [zitiert: *Overd*, ECLR 2011, 248].

Özer, Özalp/ Phillips, Robert. Introduction, in: Özer, Özalp/ Phillips, Robert (Hrsg.), The Oxford Handbook of Pricing Management, Oxford 2012, Kapitel 1, S. 3-9 [zitiert: *Özer/Phillips*, in: Özer/Phillips (Hrsg.), The Oxford Handbook of Pricing Management].

Petit, Nicolas, The oligopoly problem in EU competition law, in: Liannos/Geradin (Hrsg.), Handbook on European Competition Law – Substantive Aspects, Cheltenham, UK/ Northampton, Mass., USA 2013, S. 259-349 [zitiert: *Petit*, in: Liannos/Geradin (Hrsg.), Handbook on European Competition Law].

Philippin, Yann. How Renault and PSA Peugeot Citroën secretly hiked global cost of spare parts by €1.5bn (31.05.2018), abrufbar unter: https://www.mediapart.fr/en/journal/international/310518/how-renault-and-psa-peugeot-citroen-secretly-hiked-global-cost-spare-parts-15bn (letzter Aufruf: 9.10.2018).

Picht, Peter Georg/Freund, Benedikt, Competition (law) in the era of algorithms, Max Planck Institute for Innovation and Competition Research Paper No. 18-10 [zitiert: *Picht/Freund*].

Pischel, Gerhard. Gehilfen haften für Kartellverstöße auch im europäischen Rechtskreis – Anmerkung zu Europäischer Gerichtshof. Rs. C194/14 P vom 22.10.2015, Corporate Compliance Zeitschrift 2016, S. 95-96 [zitiert: *Pischel*, CCZ 2016, 95].

Prewitt, Elizabeth/ Fails, Greta. Indirect information exchanges to hub-and-spoke cartels: enforcement and litigation trends in the United States and Europe, Competition Law and Policy Debate 2015 (2:1), S. 63-72 [zitiert: *Prewitt/Fails*, Competition Law and Policy Debate 2015, 63].

Pyndick, Robert S./ Rubinfeld, Daniel L. Mikroökonomie, 9. Auflage, Hallbergmoos 2018 [zitiert: *Pyndick/Rubinfeld*].

Richter, Burkhard/ Niggemann, Peter. Preisalgorithmen, Informationsaustausch und Signaling, in: Kokott, Juliane/ Pohlmann, Petra/ Polley, Romina (Hrsg.), Europäisches, Deutsches und Internationales Kartellrecht, Festschrift für Dirk Schroeder zum 65. Geburtstag, Köln 2018, S. 683-707 [zitiert: *Richter/Niggemann*, in: FS Schroeder 2018, 683].

Rodriguez, Elvira Aliende/ Noorali, Ruba. Case T-180/15 ICAP v. Commission: The Facilitator Doctrine and Other Cartel Concepts in Hybrid Settlements, Journal of European Competition Law and Practice 2018 (9:6), S. 320-322 [zitiert: *Rodriguez/Noorali*, JECLAP 2018, 320].

Röhling, Andreas/ Haus, Florian C. Hub and Spoke - Kartelle im Handel, Kölner Schrift zum Wirtschaftsrecht 2011, S. 32-36 [zitiert: *Röhling/Haus*, KSzW 2011, 32].

Rottmann, Johannes/ Göhsl, Jan-Frederick. Zentrale Preissetzung auf Transaktionsplattformen der Sharing Economy – Der Fall Uber, Wirtschaft und Wettbewerb 2019, S. 348-355 [zitiert: *Rottmann/Göhsl*, WuW 2019, 348].

Rusu, Catalin S. Eturas: Of Concerted Practices, Tacit Approval, and the Presumption of Innocence, Journal of European Competition Law and Practice 2016 (7:6), S. 396-398 [zitiert: *Rusu*, JECLAP 2016, 396].

Säcker, Franz Jürgen/ Rixecker, Roland/ Oetker, Hartmut/ Limperg, Bettina. Münchener Kommentar zum Bürgerlichen Gesetzbuch, Band 1: §§ 1-240 BGB, AllgPerslR, ProstG, AGG, 8. Auflage, München 2018 [zitiert: *Bearbeiter*, in: MünchKomm-BGB].

Säcker, Franz Jürgen/ Meier-Beck, Peter (Hrsg.). Münchener Kommentar Europäisches und Deutsches Wettbewerbsrecht, Band 2: Gesetz gegen Wettbewerbsbeschränkungen (GWB), §§ 1-96, 185, 186, Verfahren vor den europäischen Gerichten, 3. Auflage, München 2020 [zitiert: *Bearbeiter*, in: MünchKomm-WettbR].

Sahuguet, Nicolas/ Walckiers, Alexis. Hub-and-Spoke Conspiracies: The Vertical Expression of a Horizontal Desire?, Journal of European Competition Law and Practice 2014 (5:10), S. 711-716 [zitiert: *Sahuguet/Walckiers*, JECLAP 2014, 711].

Salaschek, Uwe/ Serafimova, Mariya, Preissetzungsalgorithmen im Lichte von Art. 101 AEUV – Innovation des Preiswettbewerbs oder kartellrechtliche Grauzone?, Wirtschaft und Wettbewerb 2018, S. 8-17 [zitiert: *Salaschek/Serafimova*, WuW 2018, 8].

Schaper, Hanno. Haftung eines Unternehmens für Kartellrechtsverstöße selbstständiger Dienstleister, Anmerkung zu EuGH 4. Kammer, Urteil vom 21.07.2016 – C-542/14, jurisPR-Compl 4/2016 Anm. 1 [zitiert: *Schaper*, jurisPR-Compl 4/2016 Anm. 1].

Schuhmacher, Florian. Das Urteil AC-Treuhand als Teil der schutzzweckbezogenen Auslegung des Kartellverbots, Zeitschrift für Europarecht, Internationales Privatrecht und Rechtsvergleichung 2009, S. 9-14 [zitiert: *Schuhmacher*, ZfRV 2009, 9].

Schulte, Josef/ Just, Christoph (Hrsg.). Kartellrecht. 2. Auflage, Köln 2016 [zitiert: *Bearbeiter*, in: Schulte/Just].

Schwalbe, Ulrich. Industrieökonomik, in: Apolte, Thomas/ Erlei, Mathias/ Göcke, Matthias/ Menges, Roland/ Ott, Notburga/ Schmidt, André (Hrsg.), Kompendium der Wirtschaftstheorie und Wirtschaftspolitik I, S. 153-369 [zitiert: *Schwalbe*, in: Apolte et al. (Hrsg.), Kompendium der Wirtschaftstheorie und Wirtschaftspolitik I].

Schwalbe, Ulrich/ Zimmer, Daniel. Kartellrecht und Ökonomie – Moderne ökonomische Ansätze in der europäischen und deutschen Zusammenschlusskontrolle, 2. Auflage, Frankfurt a.M. 2011 [zitiert: *Schwalbe/Zimmer*].

Schwartz, Simone. Kartellgehilfen im europäischen Kartellrecht – Die einheitliche Konzeption der kartellrechtlichen Zuwiderhandlung, Köln 2015 [zitiert: *Schwartz*].

Schwarze, Jürgen/ Becker, Ulrich/ Hatje, Armin/ Schoo, Johann (Hrsg.). EU-Kommentar, 4. Auflage, Baden-Baden 2019 [zitiert: *Bearbeiter*, in: Schwarze/Becker/Hatje/Schoo].

Schwarzkopf, Benedikt. Externe Kartellunterstützer im Europäischen Kartellrecht, Baden-Baden 2018 [zitiert: *Schwarzkopf*].

Seelos, Barabara. Zur kartellrechtlichen Haftung von Beratungsunternehmen, Ecolex 2016, S. 505-508 [zitiert: *Seelos*, Ecolex 2016, 505].

Serafimova, Mariya. 02/2016 Der Fall Eturas - EuGH, Rs. C-74/14 (Eturas), ECLI:EU:C:2016:42, Urteil des Gerichtshofs vom 21. Januar 2016, DeLuxe 02/2016, S. 1-6 [zitiert: *Serafimova*, DeLuxe 02/2016, 1].

Simchi-Levi, David. The new frontier of price optimization, MIT Sloan Management Review 2017 (59:1), S. 22-26 [zitiert: *Simchi-Levi*, MIT Sloan Management Review 2017, 22].

Simon, Hermann. Preisheiten – Alles, was Sie über Preise wissen müssen, 2. Auflage, Berlin 2015 [zitiert: *Simon*, Preisheiten].

Simon, Hermann/ Fassnacht, Martin. Preismanagement – Strategie, Analyse, Entscheidung, Umsetzung, 4. Auflage, Wiesbaden 2016 [zitiert: *Simon/Fassnacht*].

Slobodenjuk, Dimitri. Beratungsunternehmen können als Gehilfen für Kartellverstöße haften, Gesellschafts- und Wirtschaftsrecht 2015, S. 480 [zitiert: *Slobodenjuk*, GWR 2015, 480].

Solek, Lukas. Passive Participation in Anticompetitive Agreements, Journal of European Competition Law and Practice 2017 (8:1), S. 15-24 [zitiert: *Solek*, JECLAP 2017, 15].

Spengler, Joseph T. Vertical Integration and Antitrust Policy, Journal of Political Economy 1950 (58:4), S. 347-352 [zitiert: *Spengler*, Journal of Political Economy 1950, 347].

Steinberg, Philipp Marc/ Wirtz, Markus. Der Referentenentwurf zur 10. GWB-Novelle – Ein Dialog zwischen dem BMWi und der anwaltlichen Praxis (Teil 2), Wirtschaft und Wettbewerb 2020, S. 8-15 [zitiert: *Steinberg/Wirtz*, WuW 2020, 8].

Stern, Klaus/ Sachs, Michael (Hrsg.). Europäische Grundrechte-Charta GRCh, Kommentar, München 2016 [zitiert: *Bearbeiter*, in: Stern/Sachs].

Stigler, George J., A Theory of Oligopoly, Journal of Political Economy 1964 (72:1), S. 44-61 [zitiert: *Stigler*, Journal of Political Economy 1964, 44].

Stöcker, Mathias. Abstimmung über Dritte, Wirtschaft und Wettbewerb 2012, S. 935-946 [zitiert: *Stöcker*, WuW 2012, 935].

Streinz, Rudolf (Hrsg.). Kommentar EUV/AEUV, 3. Auflage, München 2018 [zitiert: *Bearbeiter*, in: Streinz].

Talbot, Conor. AC-Treuhand, the Scope of Article 101 TFEU, and the Future of Actions for Antitrust Damages, Commercial Law Practitioner 2016 (23:1), S. 9-14 [zitiert: *Talbot*, Commercial Law Practitioner 2016, 9].

Talbot, Conor. The ECJ's decision in VM Remonts and the extension of liability for the anticompetitive conduct of service providers under Article 101(1) TFEU, Commercial Law Practitioner 2016 (23:9), S. 233-235 [zitiert: *Talbot*, Commercial Law Practitioner 2016, 233].

Talluri, Kalyan T./ Van Ryzin, Garrett J. The Theory and Practice of Revenue Management, 1. Auflage, New York 2005 [zitiert: *Talluri/Van Ryzin*].

Telle, Sebastian. Abgestimmte Verhaltensweise durch vom Plattform-Betreiber koordinierte Rabatt-Obergrenzen ("Eturas"), jurisPR-ITR 11/2016 Anm. 6 [zitiert: *Telle*, jurisPR-ITR 11/2016 Anm. 6].

Tiedemann, Klaus. Der Allgemeine Teil des europäischen supranationalen Strafrechts, in: Vogler, Theo (Hrsg.), Festschrift für Hans-Heinrich Jescheck zum 70. Geburtstag, Berlin 1985, S. 1411-1440 [zitiert: *Tiedemann*, in: FS Jescheck 1985, 1411].

Tversky, Amos/ Kahnemann, Daniel. Judgment under Uncertainty: Heuristics and Biases, Science 1974 (185), S. 1124-1131 [zitiert: *Tversky/Kahnemann*, Science 1974, 1124].

Vallery, Anne/ Schell, Caroline. AC-Treuhand: Substantial Fines for Facilitators of Cartels, Journal of European Competition Law and Practice 2016 (7:4), S. 254-257 [zitiert: *Vallery/Schell*, JECLAP 2016, 254].

Van Cayseele, Patrick J. G. Hub-and-Spoke Collusion: Some Nagging Questions Raised by Economists, Journal of European Competition Law and Practice 2014 (5:3), S. 164-168 [zitiert: *Van Cayseele*, JECLAP 2014, 164].

Van Roy, Joris. French car makers kept spare part prices artificially high, (31.05.2018), abrufbar unter: https://newmobility.news/2018/05/31/french-car-makers-kept-spare-part-prices-artificially-high/ (letzter Aufruf: 09.10.2018).

Varian, Hal. Grundzüge der Mikroökonomik, 9. Auflage, Berlin/Boston 2016 [zitiert: *Varian*].

Vinod, Ben. Bringing up the Top Line, Ascend 2005 (1), S. 73-75 [zitiert: *Vinod*, Ascend 2005, 73].

Von der Gathen, Andreas. Das große Handbuch der Strategieinstrumente – Werkzeuge für eine erfolgreiche Unternehmensführung, 3. Auflage, Frankfurt a.M. 2014 [zitiert: *von der Gathen*].

Von der Groeben, Hans/ Schwarze, Jürgen/ Hatje, Armin (Hrsg.). Nomos Kommentar Europäisches Unionsrecht, Band 1: Art. 1 bis 55 EUV, Art. 1 bis 54 GRC, Art. 1 bis 66 AEUV, 7. Auflage, Baden-Baden 2015 [zitiert: *Bearbeiter*, in: Von der Groeben/Schwarze/Hatje].

Weber, Thomas A. Price Theory in Economics, in: Özer, Özalp/ Phillips, Robert (Hrsg.). The Oxford Handbook of Pricing Management, Oxford 2012, Kapitel 17, S. 281-339 [zitiert: *Weber*, in: Özer/Phillips (Hrsg.), The Oxford Handbook of Pricing Management].

Weisser, Bettina. Täterschaft in Europa – Ein Diskussionsvorschlag für ein europäisches Tätermodell auf der Basis einer rechtsvergleichenden Untersuchung der Beteiligungssysteme Deutschlands, Englands, Frankreichs, Italiens und Österreichs, Tübingen 2011 [zitiert: *Weisser*].

Weitbrecht, Andreas/ Baudenbacher, Laura Melusine. Bußgeld wegen Beihilfe zu einem Kartell? Zum Urteil des EuG vom 8. Juli 2008 (Rs. T99/2004 – AC Treuhand), Europarecht 2010, S. 230-241 [zitiert: *Weitbrecht/Baudenbacher*, EuR 2010, 230].

Weitbrecht, Andreas/ Mühle, Jan. Die Entwicklung des europäischen Kartellrechts 2016, Europäische Zeitschrift für Wirtschaftsrecht 2017, S. 165-171 [zitiert: *Weitbrecht/Mühle*, EuZW 2017, 165].

Whelan, Peter. Trading negotiations between retailers and suppliers: A fertile ground for anti-competitive horizontal information exchange?, European Competition Journal 2009 (5:3), S. 823-845 [zitiert: *Whelan*, ECJ 2009, 823].

Wiedemann, Gerhard (Hrsg.). Handbuch des Kartellrechts, 4. Auflage, München 2020 [zitiert: *Bearbeiter*, in: Wiedemann].

Ylinen, Johannes. Digital Pricing und Kartellrecht, Neue Zeitschrift für Kartellrecht 2018, S. 19-22 [zitiert: *Ylinen*, NZKart 2018, 19].

Ysewyn, Johan/ Corbett, Laura. Case T-180/15 ICAP and Others v. Commission, 10 November 2017: Win-win in the cartel settlement procedure: Is there a shift in the balance of power?, Competition Law and Policy Debate 2018 (4:1), S. 4-8 [zitiert: *Ysewyn/Corbett*, Competition Law and Policy Debate 2018, 4].

Zampa, Gian Luca/ Buccirossi, Paolo. Hub and Spoke Practices: Law and Economics of the New Antitrust Frontier, Competition Law International 2013 (9:1), S. 91-110 [zitiert: *Zampa/Buccirossi*, Competition Law International 2013, 91].

Zimmer, Daniel. Algorithmen, Kartellrecht und Regulierung, in: Kokott, Juliane/ Pohlmann, Petra/ Polley, Romina (Hrsg.). Europäisches, Deutsches und Internationales Kartellrecht, Festschrift für Dirk Schroeder zum 65. Geburtstag, Köln 2018, S. 999-1008 [zitiert: *Zimmer*, in: FS Schroeder 2018, 999].

FSC
www.fsc.org
MIX
Papier | Fördert gute Waldnutzung
FSC® C083411

Kolibri 360 GmbH
Ferdinand-Jühlke-Straße 7
99095 Erfurt, Deutschland
produktsicherheit@kolibri360.de